Información legal

© 2023
Autor y editor: M.Eng. Johannes Wild
A94689H39927F
E-Mail: 3dtech@gmx.de

Los datos completos del autor del libro se encuentran en las últimas páginas

Esta obra está protegida por los derechos de autor

Prólogo

Muchas gracias por elegir este libro

¿Está interesado en el diseño y la simulación de objetos tridimensionales con "Inventor" de Autodesk? ¿No tiene ningún conocimiento de CAD o ya ha adquirido una experiencia inicial con otros programas de CAD, pero le gustaría cambiar a "Inventor" o continuar su formación?

Entonces, ¡este es exactamente el libro adecuado para usted! Soy ingeniero y me gustaría presentarle el programa profesional "Inventor" en su aplicación práctica de forma sencilla y fácil de entender.

Aquí está el enlace para la descarga y la versión de prueba gratuita:

https://www.autodesk.es/products/inventor/overview

Este curso completo y detallado está dirigido específicamente a los principiantes y muestra desde el principio cómo los diseños CAD, las animaciones y las simulaciones FEM tienen éxito. Además de las explicaciones teóricas sobre el uso del software y el enfoque, en este curso aprenderá principalmente a través de proyectos de diseño prácticos y emocionantes.

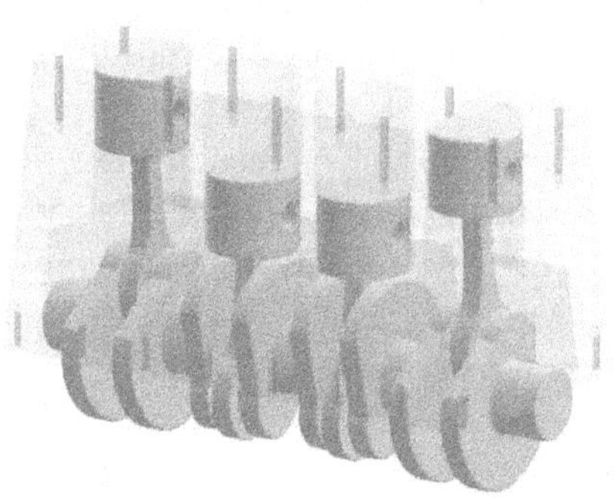
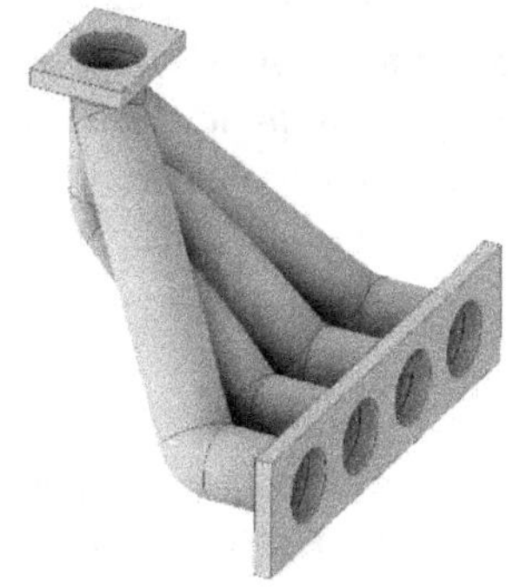

En este curso aprenderá todo lo que necesita saber como principiante sobre "Inventor" y el diseño CAD o la simulación FEM! Empiece hoy mismo con este libro a adentrarse en el fascinante mundo de "Inventor". ¡Vamos!

Índice de contenidos

1 Introducción: Ámbito del curso y software

1.1 Qué esperar y qué aprenderá en este curso

Bienvenido al curso "Inventor" para principiantes!
Gracias por elegir este curso!

En este curso encontrará una introducción a los fundamentos del gran programa CAD "Inventor" de Autodesk y, en particular, conocerá y comprenderá el diseño CAD en detalle. Como ingeniero, le mostraré, paso a paso, mis conocimientos procedentes de mis estudios y de la práctica profesional, para que pueda conseguir un éxito óptimo en el aprendizaje con fundamentos teóricos, por un lado, pero sobre todo con ejemplos prácticos, por otro. Tras una introducción teórica, este curso incluye numerosos proyectos prácticos de diseño para aprender el diseño y el programa desde cero.

Y con "Inventor" de Autodesk, al igual que con otros programas de CAD, no sólo puede diseñar. Más bien, este programa combina y vincula varias disciplinas de la ingeniería, como el CAD ("diseño asistido por ordenador") y el MEF ("método de los elementos finitos"), en una sola plataforma. Por tanto, con "Inventor" no sólo puede crear componentes o conjuntos, sino también realizar simulaciones y animaciones, así como crear renders. El enfoque principal de este curso es el diseño con "Inventor", es decir, la parte CAD del programa. Sin embargo, no se descuidarán las demás funciones, ¡no se preocupe!

Como ya se ha mencionado, la abreviatura CAD significa "diseño asistido por ordenador". ¿Qué es el software CAD? El software CAD se utiliza para crear o editar virtualmente objetos tridimensionales. Empezando por piezas individuales sencillas, pasando por piezas complejas, hasta conjuntos enteros que pueden ensamblarse virtualmente.

En este curso, dirigido específicamente a los principiantes, aprenderá cómo está estructurado el entorno de "Inventor" y cómo aprovechar al máximo las características individuales para crear objetos tridimensionales. Cada proyecto del curso puede seguirse paso a paso y de forma individual, lo que le permitirá introducirse fácilmente en el material y familiarizarse con las numerosas funciones del programa con cada lección.

En pocas palabras, esto significa que en este curso podrá aprender en detalle lo siguiente

- Oriéntese con rapidez y seguridad en el programa "Inventor"
- Domine todas las funciones importantes de "Inventor" con rapidez y confianza

- Aprender los fundamentos del diseño CAD y las diferentes formas de trabajo / métodos.
- Conocer el boceto en 2D y la creación de objetos en 3D
- Crear piezas individuales y conjuntos
- Renderizar y animar piezas individuales y conjuntos
- Simular piezas individuales y conjuntos, es decir, aplicar cargas y mostrar tensiones y deformaciones (simulaciones FEM).
- Conozca el entorno de los dibujos técnicos y cree dibujos técnicos

Lo mejor es atenerse al orden indicado en el curso, ya que las lecciones se apoyan unas en otras. Si no entiende enseguida algunas funciones o comandos o echa de menos la explicación de una función, no se preocupe, el curso está estructurado de forma que todas las funciones importantes y básicas se explican suficientemente y de forma intuitiva. Por lo tanto, las explicaciones de los capítulos pueden solaparse o ciertas funciones pueden no estar cubiertas en detalle hasta un capítulo posterior.

1.2 El programa CAD "Inventor"

El programa profesional de CAD "Inventor" de Autodesk ofrece una interfaz de usuario clara y sencilla, ¡pero también tiene su precio! Una licencia cuesta actualmente unos 350 euros al mes y unos 2.900 euros al año. Si adquiere una licencia para un periodo más largo, puede ahorrar un poco. Los alumnos y estudiantes tienen la posibilidad de obtener una licencia para la duración de sus estudios. Todos los demás pueden probar el programa en su totalidad durante al menos 30 días de forma gratuita. Ya no es posible comprar el software directamente, sólo existe la opción de suscribirse al software durante un periodo de tiempo determinado. Con una suscripción, "Inventor" puede instalarse en hasta tres ordenadores. Sin embargo, sólo puede utilizarse en un ordenador a la vez y únicamente con los datos de acceso del comprador. La estructura de las características de diseño es relativamente idéntica en todos los programas CAD habituales que utilizan los ingenieros y técnicos en su trabajo diario. Existe una selección básica de programas profesionales de CAD. Además de "Inventor", los más conocidos son: SolidWorks, Catia, SolidEdge, Pro/Engineer, también conocido como Creo, y probablemente el más conocido de todos: AutoCAD. Básicamente no hay grandes diferencias en los precios, por lo que estos programas suelen valer sólo para los usuarios profesionales y los autónomos.

¡Y ahora nos vamos! Antes de llegar a los fundamentos del diseño CAD, realizaremos los ajustes generales del programa y nos familiarizaremos con la interfaz y las funciones del mismo.

2 Preparación: Primeros pasos con "Inventor"

2.1 Realice los ajustes generales

Cuando iniciamos el programa por primera vez, se nos muestran inicialmente tres ventanas y tres barras de menú. En la barra de menú "Get started" encontramos opciones estándar como crear un nuevo archivo o abrir un archivo ya creado. Además, podemos trabajar con tutoriales, ver las novedades de una versión actualizada de "Inventor" y solicitar o buscar ayuda.

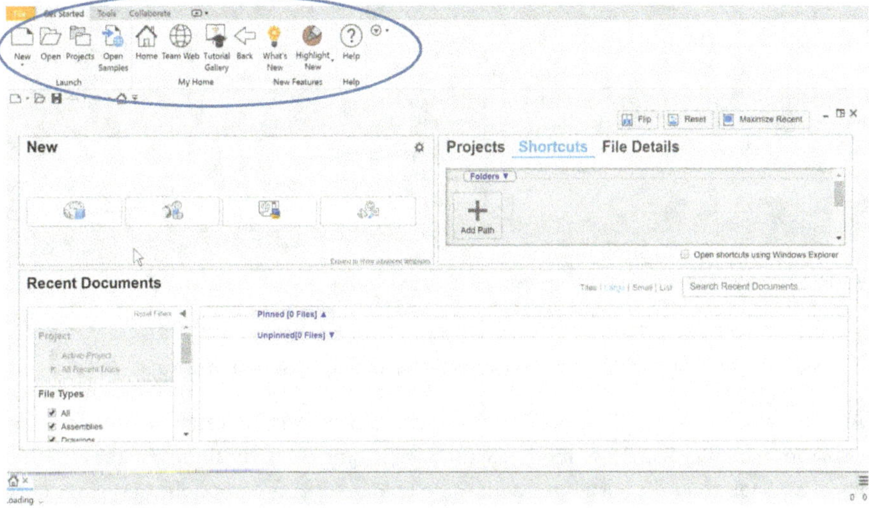

Figura 1: Cuando se inicia el software por primera vez, aparece esta pantalla; pestaña "Get started" seleccionada

En la barra de menú "Tools", podemos utilizar el botón "Application Options" para realizar los ajustes iniciales del programa o reactivar los existentes. Con la ayuda de estos ajustes, el programa puede individualizarse en cierta medida, por ejemplo, el color de fondo puede establecerse en la sección "Colors" -yo prefiero el diseño blanco de "Presentation"- o los ajustes gráficos, en función del hardware, pueden realizarse en la pestaña del menú "Hardware".

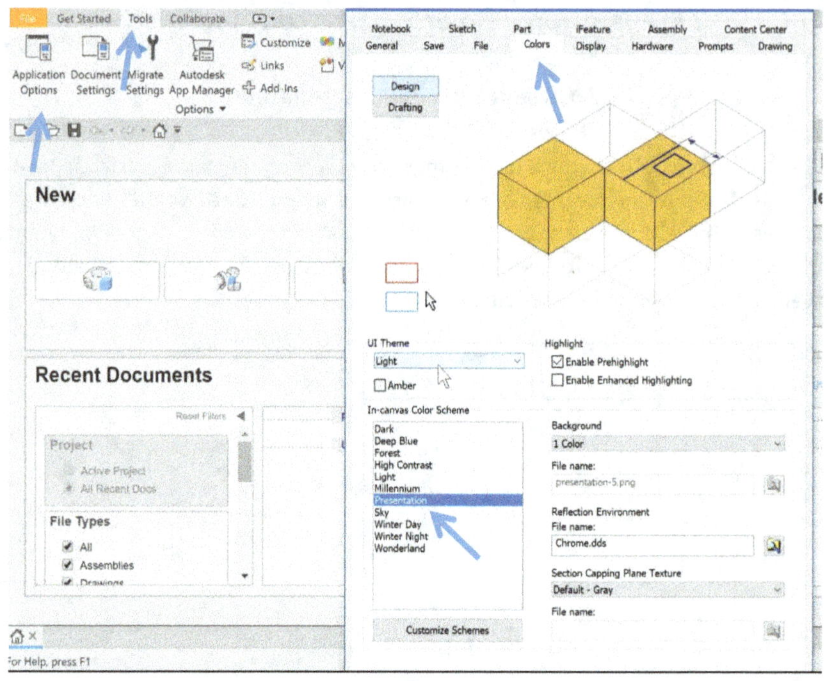

Figura 2: Realización de los primeros ajustes en la pestaña "Tools" con "Application Options"

Aquí tenemos que decidir entre la calidad de la pantalla o el rendimiento, según el equipamiento del PC. En el menú "Sketch" activamos dos funciones, a saber, "Grid lines" y "Snap to grid", para que se muestre una cuadrícula al croquizar en el entorno 2D y podamos seleccionar los puntos de la cuadrícula más fácilmente con el cursor. Sin embargo, este ajuste es realmente sólo una cuestión de gusto.

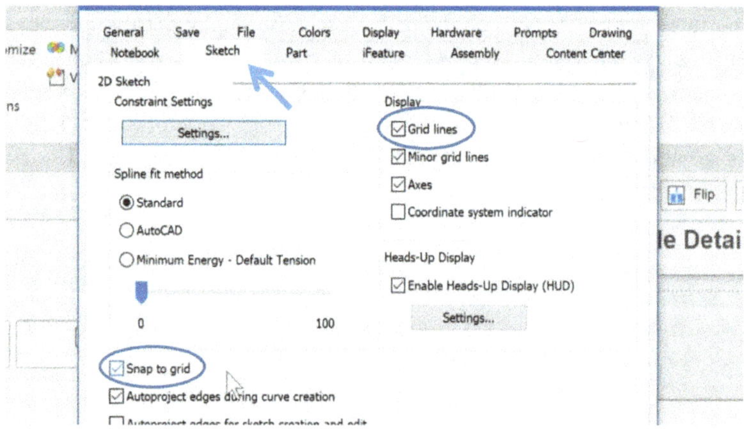

Figura 3: Active las opciones "Grid lines" y "Snap to grid" en la pestaña "Sketch"

Por último, nos gustaría realizar un ajuste de las unidades en "File". Con un clic en "Configure Default Template" podemos cambiarla a "mm" y establecer la "Drawing Standard" a "ISO".

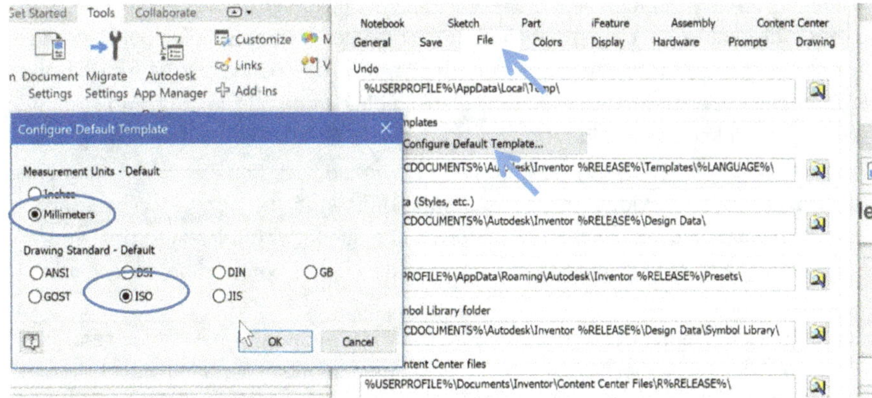

Figura 4: "Configure Default Template" en "mm" e "ISO"; pestaña del menú "File"

Por razones de organización, el idioma del programa sigue siendo el inglés. Esto también es ventajoso para, por un lado, orientarse mejor en el entorno de trabajo internacional y, por otro, en los foros o la comunidad de Internet mayoritariamente anglófona. De momento no necesitamos ningún otro ajuste, son demasiado específicos para el inicio y pueden dejarse en los valores por defecto.

Ahora seguimos en la ventana de inicio del programa, en la que todavía están las tres secciones "New", "Projects" y "Recent Documents". Estos son relativamente autoexplicativos; "Recent Documents" le muestra los archivos utilizados más recientemente después de la creación de los primeros archivos. En la sección "New" podemos elegir entre la creación de una pieza individual "Part", un conjunto "Assembly", un dibujo técnico "Drawing" y una "Presentation".

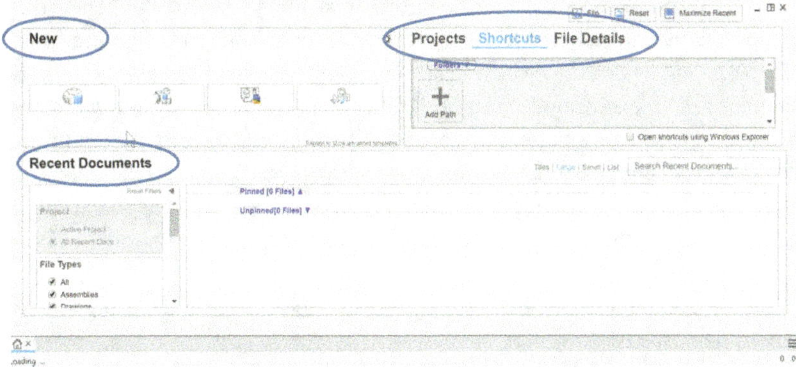

Figura 5: Las tres áreas de la ventana de inicio

Si nunca ha trabajado con un programa de CAD, quizá se pregunte cuál es la diferencia entre una pieza individual: "Part" y un conjunto: "Assembly" y por qué se hace esta distinción. Piénselo de forma sencilla. Al igual que en el mundo real, en el entorno virtual de un programa CAD cada pieza más compleja se ensambla a partir de varias piezas individuales. Un coche, por ejemplo, tiene miles de piezas individuales, desde el volante hasta los tornillos más pequeños. Cada una de estas partes es una pieza individual independiente que, cuando se ensambla como un todo, da como resultado un conjunto, el coche. Por lo tanto, en el programa CAD, un conjunto se compone de todas las piezas individuales, igual que en el montaje real. Con "Drawing", un dibujo técnico, una pieza individual con vistas, dimensiones y toda la información necesaria se describe en una hoja de papel en 2D de forma que pueda ser fabricada en una empresa por un empleado. Un conjunto también puede describirse con un dibujo técnico.

Como queremos empezar a construir nuestra primera pieza -todavía muy sencilla- lo antes posible, ahora seleccionamos la creación de una nueva pieza individual: "Part".

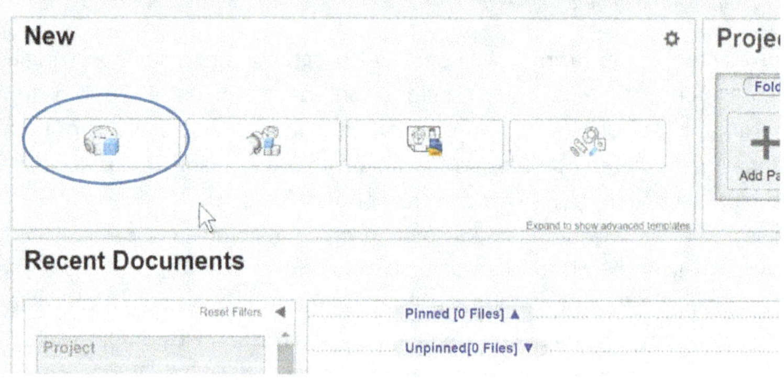

Figura 6: Creación de una nueva pieza individual: "Part"

Por cierto, la pieza individual, el conjunto y el dibujo técnico tienen cada uno extensiones de archivo diferentes. En este caso, la extensión ". ipt" significa "part", es decir, piezas individuales, la extensión ". iam" significa "assembly", es decir, subconjuntos y la extensión ". dwg" o ". idw" significa "drawing", es decir, dibujos técnicos. Un vistazo a estas terminaciones le ayuda a identificar lo que está tratando en un archivo. A continuación, llegamos al entorno del programa real de "Inventor", en este caso el entorno de las piezas individuales ("Parts"). Por cierto, podemos volver a la ventana inicial haciendo clic en el pequeño cuadro de la barra inferior.

En el siguiente capítulo echaremos un primer vistazo al entorno del programa y a las funciones de Autodesk "Inventor".

2.2 Visión general del entorno y las funciones del programa

Veamos primero el entorno del programa y las barras de menú, que se encuentran en las zonas superior y lateral.

Las barras de menú de la zona superior son diferentes para cada uno de los cuatro entornos: "Part", "Assembly", "Drawing" y "Presentation". Siempre hay algunas pestañas que aparecen en varios o en todos los entornos, como "3D Model" o "Sketch", pero en general hay diferentes pestañas y funciones según el entorno. En el transcurso del curso conoceremos las diferencias.

Así que ahora estamos en el entorno: "Part".

En la parte superior izquierda, "File" le permite abrir, guardar o exportar archivos y otros comandos básicos.

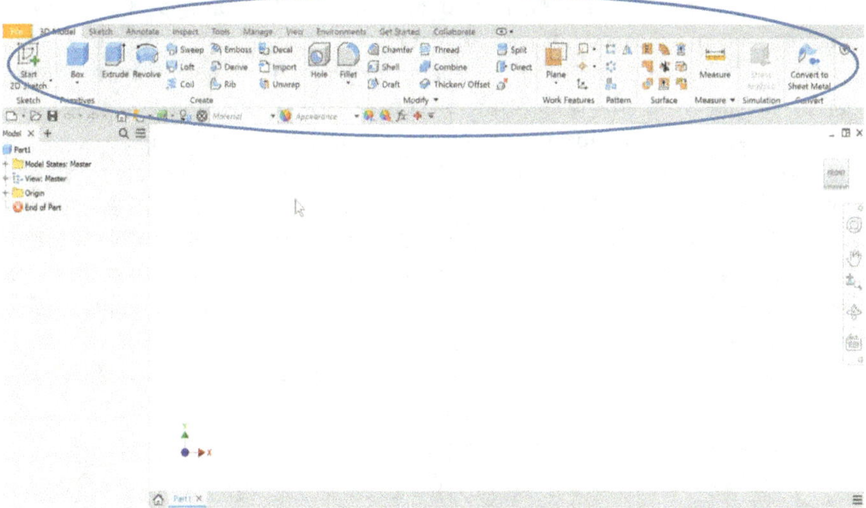

Figura 7: Entorno "Part" con pestañas de selección, barras, características y entorno de dibujo

Las pestañas de selección situadas en el lateral de "File" permiten cambiar entre los distintos submenús de las funciones del entorno correspondiente. En esta primera sección, "Part", tratamos primero las características de diseño para una sola pieza. Aquí hay diez pestañas diferentes: "3D Model", "Sketch", "Annotate", "Inspect", "Tools", "Manage", "View", "Environments", "Get started" y "Collaborate".

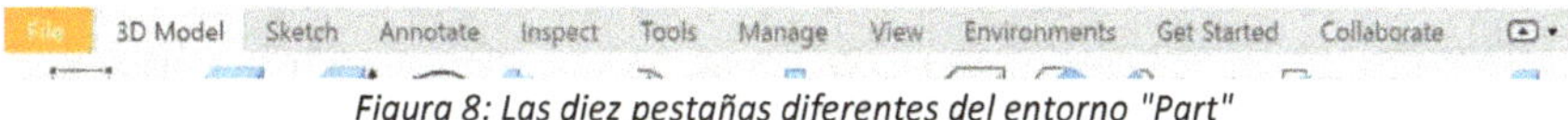

Figura 8: Las diez pestañas diferentes del entorno "Part"

En la pestaña del menú "3D Model" encontrará todas las funciones necesarias para crear o editar un objeto tridimensional. En la sección "Create" encontrará todas las funciones para crear una pieza 3D. En la sección "Modify" encontrará todas las funciones para editar una pieza 3D. Qué pueden hacer estas funciones y cómo utilizarlas, lo aprenderemos en detalle y paso a paso durante el curso.

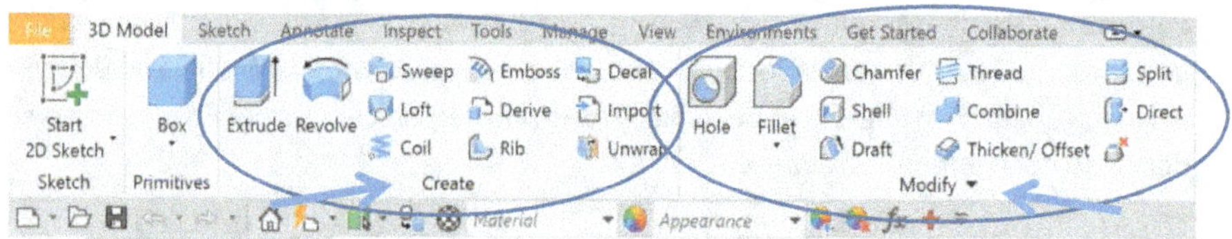

Figura 9: Las secciones "Create" y "Modify" en la pestaña "3D Model"

En este capítulo queremos primero obtener una visión general. El "Shape Generator" puede utilizarse para crear una estructura de componentes optimizada en función de una situación de carga (palabra clave: optimización de la topología). En las "Work Features" encontramos todas las herramientas de construcción, es decir, ejes, planos, puntos y sistemas de coordenadas. En el área de "Pattern", se puede ahorrar mucho tiempo y esfuerzo durante la construcción con la ayuda de un comando de patrones. Las dos áreas "Create Freeform" y "Surface" están destinadas al método de trabajo de modelado de forma libre o de superficie. Sin embargo, no trataremos este método de trabajo avanzado de CAD en este curso para principiantes. Además, sólo es necesario para las piezas muy complejas. Y con los dos últimos puntos "Simulation" y "Convert", por un lado se puede iniciar un análisis de carga FEM o construir una pieza de chapa. Estas dos secciones, en cambio, se tratarán en este curso porque son importantes y apasionantes.

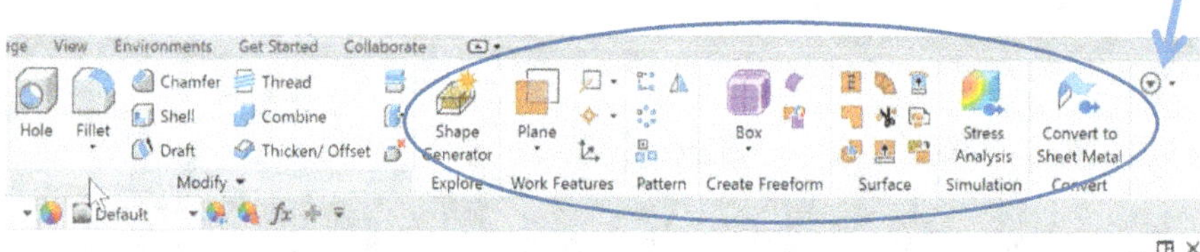

Figura 10: Otras características de la pestaña "3D Model"

Por cierto, con la flechita del extremo derecho, esta barra puede personalizarse en cada una de las pestañas del menú, es decir, se pueden mostrar u ocultar las secciones que se necesiten o no. Nos interesan, por ejemplo, "Primitive", con la que se pueden crear directamente cuerpos sencillos como un cubo, y la función "Measure", con la que se puede medir algo en el entorno 3D. A cambio, ocultamos "Explore" y "Create Freeform".

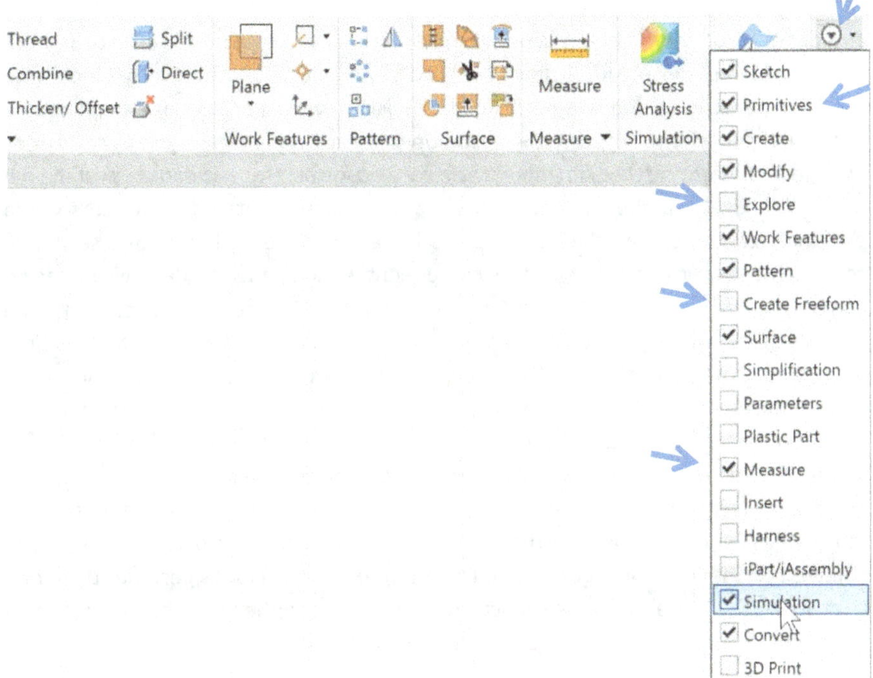

Figura 11: Realización de los ajustes de las características mostradas

También le invitamos a echar un vistazo a las otras secciones posibles. En la siguiente sección "Sketch", destinada a los bocetos en 2D, encontramos primero "Create", "Modify" y "Pattern" de nuevo. Aquí se pueden crear o modificar líneas, círculos u otras geometrías 2D.

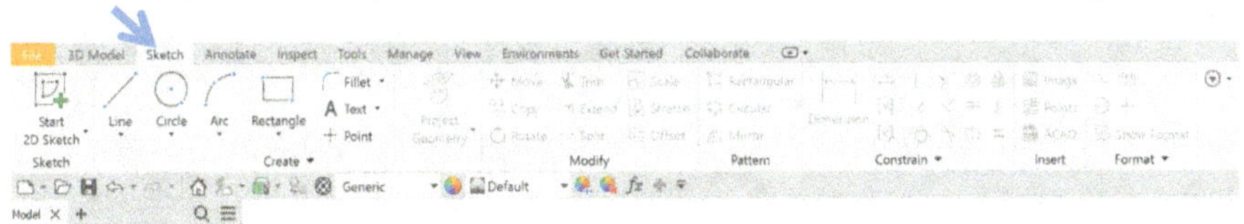

Figura 12: Las características de la pestaña del menú "Sketch"

Si no tiene conocimientos previos, debe dividir mentalmente el programa CAD y la construcción de una pieza individual en un área bidimensional y otra tridimensional. Se empieza con un boceto en 2D y luego se crea un cuerpo en 3D a partir de él. Pero ¡más adelante hablaremos de eso!

En la pestaña del menú "Annotate", las tolerancias, las cotas, los detalles de la superficie y otras observaciones pueden aplicarse directamente al componente 3D como una anotación. Sin embargo, esto no suele ser absolutamente necesario y suele anotarse en un dibujo técnico. Sin embargo, aplicar estas anotaciones directamente al componente 3D puede tener ventajas si el modelo 3D se transfiere a la producción además de un dibujo. También se puede iniciar un análisis de tolerancia en este ámbito. En las pestañas del menú "Inspect" y "Tools" encontrará de nuevo la función de medición general, así como la posibilidad de iniciar diversos análisis, la posibilidad de cambiar el material o el aspecto de un componente, así como algunos otros comandos que, de momento, carecen de importancia para nosotros. Nos saltamos la pestaña del menú "Manage", ya que su contenido tampoco es importante para este curso para principiantes. Sin embargo, es importante la pestaña "View", con la que se puede controlar la visualización de nuestros componentes. Aquí, además de la visualización general de los componentes ("Visual Style"), también puede mostrar el centro de gravedad o las sombras, así como un fondo. Más adelante se hablará de esto. La última área importante es la pestaña "Environment". En esta pestaña puede cambiar a los otros entornos respectivos de "Inventor". Además de la construcción CAD, también puede realizar una simulación de carga FEM con "Stress Analysis" o crear una animación y un renderizado con "Inventor Studio". También se pueden realizar análisis de tolerancias, y existe un entorno específico para la creación de piezas de fundición y mucho más. Para nosotros, la ya mencionada posibilidad de construcción en chapa con "Convert to Sheet Metal" sigue siendo importante. Las dos últimas pestañas del menú "Get Started" y "Collaborate" se explican por sí mismas y contienen comandos más bien generales, así que no dude en hacer clic aquí si lo necesita.

No se asuste de la multitud de elementos y características! En el transcurso del curso conoceremos los elementos individuales paso a paso y en detalle utilizando ejemplos prácticos. Por lo tanto, sólo esta breve y clara explicación.

Si ahora miramos el área de la capa de dibujo, encontramos el árbol de estructura del archivo de construcción en el área de la izquierda.

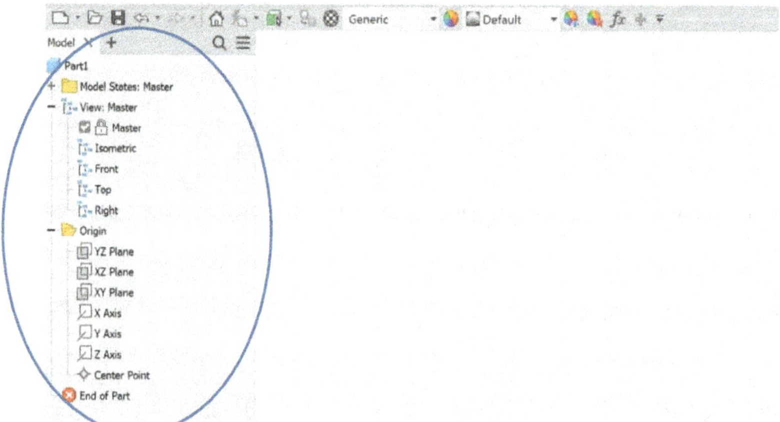

Figura 13: El árbol de estructura del archivo de construcción se muestra a la izquierda.

Si no aparece o si lo ha cerrado por error, haga clic en el pequeño símbolo más y seleccione "Model Browser".

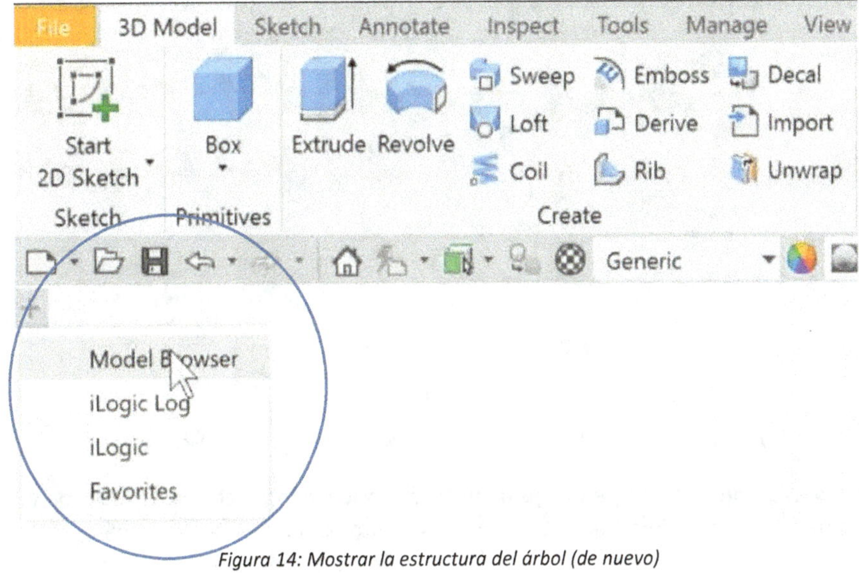

Figura 14: Mostrar la estructura del árbol (de nuevo)

Esta estructura de árbol contiene todas las vistas, así como el origen, los niveles y los ejes de un archivo. Sin embargo, la función principal de este árbol de estructura es enumerar los bocetos, elementos de construcción, etc. que se han creado. Sin embargo, la función principal de este árbol de estructura es enumerar los bocetos creados, los elementos de construcción, etc., cronológicamente, para poder activarlos/desactivarlos o editarlos con un clic derecho sobre ellos. Más adelante veremos cómo funciona esto. También es muy bueno acostumbrarse a nombrar los componentes individuales y, posiblemente, los bocetos y las capas desde el principio para poder orientarse más fácilmente después en una construcción compleja. Basta con hacer doble clic en el elemento e introducir un nuevo nombre.

En la estrecha barra situada sobre este árbol de estructura, encontrará de nuevo funciones generales como "Abrir", "Guardar", "Deshacer", "Rehacer" y ajustes para seleccionar elementos o características, así como ajustes para el material y la apariencia. Es posible que esta barra se muestre también en la parte superior, con un clic en la pequeña flecha del extremo derecho, puede cambiar la posición de visualización si es necesario.

Figura 15: Barra de comandos general sobre la estructura de árbol o en la parte superior

En la zona superior derecha se encuentra el cubo de la órbita. Aquí puede seleccionar las vistas de la construcción actual y girar el entorno de dibujo incluyendo el objeto.

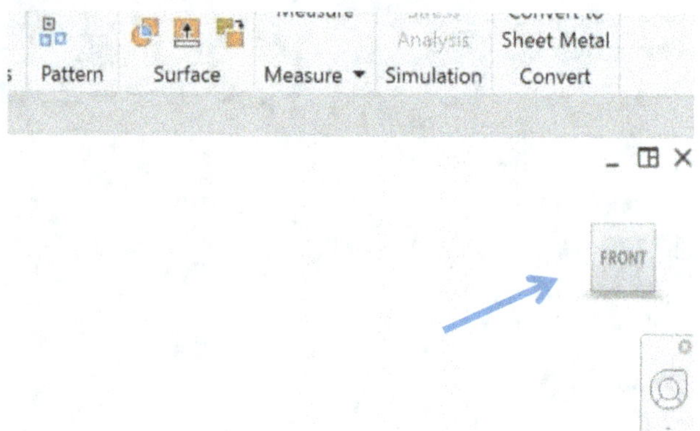

Figura 16: El cubo de la órbita para las rotaciones y la alineación de los objetos

La rotación del entorno de dibujo también es posible con la tecla SHIFT pulsada y el ratón movido al mismo tiempo. El desplazamiento es posible con la rueda del ratón pulsada y un movimiento del ratón. La función de zoom se realiza como siempre girando la rueda del ratón.

Con un clic derecho en el entorno de dibujo, podemos llamar al menú de selección rápida, con el que se pueden ejecutar rápidamente diversos comandos.

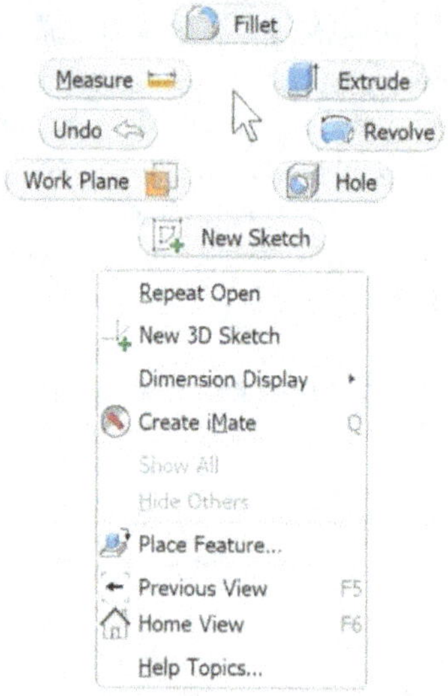

Figura 17: Menú de selección rápida de "Inventor"; se abre con un clic derecho en la capa de dibujo

En la zona inferior del entorno de dibujo podemos cambiar entre varios archivos abiertos.

La barra de la derecha, debajo del cubo de la órbita, también nos da la opción de mover o rotar el entorno, así como el comando "Look at", con el que es muy fácil mirar verticalmente una zona seleccionada de un componente. Además, en esta barra se puede activar una rueda de navegación, que se muestra de forma permanente y sirve como una especie de menú de selección rápida. Aquí también puede elegir entre diferentes diseños.

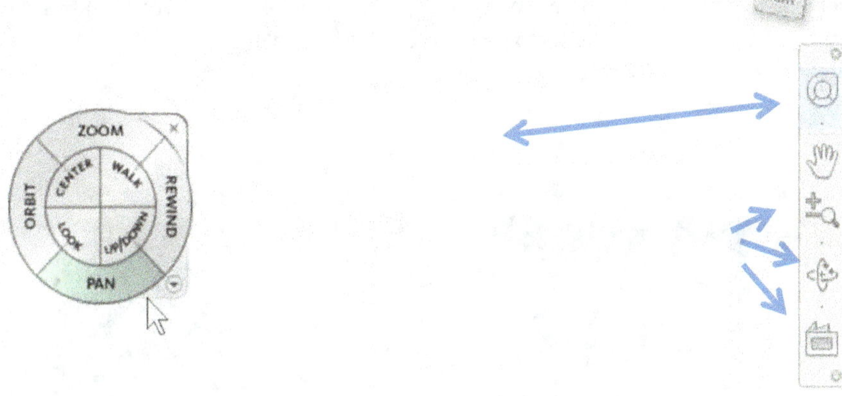

Figura 18: Barra de selección rápida (derecha) y rueda de navegación activada (izquierda)

Muy bien, después de este capítulo nos orientamos con relativa facilidad en el entorno del programa y podemos empezar con el siguiente capítulo. Como ya se ha mencionado, los programas CAD comunes funcionan de forma muy idéntica. A continuación, nos gustaría examinar en detalle esta forma de trabajar.

Sección I: Construcción / Diseño CAD

3 Conceptos básicos del DAO: Función y modo de funcionamiento

3.1 Entorno de dibujo 2D

Cada componente 3D debe iniciarse primero como un boceto 2D. Con esto definimos la "plano" del objeto, por así decirlo. Imagine que está mirando la parte superior de un objeto tridimensional simple. Por ejemplo, ¿qué se ve en un cilindro cuando se mira desde arriba, en un ángulo recto perfecto con respecto al eje?

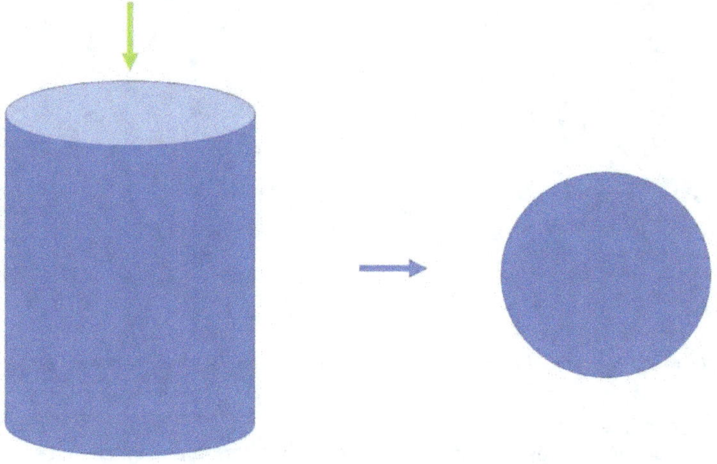

Figura 19: Un cilindro tridimensional tiene como forma básica un círculo 2D

Correcto, un círculo bidimensional, nada más. Y es precisamente a partir de esta forma 2D que el cilindro, análogo a todos los demás elementos, se crea también en el programa CAD. Es precisamente esta geometría del círculo la que tenemos que dibujar para este objeto, por ejemplo, en el primer paso. La forma tridimensional se obtiene entonces mediante otros pasos de mando. Para el croquis 2D, por ejemplo, también se puede considerar la superficie superior de un objeto o una superficie lateral, o incluso una superficie parcial. Esto requiere algo de imaginación espacial.

Para cada componente tridimensional, debemos hacer primero un boceto bidimensional. En este capítulo veremos con detalle cómo funciona la creación de un boceto en 2D. Al comienzo de un boceto, en el área "3D Model", alternativamente también en "Sketch", seleccione el comando "Start 2D Sketch".

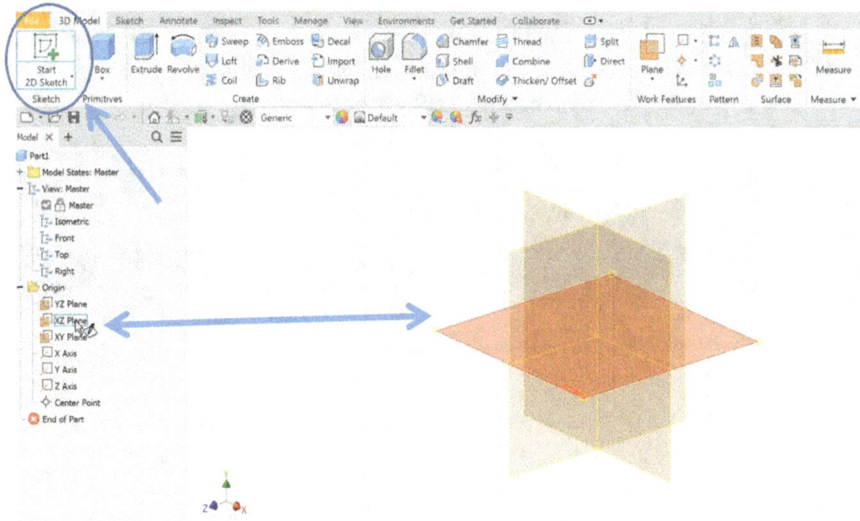

Figura 20: Inicio de un croquis 2D y selección de una capa

A continuación se nos muestran los planos del sistema de coordenadas y tenemos que decidir un plano del espacio tridimensional sobre el que queremos dibujar nuestro croquis 2D. En nuestro ejemplo, queremos mirar desde arriba la superficie circular o superficie superior, por lo que debemos elegir el plano x-z, es decir, el plano que forma los ejes x y z. El plano que elija sólo es importante básicamente para la alineación de las vistas. El programa abre entonces el plano de croquis seleccionado. Como observará, la barra de menú "Sketch" se abre automáticamente en la zona superior, donde se encuentran todos los comandos 2D.

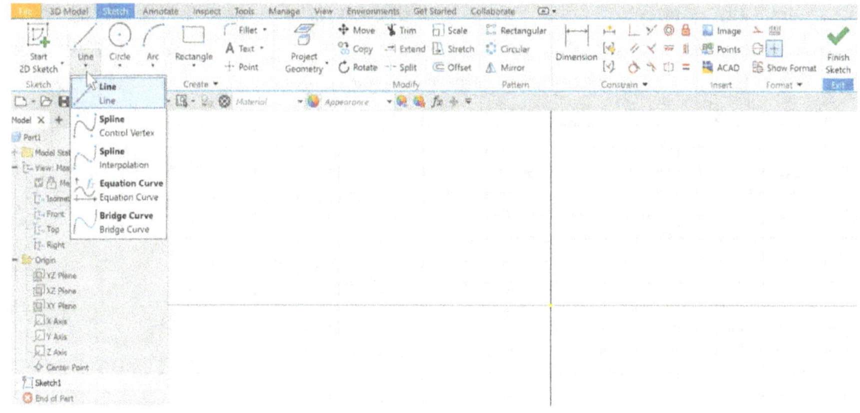

Figura 21: Entorno de dibujo 2D con la barra "Sketch" y la cuadrícula de dibujo

Ahora se dispone de una variedad de elementos de dibujo básicos para crear la geometría de un boceto en 2D. Seleccionando una línea, por ejemplo, se puede formar una geometría a partir de elementos con forma de línea. Probemos esto. Para ello, basta con hacer clic en cualquier punto, por ejemplo, en el centro del sistema de coordenadas, e iniciar un dibujo haciendo clic y arrastrando con el ratón.

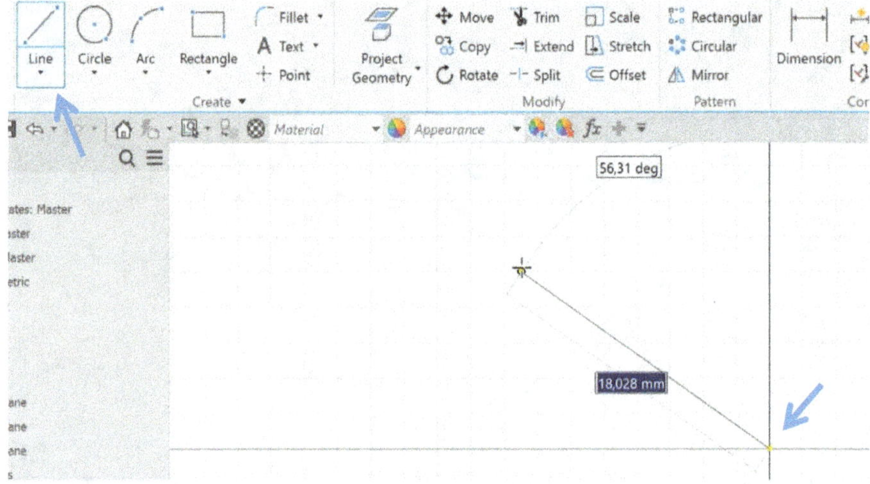

Figura 22: Creación de una primera línea

Pulse de nuevo para crear la línea. Si luego quiere seguir dibujando directamente después de esta línea, simplemente continúe dibujando, si no utilice la tecla "ESC" y comience de nuevo en una posición diferente.

El dibujo debe corresponder, por ejemplo, a la sección transversal del objeto 3D deseado o, en el caso de los objetos simples, a la superficie superior o a la sección transversal del objeto. Introduzca al mismo tiempo las dimensiones deseadas con el teclado. Puede cambiar entre la medición y el ángulo utilizando la tecla de tabulación. También puede dibujar libremente y utilizar los valores mostrados como guía, o añadir o cambiar las dimensiones y los ángulos más tarde.

Los pequeños símbolos que aparecen para un rectángulo, por ejemplo, son las "Constraints" o dependencias de las líneas respectivas. Los analizaremos más detenidamente dentro de un momento.

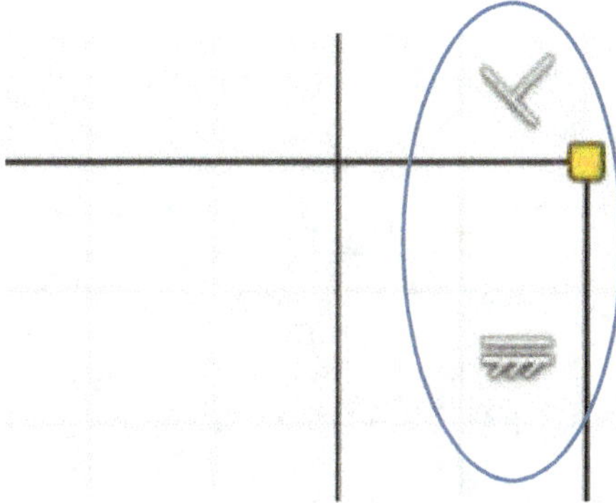

Figura 23: Las "Constraints" o condiciones / dependencias de los elementos del croquis

Además de una línea, también puede crear un círculo, una elipse, una curva de forma libre, un arco, un agujero oblongo o un rectángulo. Vamos a probarlos uno tras otro.

En el menú "Create" también encontrará: un punto, diferentes arcos y varios otros elementos.

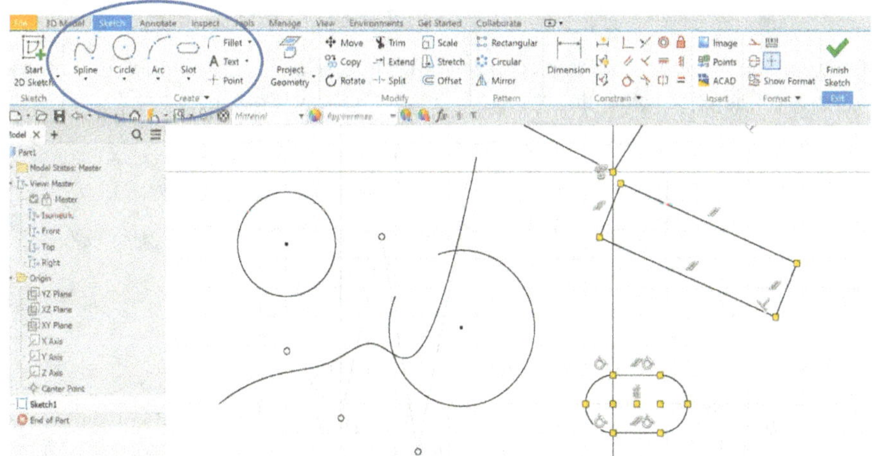

Figura 24: Ejercicios de croquis con diferentes comandos, como círculo, rectángulo, agujero oblongo, etc.

Lo mejor es probar simplemente todos los elementos al menos una vez. Para ello, basta con hacer una breve pausa y comenzar de forma independiente en el entorno de bocetos del programa CAD. Lo mejor es utilizar este procedimiento durante todo el curso. Esta es la forma más eficaz de aprender.

Otro consejo sobre los elementos geométricos prefabricados, como el rectángulo o el círculo: al dibujar, observará que el rectángulo, por ejemplo, parte de una esquina. Sin embargo, si desea que el rectángulo comience desde el centro, también puede seleccionar un "rectángulo central" o "rectángulo de 2 puntos" utilizando el menú desplegable de "Rectangle". Con el círculo puede, si lo desea, crear también un círculo tangencial en lugar de un círculo central.

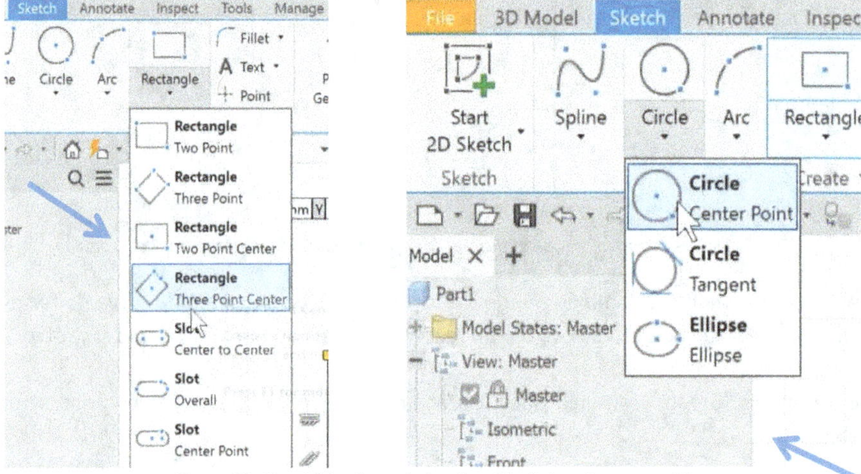

Figura 25: No olvide el menú desplegable de los elementos 2D

En la sección Modificar podemos realizar varias operaciones para cambiar un boceto. Veamos primero los comandos "Move", "Copy", "Scale" y "Stretch".

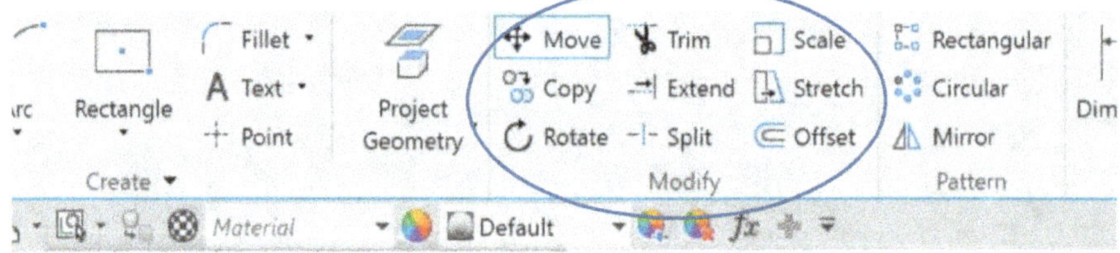

Figura 26: La sección del menú "Modify" en la barra "Sketch"

Funcionan de manera muy similar, pero por supuesto cada uno tiene un efecto diferente. Vamos a probar los comandos en el ejemplo de un rectángulo. El funcionamiento es el siguiente. Primero seleccione el comando, por ejemplo "Move", y luego seleccione el cursor "Select" en la ventana. En el siguiente paso, seleccione el rectángulo o las líneas individuales u otro elemento geométrico con el ratón. A continuación, seleccione el cursor "Base Point" en la ventana de comandos y defina un punto de referencia en el plano de dibujo. Si ahora movemos el ratón, podemos ver cómo podemos mover la pieza utilizando el punto de referencia.

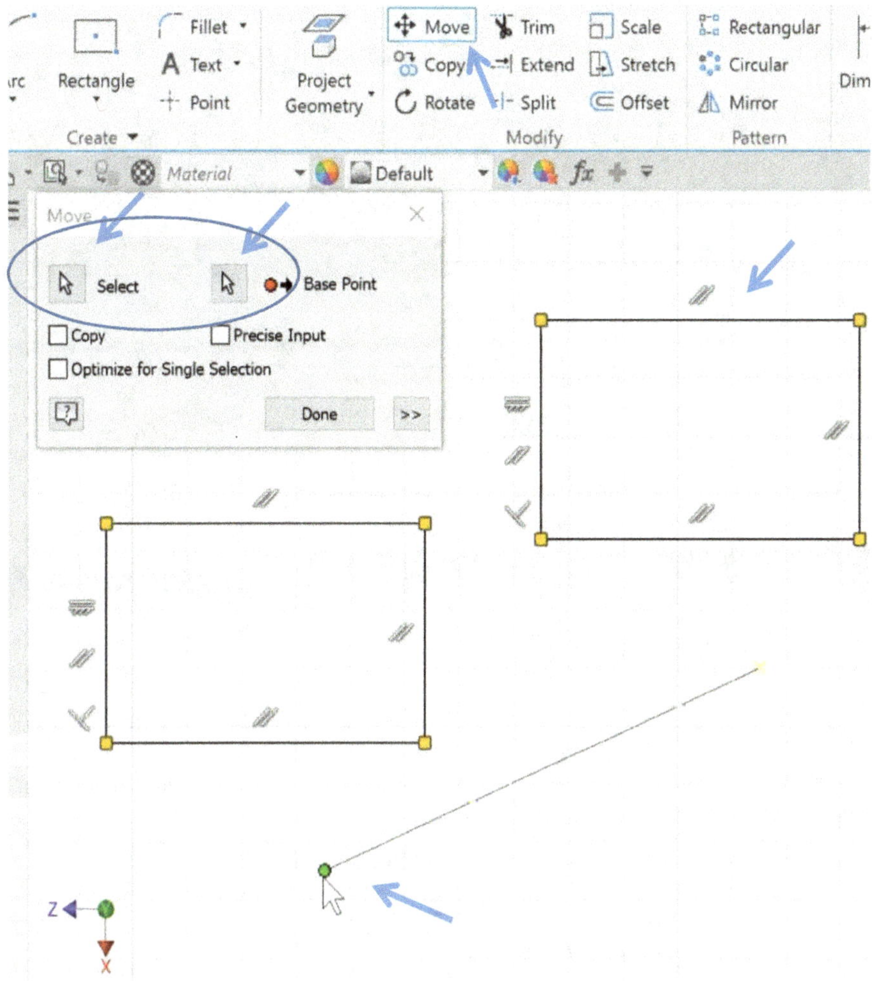

Figura 27: El comando "Move" en la aplicación; el rectángulo de la parte superior derecha ya debe existir, así que simplemente hay que dibujarlo; el de la parte inferior izquierda se crea entonces con el comando

A continuación, el rectángulo puede colocarse en la posición deseada con un clic. Para "Copy", "Scale" y "Stretch" esto funciona -como ya se ha mencionado- de forma idéntica. Para "Rotate" no necesitamos un "Base Point", pero tenemos que introducir un ángulo para la rotación. "Trim" y "Extend" pueden utilizarse para acortar o alargar un segmento de línea. "Split" puede utilizarse para dividir una línea en dos líneas en el punto más cercano. Y con "Offset" puede crear un elemento geométrico idéntico con una distancia al original.

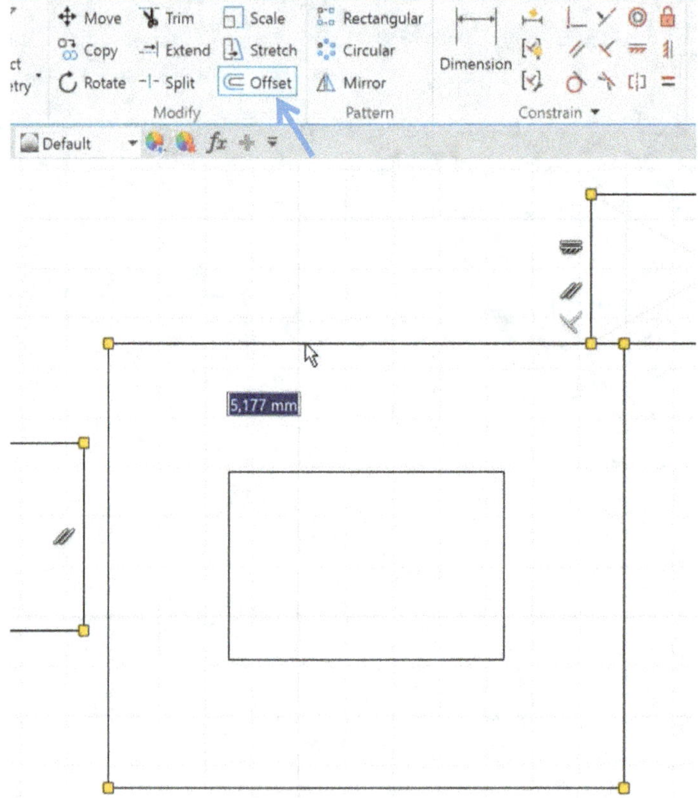

Figura 28: Cree otro rectángulo con espaciado utilizando la función "Offset"

Aquí puede realizar operaciones de dibujo relativamente básicas. Conoceremos el área de menú "Pattern" más adelante en el curso.

Antes de concluir este capítulo, conozcamos el mundo de las "Constraints" se prometió. Puede utilizarlos en el entorno de dibujo 2D y usarlos para crear condiciones entre los elementos geométricos individuales. Esto es a veces, pero no siempre, necesario o útil. Por cierto, en esta zona también encontrará la función "Dimension" para crear cotas.

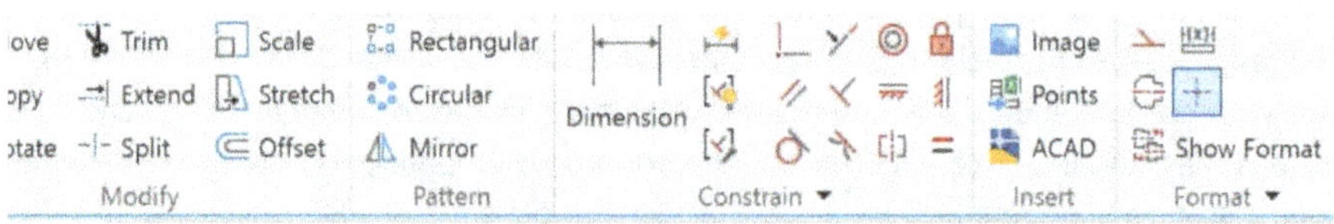

Figura 29: El área de "Constrain" en la barra de "Sketch"

A continuación, examinaremos más detenidamente las "Constraints" más importantes. Empecemos por las limitaciones horizontales y verticales. Supongamos que intentamos dibujar un rectángulo a mano alzada y obtenemos un polígono cuyas líneas lamentablemente no representan un rectángulo.

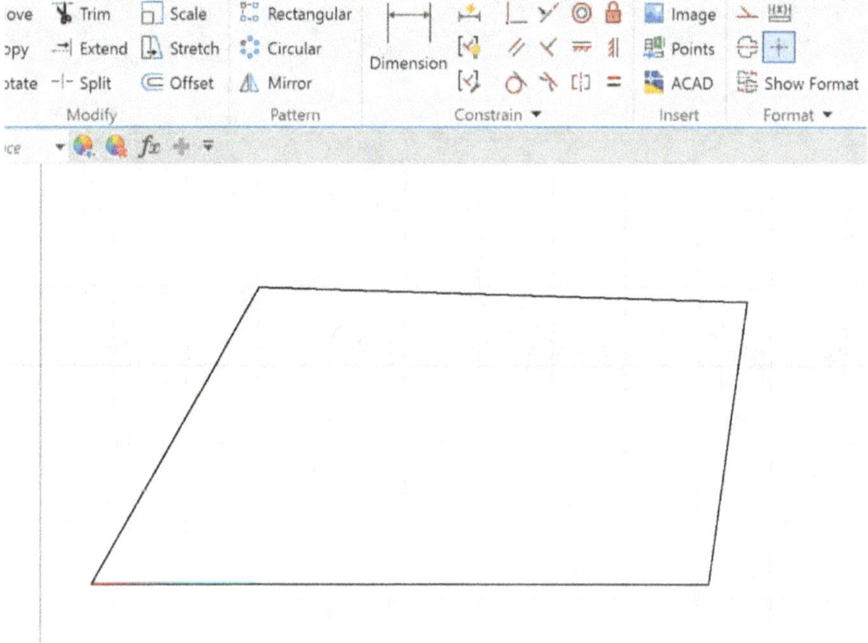

Figura 30: Para el ejercicio, dibuje el siguiente polígono a partir de líneas individuales; simplemente seleccione las dimensiones / ángulos que desee

Seleccionando la condición "horizontal" podemos crear dos líneas perfectamente horizontales haciendo clic en la línea superior e inferior. De forma idéntica aplicamos la condición "vertical" a las líneas laterales y finalmente obtenemos un rectángulo. Como puede ver, estas condiciones se nos muestran como pequeños símbolos junto a la línea respectiva y también se sugieren ya al crear un croquis.

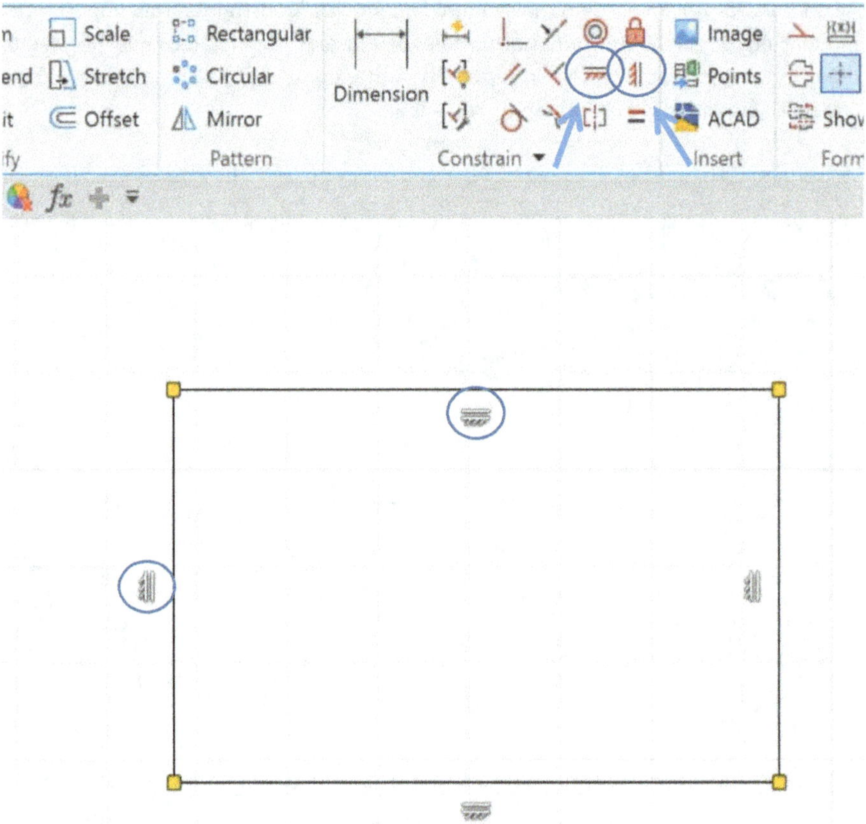

Figura 31: Aplicar la restricción "horizontal" y "vertical"; haga siempre clic en las líneas opuestas después de haber seleccionado el comando.

En la barra de la parte inferior también puede ocultar la visualización de estas condiciones. Además, puede utilizar "Snap to grid" para establecer si el cursor debe ajustarse a los puntos de la cuadrícula al dibujar, es decir, si debe permanecer pegado a los puntos de la cuadrícula como un imán para facilitar el esbozo, o no.

Figura 32: Mostrar / Ocultar Dependencias ("Constrain") y Activar / Desactivar "Snap to Grid"

Volvamos a las "Constraints". Con la relación "concentric" se pueden colocar dos estructuras circulares concéntricas entre sí. Por ejemplo, dibujemos un círculo grande y otro un poco más pequeño. Queremos obtener dos círculos concéntricos, es decir, dos círculos en los que los centros sean congruentes. Lo conseguimos seleccionando la dependencia correspondiente y los dos círculos.

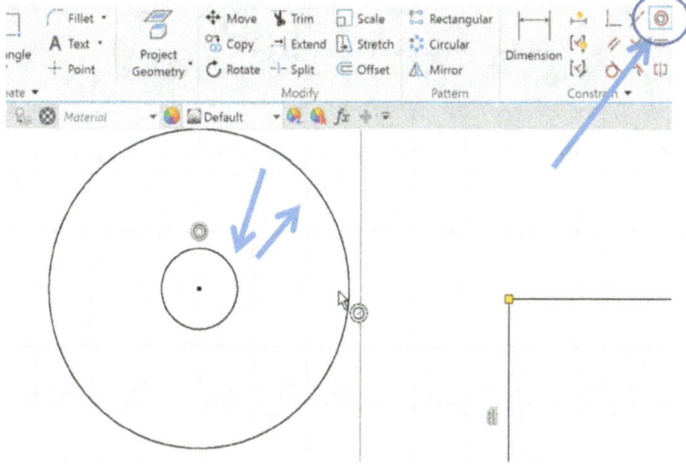

Figura 33: La dependencia "concentric"; seleccione el comando y seleccione los círculos uno tras otro

Las dos "Constraints": "Perpendicular" y "Parallel" son relativamente autoexplicativas. No obstante, veamos un pequeño ejemplo con dos líneas cada uno. Para la función "Perpendicular" dibujamos las dos líneas siguientes. Al seleccionar la condición y seleccionar las líneas, obtenemos como resultado dos líneas perpendiculares entre sí.

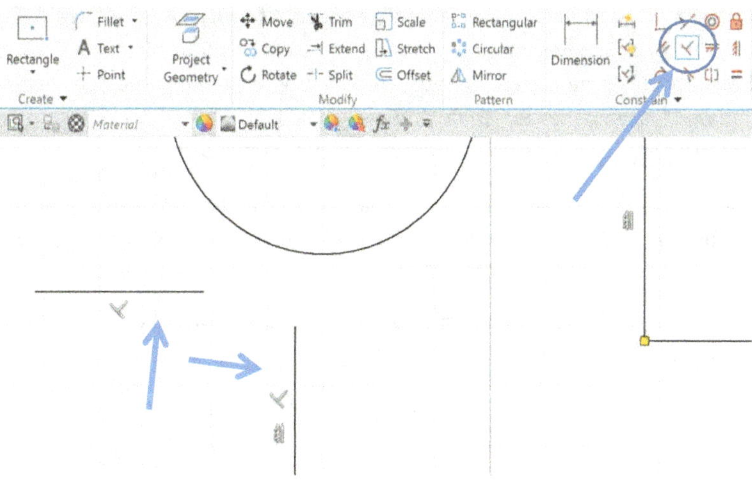

Figura 34: La dependencia "Perpendicular"

Para "Parallel" dibujamos dos líneas más y obtenemos dos líneas perfectamente paralelas seleccionando la condición.

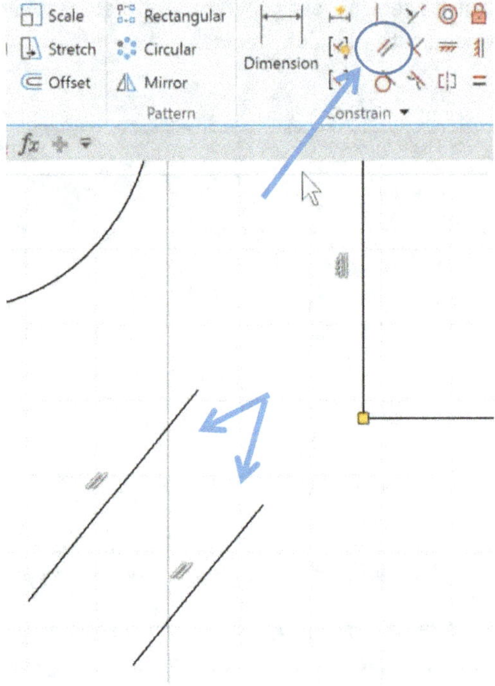

Figura 35: La dependencia "Parallel"

Utilizamos las "Constraints": "Coincident", es decir, congruente y "Colinear", es decir, colineal, siempre que queramos conectar dos puntos o poner una línea en dependencia lineal con otra línea de otro elemento. Para ilustrar esto, dibujemos un rectángulo y dos líneas. Queremos conectar la primera línea con un punto de la esquina del rectángulo y hacer que la segunda línea sea colineal con la otra línea.

Por cierto: también puede aplicar varias "Constraints". Por ejemplo, también podríamos seguir aplicando la restricción horizontal a una línea que ya tiene otra restricción, pero en sentido vertical.

Echemos un vistazo a la condición "Tangent". Como el nombre y la pequeña imagen ya indican, podemos utilizarlo para fijar una línea tangencial a un círculo, por ejemplo. Vamos a probarlo. Primero dibuje el círculo, luego una línea y después aplique la condición.

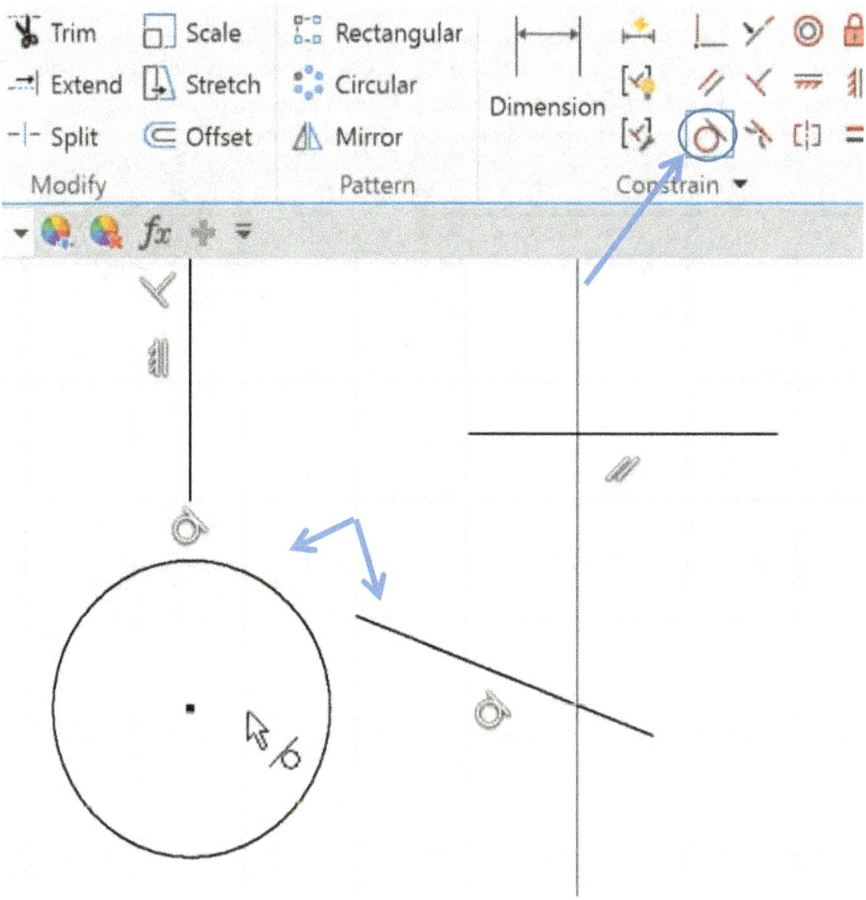

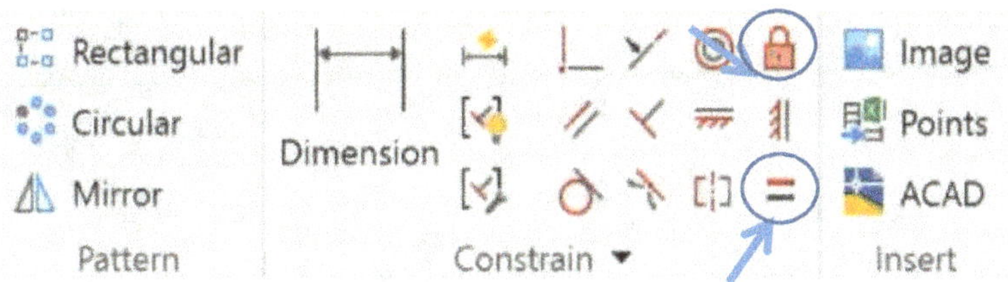

Figura 36: La dependencia "Tangent"

Pruebe usted mismo las dos "Constraints": "Fix" e "Equal". No puede equivocarse y el nombre es relativamente autoexplicativo. La restricción "Fix" simplemente fija un elemento en su lugar en el plano de dibujo y "Equal" asegura que exista la misma acotación entre los elementos.

Figura 37: Las dependencias "Fix" e "Equal"

Con "Symmetric" puede fijar dos elementos, por ejemplo, dos líneas, de forma simétrica a una tercera línea, es decir, un eje de simetría. Basta con dibujar tres líneas, seleccionar la primera línea, la segunda y finalmente la tercera y las dos líneas exteriores se alinean de forma axisimétrica a la línea del medio.

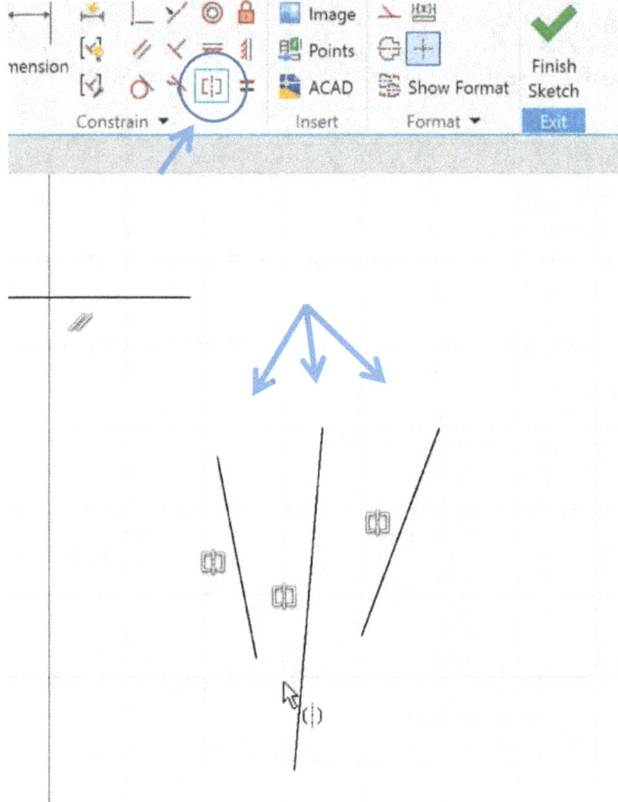

Figura 38: La dependencia "Symmetric" utilizando el ejemplo de tres líneas

Con el comando "Image" podemos insertar una imagen en el entorno de dibujo si, por ejemplo, queremos simplemente trazar una geometría.

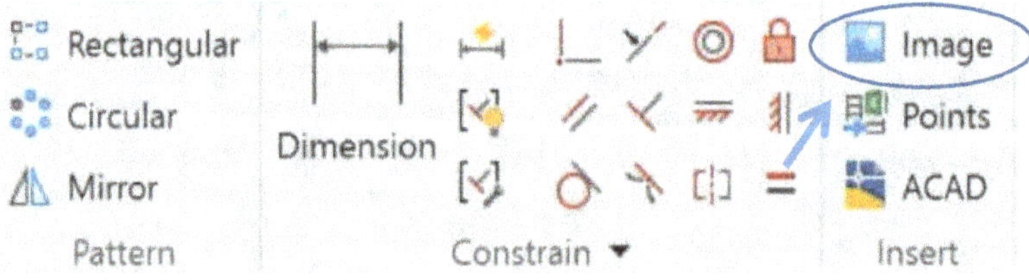

Figura 39: El comando "Image" de la sección "Insert"

Para concluir estos primeros ejercicios de croquis en 2D, dibuje otro círculo en un nuevo archivo, al que podrá dotar de dimensiones ficticias mediante la función "Dimension". Por ejemplo, seleccione un diámetro de 50 mm. Simplemente dibuje el círculo y seleccione la herramienta "Dimension". Hay dos caminos con dimensiones, ambos conducen a la meta. Puede dibujar un círculo con las dimensiones ya correctas introduciendo los valores con el teclado mientras dibuja. Utilice el tabulador para cambiar entre los distintos campos para introducir las dimensiones. Alternativamente, puede dibujar cualquier círculo y luego cambiar las dimensiones. Esto se hace con la función "Dimension" y un doble clic en la dimensión. A continuación, introduzca el valor deseado y confirme con la tecla Enter.

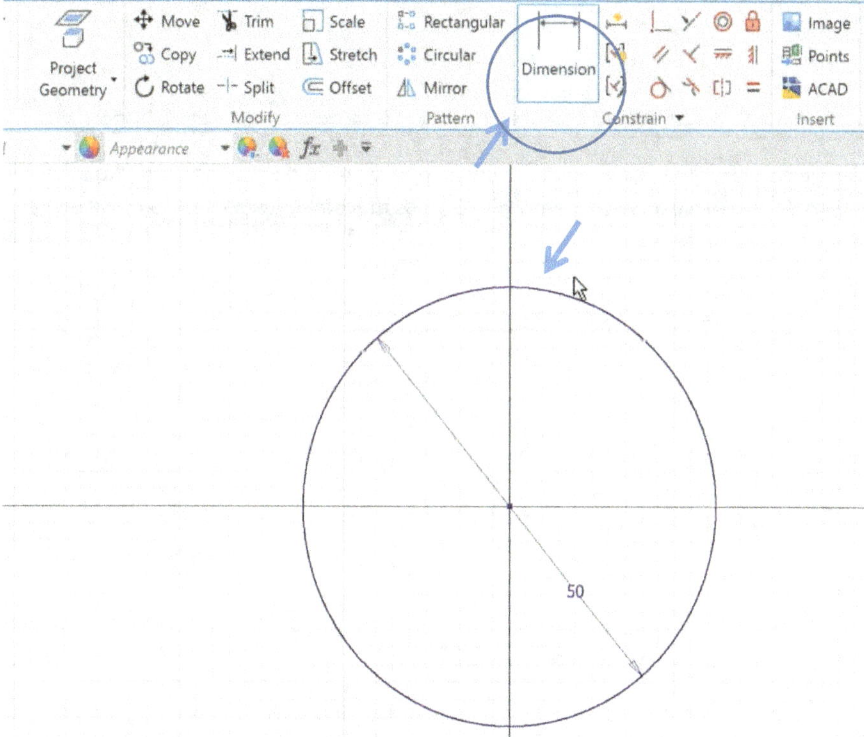

Figura 40: Dibuje un círculo con un diámetro de 50 mm y acótelo con "Dimension"

También puede utilizar este comando para acotar la distancia entre dos líneas. Para ello, basta con hacer clic primero en la primera línea y luego en la segunda cuya distancia desea acotar.

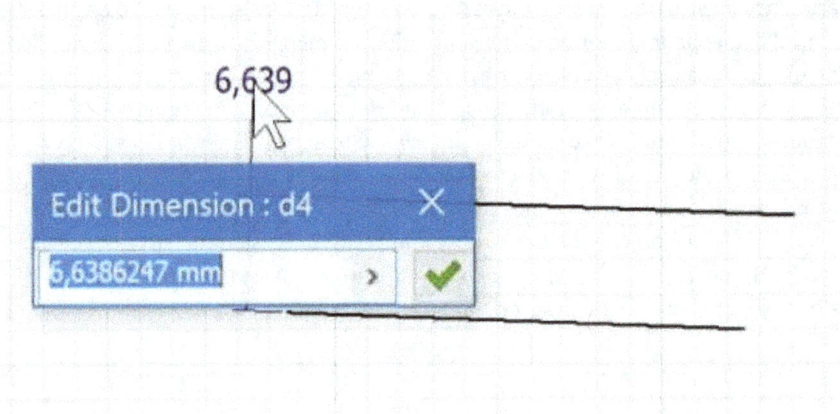

Figura 41: Acotación de la distancia entre dos líneas paralelas con el comando "Dimension"

Puede salir del modo de croquis 2D con la marca verde de la barra de menú superior. El programa vuelve a pasar al entorno 3D y nos muestra nuestro boceto como un perfil en el plano seleccionado.

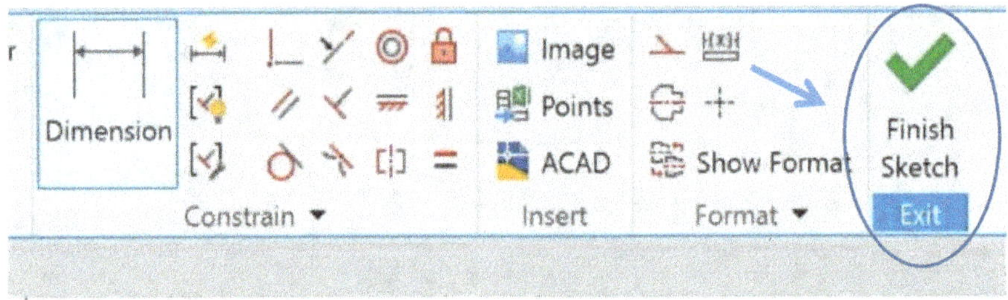

Figura 42: Salir del modo de croquis en 2D y volver así al modo 3D

Para crear un objeto tridimensional, es importante que el boceto 2D esté completamente cerrado y no tenga huecos.

Por cierto, con un doble clic en la rueda del ratón puede encajar un objeto en la vista actual. Esto es muy útil si alguna vez se encuentra muy lejos en el espacio virtual y ya no puede ver un objeto.

En el próximo capítulo crearemos un objeto tridimensional a partir del boceto 2D que hemos realizado. Muy bien, ¡está haciendo buenos progresos! Pronto llegaremos ya al primer proyecto de construcción real!

3.2 Entorno de objetos 3D

En este capítulo queremos ahora crear un objeto 3D a partir de la superficie 2D previamente esbozada. Para ello, utilizaremos las funciones de la sección "Create" del área "3D Model". Para crear un cilindro, utilizamos probablemente la función más utilizada de este menú. Utilizamos el comando "Extrude". Esta función es la llamada orden de extrusión. Por ello, en otros programas de CAD encontrará a menudo la denominación "Extrusion" o "Linear Extrusion" o similar.

Ahora sólo tiene que seleccionar la función y normalmente el perfil ya se extruye automáticamente.

Si no es así, simplemente haga clic en el perfil. Arrastre la flecha naranja mostrada con el ratón dentro del rango de movimiento posible y cambie así las dimensiones del objeto 3D. También puede introducir la dimensión deseada y confirmar con Enter.

En la ventana que se abre al seleccionar el comando "Extrude" y que se llama "Properties", se puede seleccionar o deseleccionar el perfil y determinar la dirección de la extrusión, es decir, hacia qué lado debe extruirse o si debe extruirse simétricamente en dos direcciones desde el plano de croquis. En "Advanced Properties" encontrará la opción de hacer el objeto cónico.

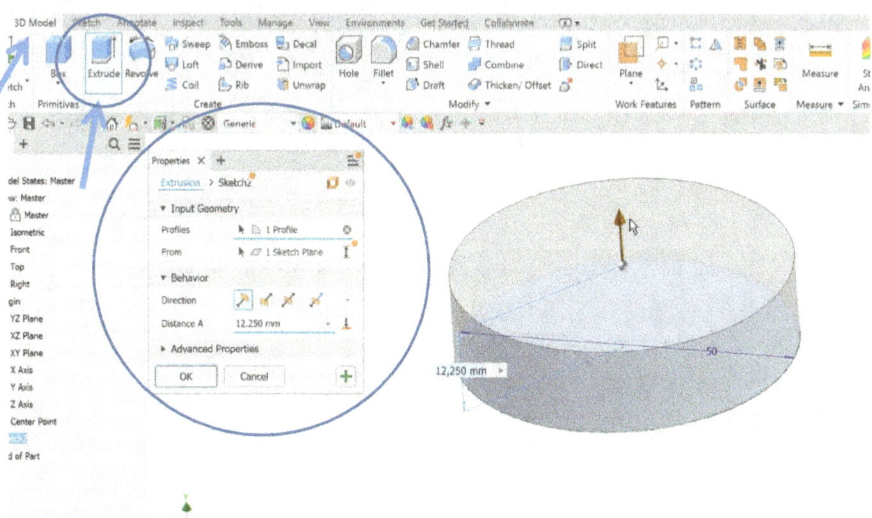

Figura 43: El comando "Extrude" en la aplicación; introduzca 50 mm como dimensión

Antes de ocuparnos de los demás comandos del menú "Create", utilizamos el cilindro construido para conocer primero los comandos más importantes de la sección "Modify". Siempre utilizamos esta sección cuando queremos modificar un objeto ya construido.

Por ejemplo, podemos redondear una o varias aristas con la función "Fillet". Basta con seleccionar la función y seleccionar uno o varios bordes. Vuelve a aparecer una flecha que utilizamos como con el comando "Extrude". En la ventana "Properties" podemos entonces cambiar otras opciones.

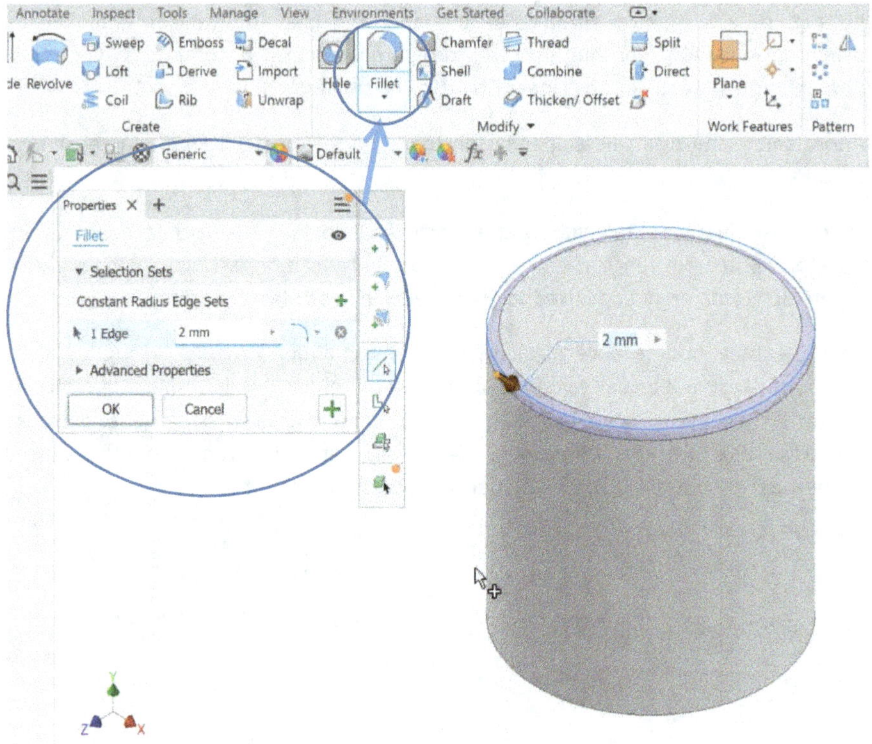

Figura 44: El comando "Fillet" de la sección "Modify" para filetes de borde

De forma análoga podemos crear un chaflán con "Chamfer".

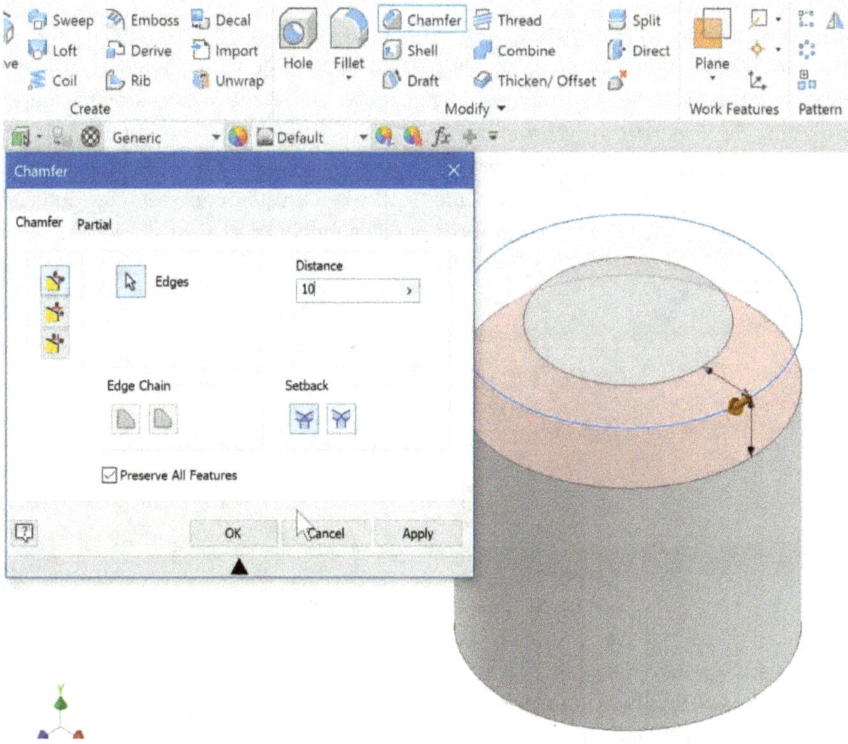

Figura 45: Creación de un chaflán con "Chamfer"

Otro comando importante es "Shell". Con la ayuda de este comando, se puede ahuecar fácilmente un objeto, es decir, se puede crear un objeto 3D de paredes finas. Seleccione el mando y la superficie superior del cilindro e introduzca un grosor de pared o utilice la flecha. Bastante sencillo, ¿no?

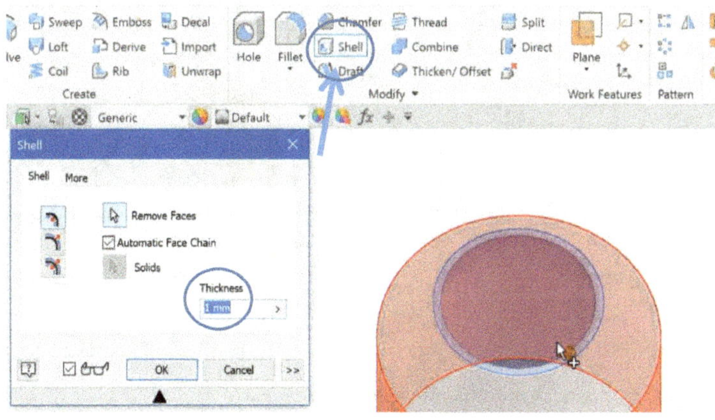

Figura 46: Ahuecar un objeto con "Shell"

Los demás comandos son igual de sencillos. Se puede crear un agujero con Hole, un hilo con Thread. Con Combinar puede unir cuerpos, y con Dividir puede volver a dividirlos. Más adelante veremos estos comandos en detalle y con la ayuda de los proyectos de construcción. Con el comando "Draft", puede crear rápidamente una pendiente o inclinación. Simplemente seleccione dos superficies de un objeto 3D e introduzca un ángulo de inclinación. Con "Thicken / Offset" puede reforzar una cara con material adicional y con "Delete Face" puede eliminar una cara.

Figura 47: Los comandos restantes de la sección "Modify"

Ahora que conocemos los comandos más importantes de esta sección, pasamos de nuevo al menú "Create". Además de "Extrude", encontramos los importantes comandos "Revolve", "Sweep", "Loft" y otros. Las explicaciones y las imágenes de ejemplo del software son muy claras y útiles y nos dan una primera indicación de lo que pueden hacer estos comandos.

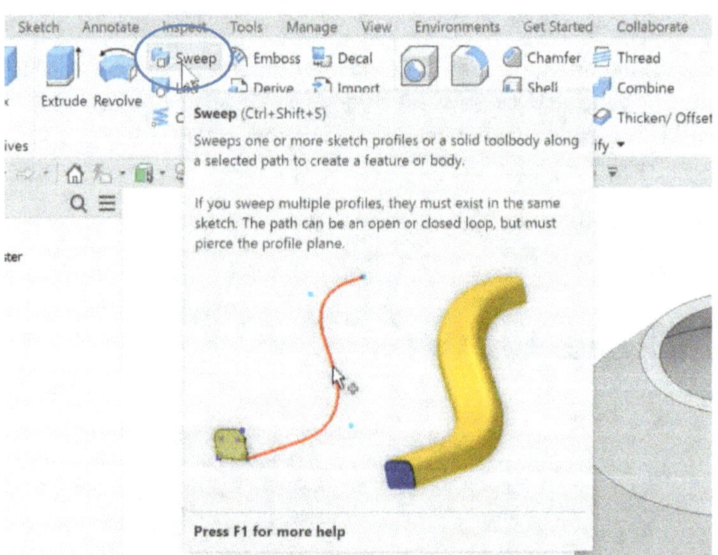

Figura 48: Si permanece un poco más con el cursor sobre una característica, suele aparecer una explicación del comando correspondiente

En el próximo capítulo veremos con más detalle cómo utilizarlos, ya que está relacionado con la forma de trabajar en el diseño CAD.

En "Inventor", por cierto, también es posible que algunos elementos acorten el proceso desde el boceto en 2D hasta el objeto en 3D combinando ambos pasos, lo que sin duda puede ahorrar algo de tiempo. Por ejemplo, en la sección "Primitives" de "3D Model" podemos construir inmediatamente un cuboide, un cilindro, una esfera y otros elementos con el comando correspondiente.

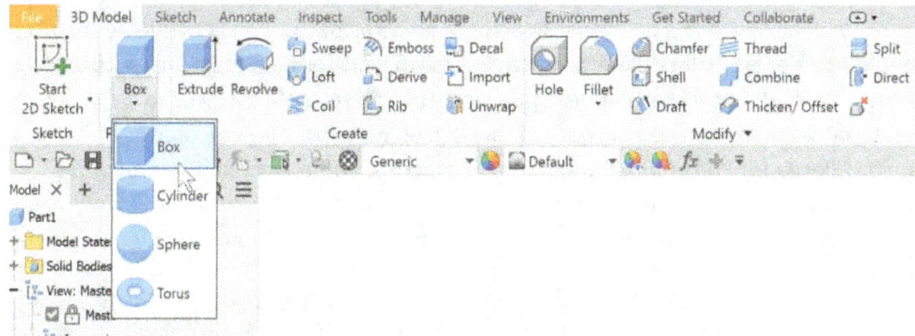

Figura 49: Creación de elementos 3D prefabricados sin desviación

Basta con seleccionar el comando, esbozar la base en un plano del espacio 3D y Extrude el elemento.

Y ahora, ¡al siguiente capítulo!

3.3 Métodos de trabajo de la construcción

Como ya se ha mencionado brevemente en el capítulo anterior, existen diferentes enfoques para el diseño de objetos 3D. Un posible enfoque del diseño es, por ejemplo, diseñar como se realizaría el mecanizado real, por ejemplo, un fresado o torneado de un material de partida, el llamado producto semiacabado.

En el programa CAD, primero se crea la materia prima, en este caso el material del cubo, y luego se trabaja en él sucesivamente en otros pasos -con la ayuda de recortes, agujeros, filetes y otras características de diseño de forma virtual- para obtener el elemento final. Por eso este método de construcción se llama sustractivo. Se reduce el material original a través de pasos individuales de procesamiento hasta obtener el objeto deseado. Pero también hay otros enfoques, como el método aditivo. Aquí, el modelo CAD o el objeto real, como es el caso de la impresión 3D, se construye elemento a elemento. Dentro de un momento veremos cómo funciona esto en términos concretos.

En primer lugar, abordamos el enfoque sustractivo clásico. En los siguientes pasos queremos hacer un agujero y un recorte en forma rectangular en un cubo simple. Ya he preparado el cubo. La dimensión es, por ejemplo, de 50 mm en todas las direcciones.

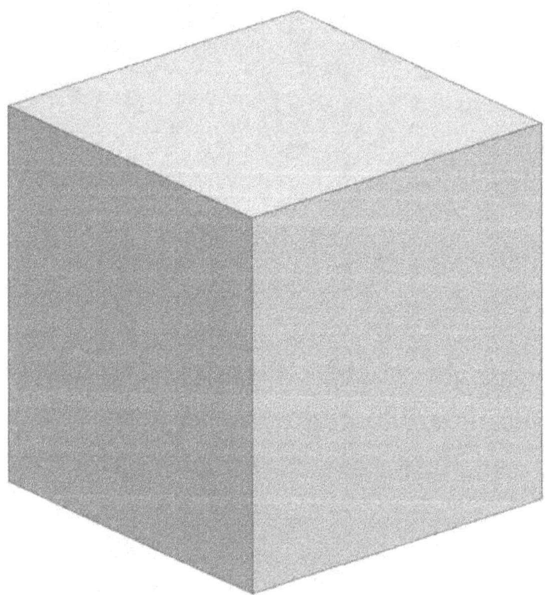

Figura 50: Nuestro material de partida; un cubo de dimensiones 50x50x50 mm

Para crear el agujero, podemos utilizar la función "Hole" de la sección "Modify". Sólo tiene que seleccionar el comando y la superficie en la que colocaría el taladro en la realidad. A continuación, seleccione dos bordes e introduzca las dimensiones para determinar la posición del agujero en la superficie.

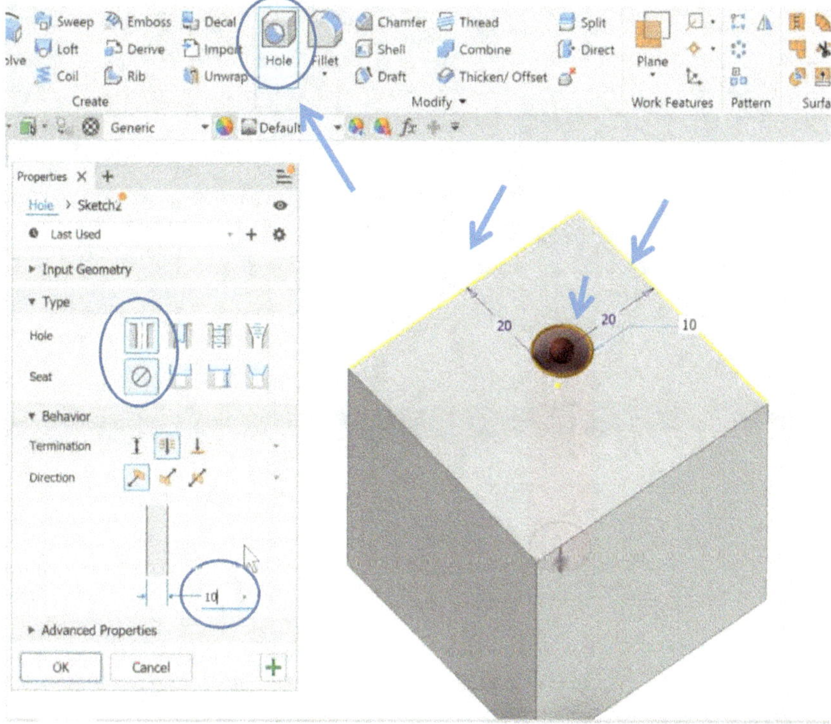

Figura 51: Cree un orificio con el comando "Hole"; primero seleccione los bordes para la acotación a los bordes e introduzca la acotación (sin "Enter"); luego seleccione 10 mm como diámetro

En la ventana de opciones que aparece, podrá seleccionar el tipo de agujero, la dimensión del mismo y los parámetros específicos del agujero. Por ejemplo, seleccionamos un taladro simple, llamado pasante, con un diámetro de 10 mm. También podríamos crear hilos aquí, pero más adelante hablaremos de ello.

Para el recorte, primero tenemos que volver a hacer un boceto en 2D de la geometría. Para ello, haga clic en "Start 2D Sketch" y seleccione, por ejemplo, la superficie superior del cuboide, ya que queremos llevar la sección al cuboide de arriba a abajo.

Coloque un rectángulo en la superficie en el área del cubo con un clic e introduzca una dimensión de 10 mm cada uno. Confirme con "Enter". A continuación, definimos la posición del rectángulo en la superficie con la función "Dimension". Dado que estamos en un espacio bidimensional, es decir, boceteando en una paralela del plano x-z, necesitamos una dimensión x y otra z para definir finalmente el boceto, es decir, el rectángulo, por completo, es decir, para determinar la posición y la geometría. Introduzca las dimensiones deseadas, por ejemplo, 5 mm cada una de la arista izquierda y superior del cubo.

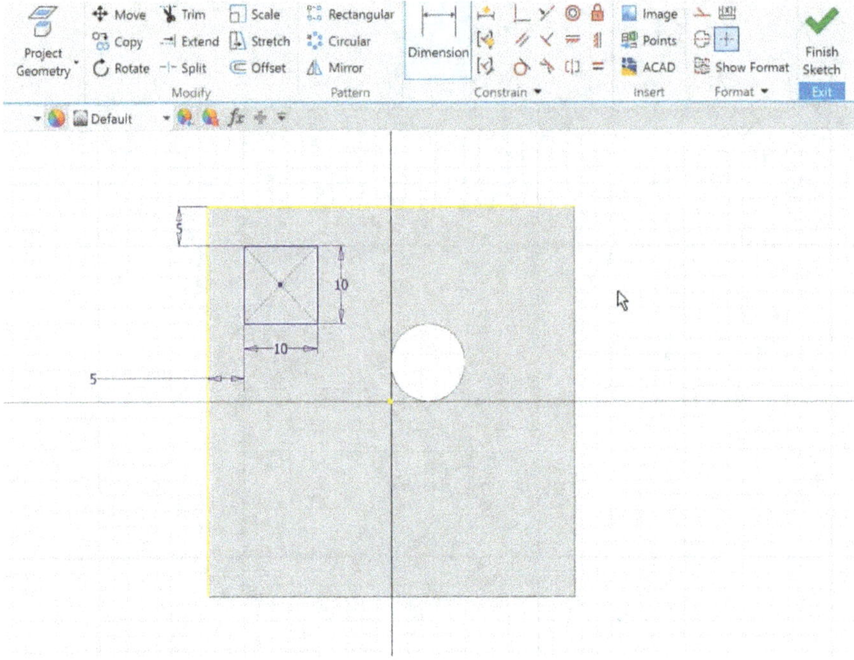

Figura 52: Dibuje un rectángulo de 10x10 mm en la superficie superior del cubo con "2D Sketch"

Ahora el rectángulo está completamente acotado. Quizá haya notado que el perfil se ha vuelto azul. Esto indica que todos los grados de libertad están totalmente restringidos, es decir, que la posición del perfil en el plano está totalmente definida por las dimensiones y las dependencias, las "Constraints", y no puede moverse por sí misma en los pasos posteriores de edición. Un dimensionamiento completo y un boceto totalmente definido son muy importantes para obtener buenos resultados, preste siempre atención a esto. Una vez terminado el boceto, podemos crear la sección con la función "Extrude". El recorte debe atravesar completamente la pieza, por ejemplo.

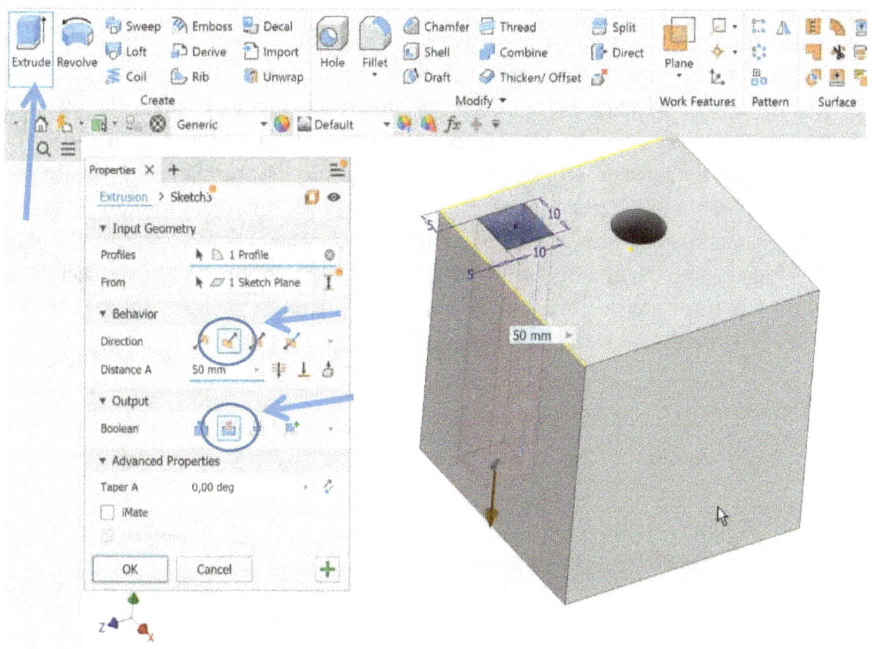

Figura 53: Insertar la sección como un rectángulo con "Extrude"; para "Direction": seleccionar "Flipped"

Ahora se puede eliminar y añadir material del boceto creado con la función "Extrude". De este modo, puede utilizar "Extrude" en la construcción para un enfoque sustractivo pero también para el método de trabajo aditivo.

Para dejar clara la diferencia entre los dos métodos de trabajo, construiremos ahora nuestra primera pieza muy sencilla, que podría servir como componente de montaje para una máquina, por ejemplo. Primero con un método de trabajo aditivo y luego con uno sustractivo. Por cierto, no importa el método que elija, ambos conducen a la meta, la única diferencia es el esfuerzo y el tiempo que se requiere.

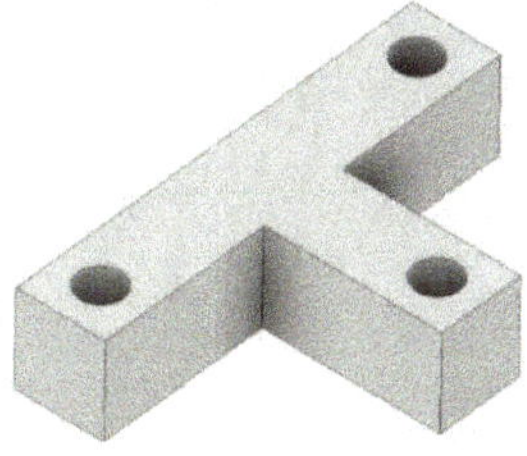

Figura 54: Queremos construir este componente de montaje ficticio de dos maneras

Para el modo de trabajo aditivo, simplemente dibujamos la sección transversal de la pieza. En este caso podemos hacerlo incluso en un solo paso. Por supuesto, también podríamos descomponer la pieza en sus cuerpos rectangulares y alinearlos cuerpo a cuerpo, lo que se correspondería más con la forma aditiva real. Pero eso sería muy engorroso. Así, en el modo 2D dibujamos primero la sección transversal de la pieza en un plano del sistema de coordenadas. Inicie la construcción seleccionando un nuevo croquis y el plano. Por cierto, también puede hacer clic con el botón derecho del ratón en el plano deseado en el árbol de la estructura y luego seleccionar "Create Sketch". A continuación, trazamos la primera línea como se muestra.

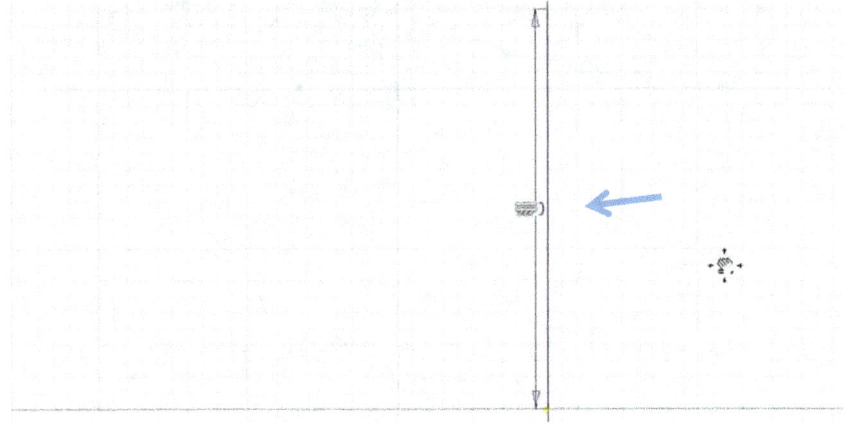

Figura 55: Primero dibuje una línea vertical de 50 mm en el plano x-z; comience en el origen

Complete el perfil con las siguientes líneas y dimensiones. Simplemente, ¡trace!

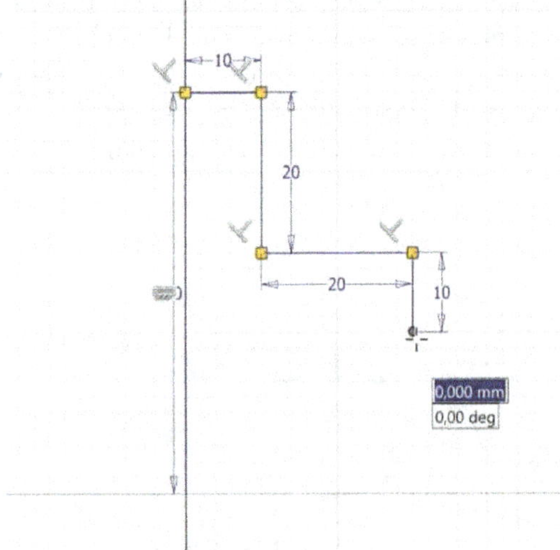

Figura 56: Dibuje más líneas verticales y horizontales de 10 mm y 20 mm de longitud

A continuación, complete el perfil de la sección transversal con más líneas, como se indica a continuación.

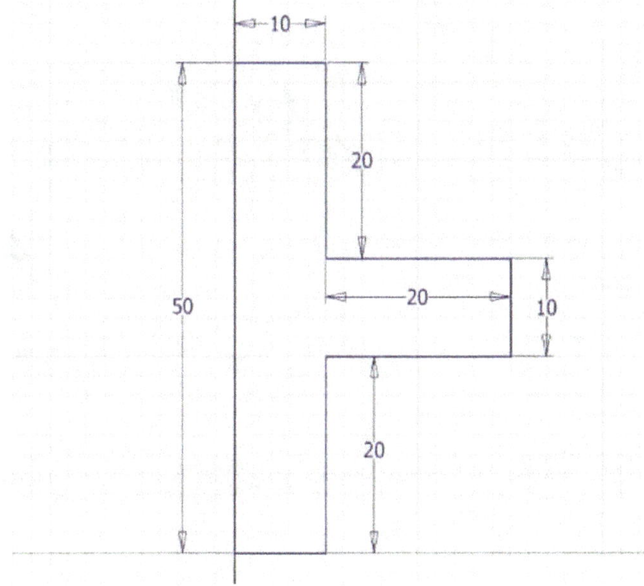

Figura 57. El perfil completo del componente en el plano x-z

A continuación, podrá abandonar el entorno de croquis 2D y pasar así al modo 3D. Seleccione la función "Extrude" y cree un cuerpo tridimensional a partir de la sección transversal 2D con un movimiento de arrastre en la dirección de la flecha mostrada. Introduzca una dimensión de 10 mm con la ayuda del teclado. ¡Eso es!

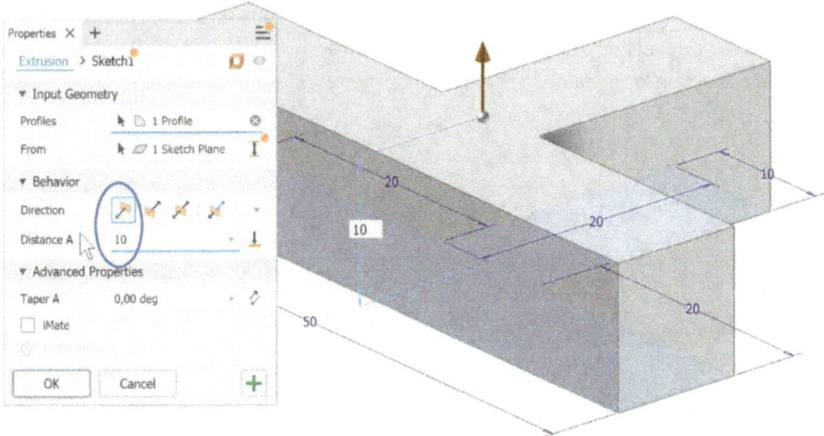

Figura 58: Uso de la función "Extrude" para crear el cuerpo 3D

Por último, creamos tres agujeros para el montaje. Para ello utilizamos el comando "Hole".

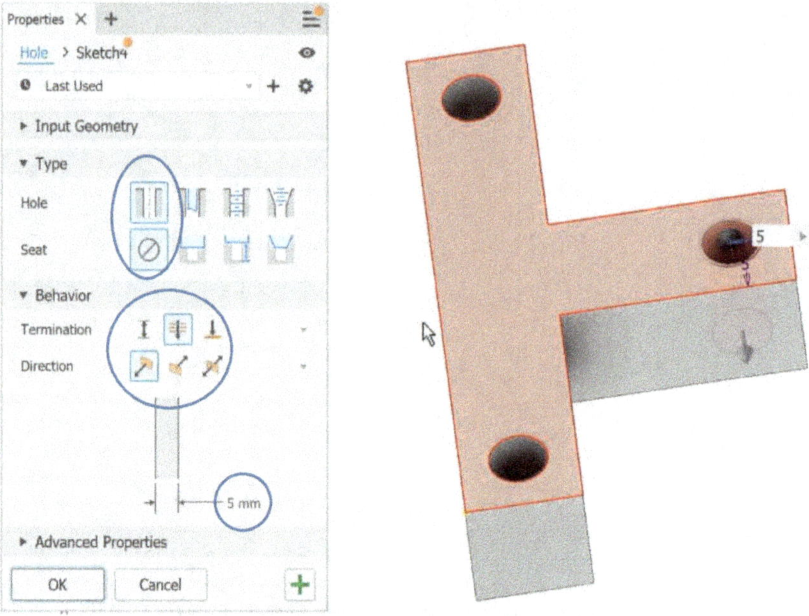

Figura 59: Los tres agujeros, cada uno a 5 mm de los bordes y de 5 mm de diámetro.

Ahora queremos utilizar el método de construcción sustractivo para la misma pieza a modo de ilustración. Para ello, dibujamos un rectángulo con las dimensiones 50 mm y 30 mm en modo de boceto 2D en un nuevo documento y creamos un cuboide con 20 mm utilizando la función "Extrude". De este modo, creamos virtualmente primero el material de partida, el llamado producto semielaborado, a partir del cual se troquelaría, recortaría o fresaría la pieza en la realidad, por ejemplo.

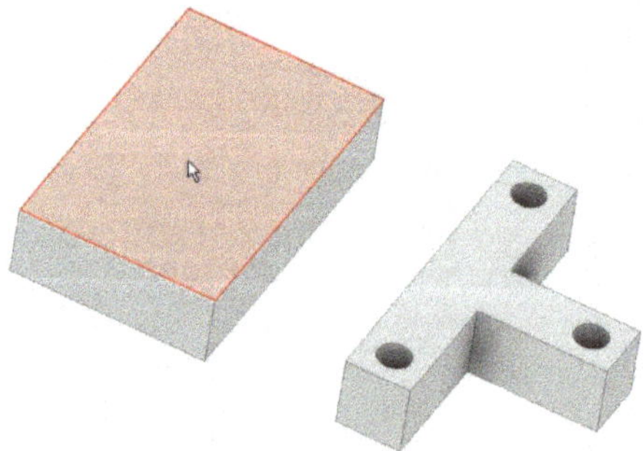

Figura 60: Creación de un cuboide (izquierda) de 50 x 30 x 20 mm para el segundo método de trabajo

A continuación, dibujamos los recortes en el material sólido. Para ello, primero creamos un boceto en 2D en la superficie superior - o, por supuesto, en la inferior. Primero esboce la mitad superior del recorte para la geometría de la pieza utilizando líneas. Asegúrese de que se crean superficies, es decir, que también se conectan los perfiles en los bordes.

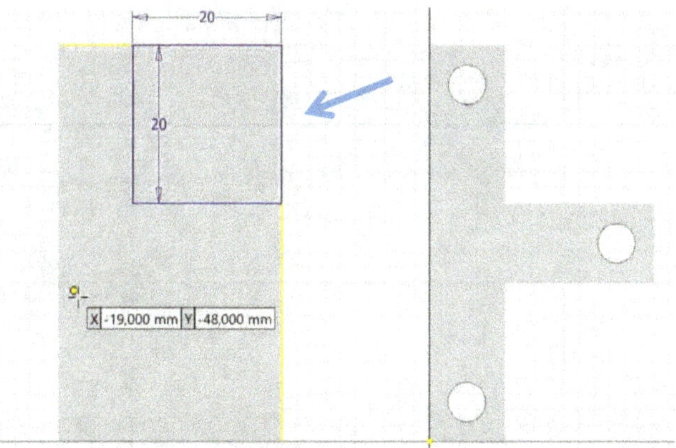

Figura 61: Dibujo de la mitad superior del recorte en la superficie de la cubierta en un croquis 2D

Y luego la mitad inferior. También podemos crear simplemente un rectángulo para ello en lugar de utilizar líneas. Dibujamos el negativo del componente en el material sólido, por así decirlo. También podemos dibujar las geometrías de los agujeros en este boceto para ejecutarlos como un recorte en lugar de utilizar el comando "Hole", y ahorrarnos así un paso.

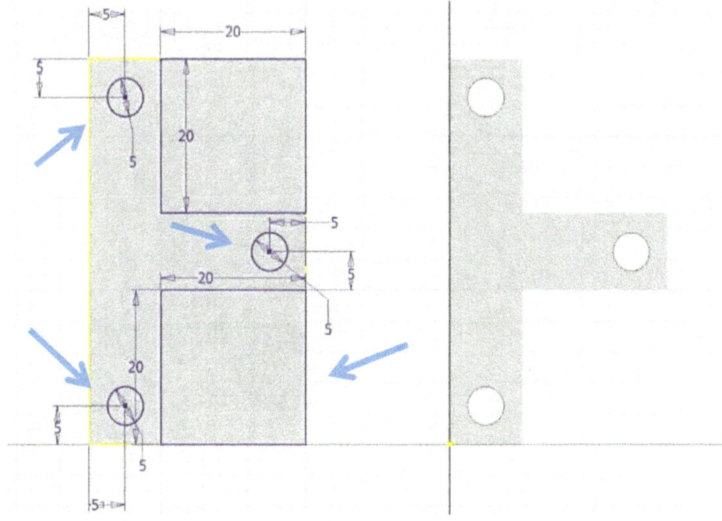

Figura 62: El perfil completo de la sección

A continuación, puede volver a utilizar la función "Extrude" para recortar las dos superficies dibujadas del sólido.

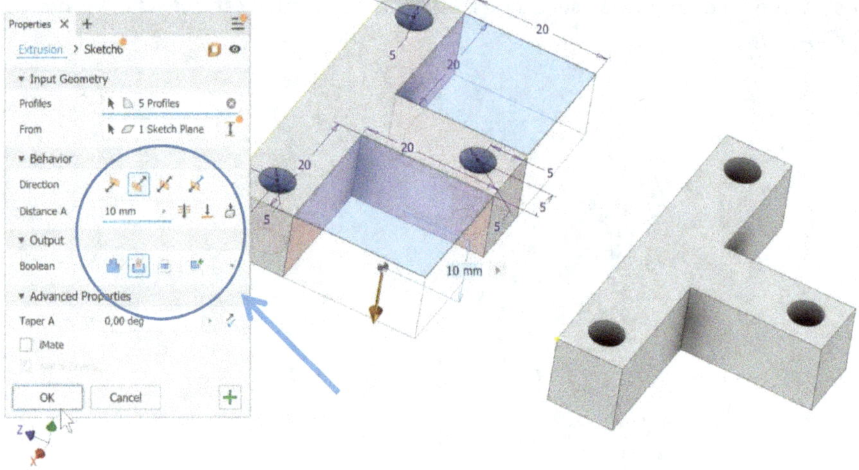

Figura 63: Utilice la función "Extrude" para crear la sección; seleccione los perfiles rectangulares y los tres círculos y realice los ajustes

Dos enfoques para una solución idéntica. Una bastante sencilla, la otra un poco más elaborada.

Pasemos ahora a otras posibles formas de trabajar en la construcción. Además de la función "Extrude", hay algunas funciones más en la sección "Create" que nos gustaría ver brevemente en este capítulo. Por un lado está el comando "Revolve". Puede utilizarlo siempre que quiera construir una pieza con un eje de rotación, por ejemplo, una pieza que en realidad se mecanizaría "girando".

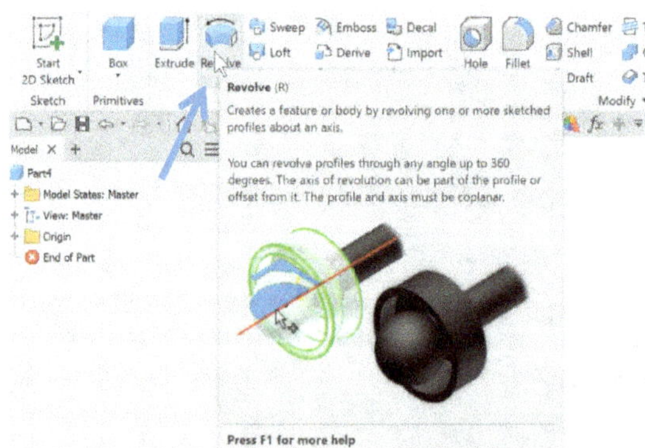

Figura 64: El comando "Revolve" de la sección "Create" del "3D Model"

Para ello, basta con dibujar una sección transversal en uno de los planos, por ejemplo, en el plano x-z o en el plano x-y. ¿Por qué estos aviones? Porque queremos utilizar "x" como nuestro eje de rotación. Pero también podría utilizar el plano y-z y entonces utilizar "y" o "z" como su eje de rotación. Echemos un vistazo más de cerca. Siéntase libre de dibujar junto con él. Por ejemplo, creamos el siguiente perfil básico de un tornillo en el entorno 2D.

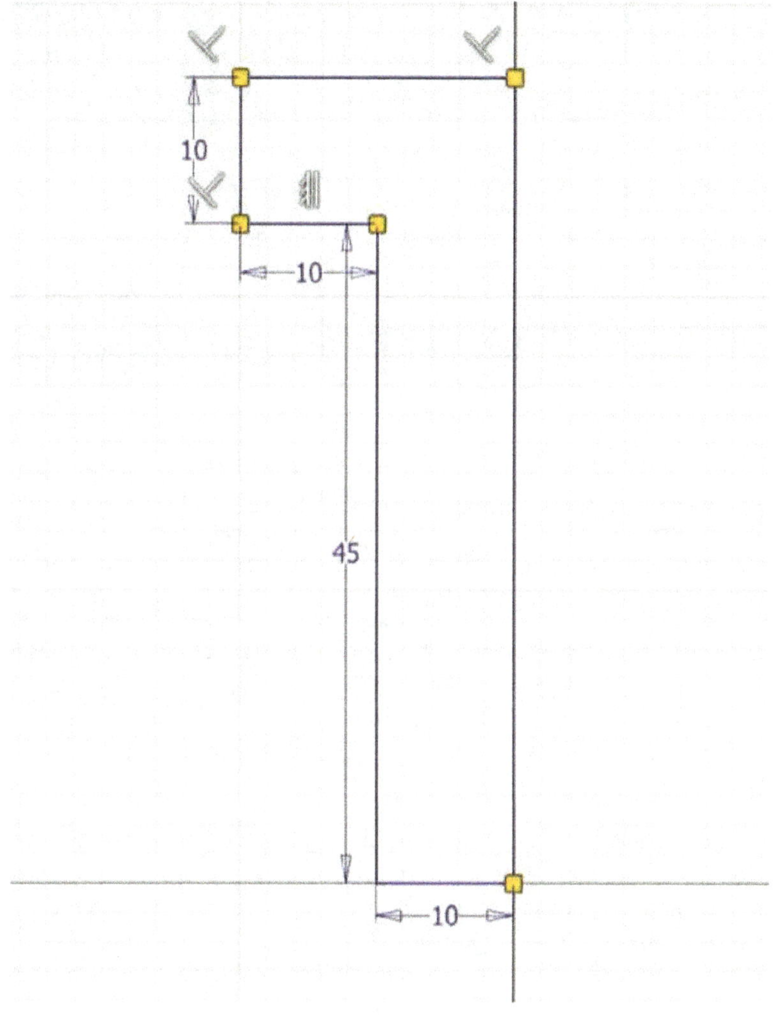

Figura 65: La mitad de la sección transversal de un tornillo; es mejor empezar con la línea inferior de 10 mm y luego dibujar la línea de 45 mm y así sucesivamente.

Tenemos que dibujar una mitad de la sección transversal del cuerpo 3D. Después de terminar el croquis y seleccionar el comando "Revolve", debemos definir primero nuestro eje de rotación, en nuestro caso el eje x. Como puede ver, el software crea entonces el sólido.

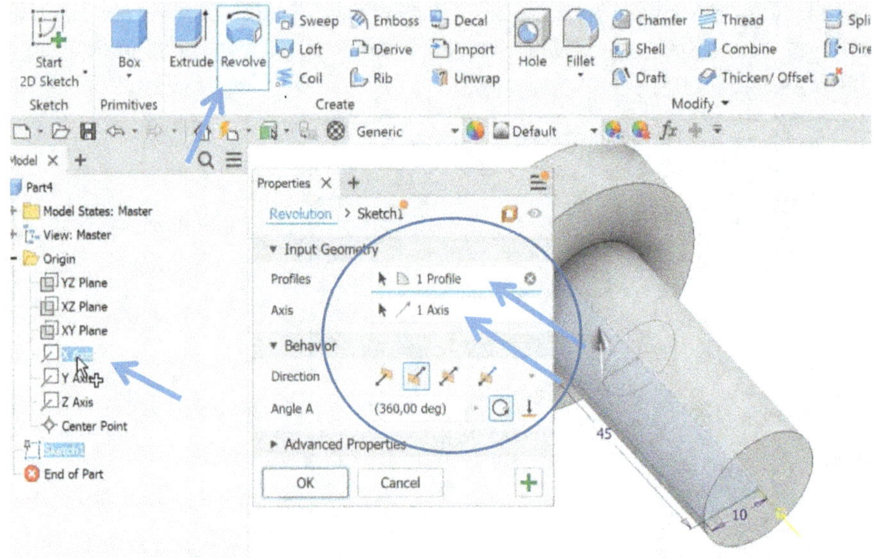

Introduciendo un número de grados, puede definir el rango de rotación. Por supuesto, ese tornillo también podría crearse con la ayuda de varios bocetos, de forma aditiva, con la función "Extrude". Piense por un momento cómo funcionaría eso en este caso.

Sin embargo, el camino a través de la rotación suele ser mucho más rápido y elegante para dicha pieza giratoria. A esto me refería cuando mencionaba que hay varias formas de trabajar con una misma pieza. Dependiendo de la pieza, éstas son más rápidas, más lentas o más sencillas o engorrosas, pero normalmente todas conducen al objetivo. Por cierto, la rosca de los tornillos se añade en la producción en serie rodando entre dos rodillos.

El comando "Sweep" siempre es útil cuando se quiere crear una pieza que siga una trayectoria algo más compleja. Veamos cómo debe entenderse esto. Para el comando "Sweep", siempre se necesita un perfil de sección transversal dibujado en 2D y una trayectoria, lo que significa simplemente una línea, o un arco o "Spline" o curva de forma libre. Por ejemplo, vamos a crear una "Spline" seleccionando el comando en un croquis 2D en el plano x-y y dibujando varios puntos como se desee. Pero asegúrese de que el punto final o el punto inicial es el centro de coordenadas. Cuantos más puntos, más detallado será el contorno.

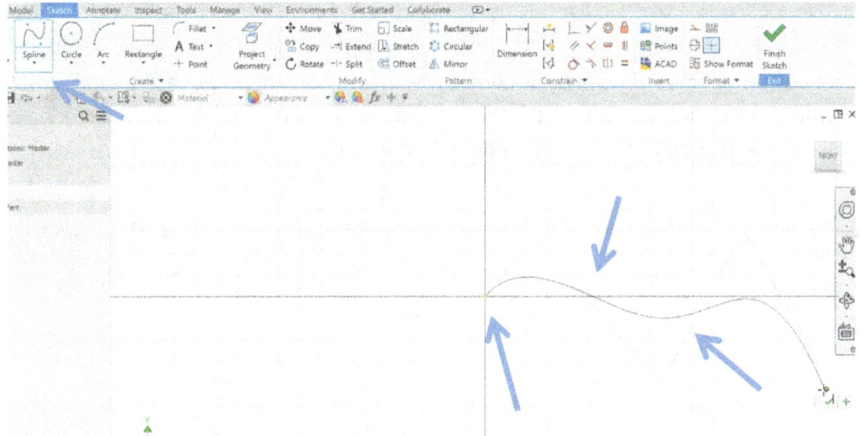

Figura 66: Creación de una "Spline" comenzando en el origen del sistema de coordenadas y fijando a continuación varios puntos a intervalos ("Spline" se encuentra en "Line" en el menú desplegable); geometría libremente seleccionable en el plano x-y

Para el perfil de la sección transversal ahora tenemos que cambiar el plano. Para ello, cerramos el croquis y comenzamos un nuevo croquis en el plano y-z. Dibujamos, por ejemplo, un círculo o un rectángulo y seleccionamos el punto final del perfil depositado anteriormente en el plano x-y.

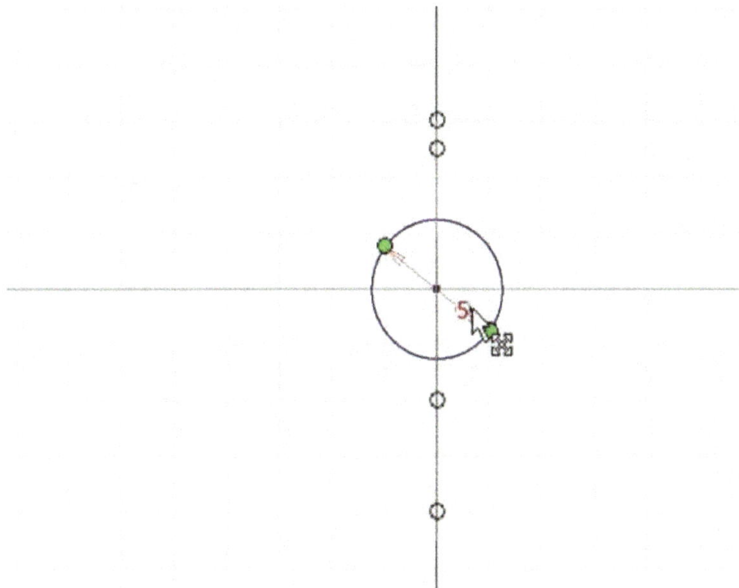

Figura 67: Dibuje un círculo de 5 mm en el origen del plano x-y (los círculos pequeños representan componentes de la "Spline" en el otro plano, no es necesario dibujarlos)

Cuando terminamos el boceto, podemos ejecutar el comando "Sweep" en modo 3D y normalmente tendríamos que seleccionar primero el perfil y luego la trayectoria. Sin embargo, el programa ya crea el sólido automáticamente.

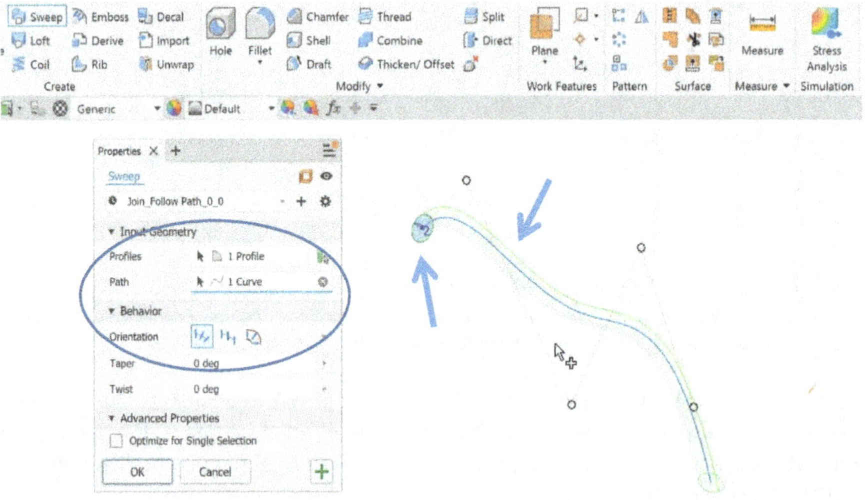

Figura 68: Selección del comando "Sweep" en modo 3D; si es necesario, seleccione el perfil y la trayectoria

En la ventana de "Properties" todavía podemos realizar varios ajustes, por ejemplo, cambiar la alineación.

El último comando importante de esta sección y para este capítulo es "Loft". Con "Loft" puede, simplemente, tener dos superficies conectadas entre sí en el espacio 3D. Vamos a probarlo! Dibujamos un perfil en el plano x-y, por ejemplo, un rectángulo u otra forma.

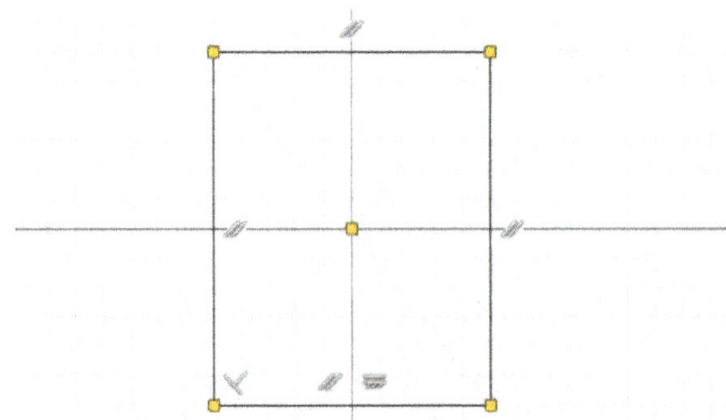

Figura 69: Dibujo de un rectángulo en el plano x-y; dimensiones libremente seleccionables

A continuación, creamos primero un nuevo plano paralelo al plano x-y con un desplazamiento o offset hacia él. Esto se hace fácilmente haciendo clic con el botón derecho del ratón en el plano x-y y seleccionando "Offset Plane".

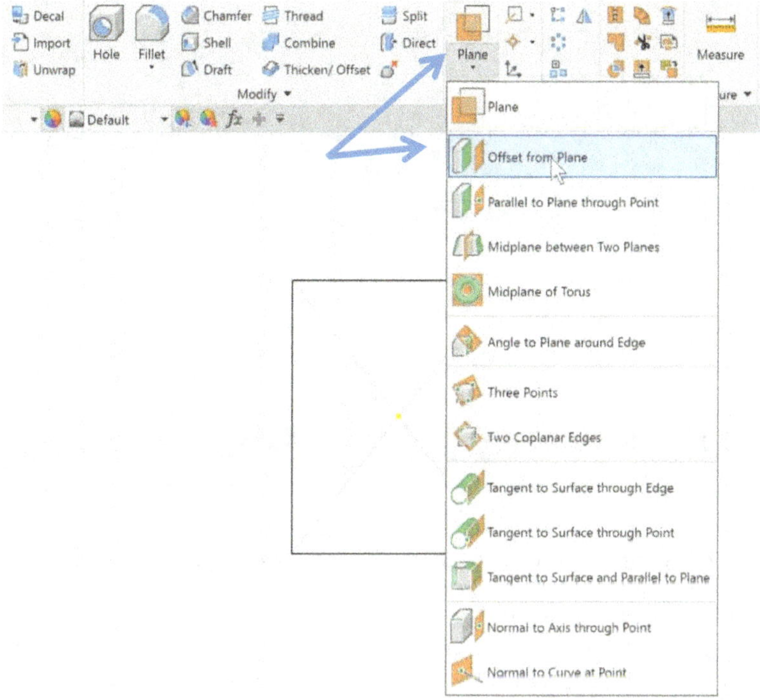

Figura 70: También se puede crear un plano de desviación en el menú desplegable "Plane"; seleccione primero el comando y luego el plano paralelo (aquí, por ejemplo, el plano x-y).

A continuación, arrastramos la flecha o introducimos una cota con el teclado.

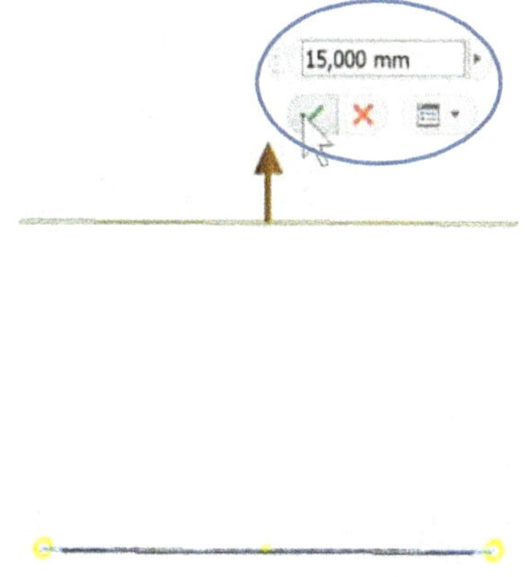

Figura 71: Selección de 15 mm como distancia para el plano paralelo al plano x-y

En el siguiente paso, dibujamos la segunda superficie de nuestro proyecto en esta nueva capa. Por ejemplo, un rectángulo algo más grande. Los centros deben ser congruentes.

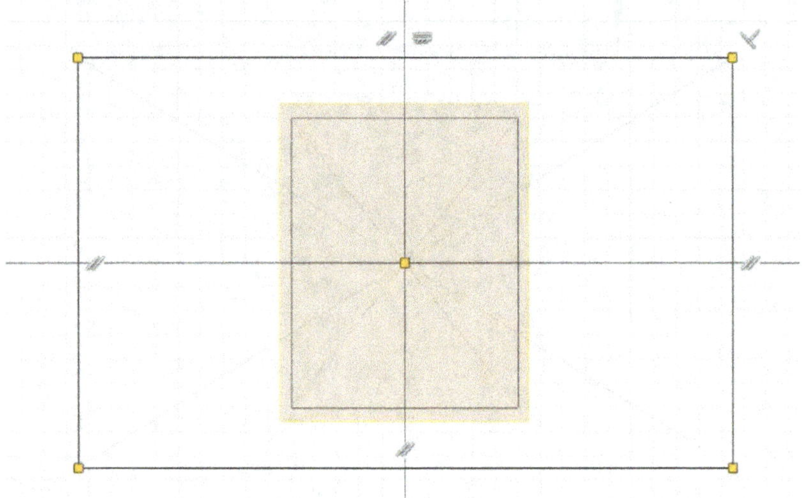

Figura 72: Crear otro rectángulo en la capa recién creada; dimensiones libremente seleccionables

A continuación, finalizamos el croquis y seleccionamos la función "Loft" y las dos superficies croquizadas. A continuación, el programa conecta las dos superficies para formar un sólido 3D. Con los ajustes aún podríamos controlar este proceso en detalle.

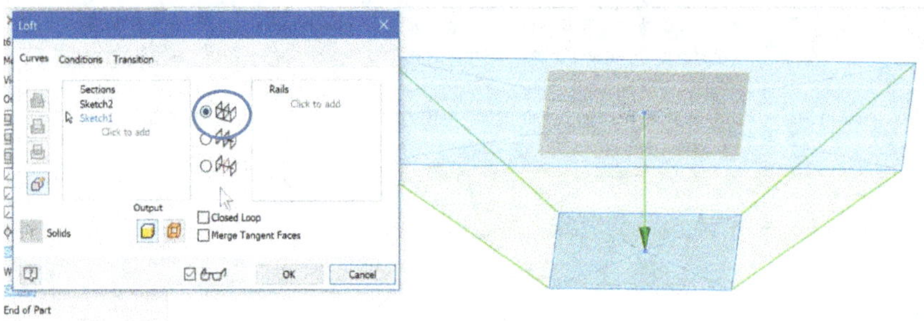

Figura 73: Seleccionando el comando "Loft" en modo 3D y luego seleccionando ambos rectángulos

¡Muy bien! Hasta aquí el enfoque y los métodos de trabajo en el diseño CAD. Podemos superar con éxito este capítulo y pasar al siguiente. A continuación veremos con más detalle la diferencia entre las piezas individuales y los conjuntos.

3.4 Piezas individuales frente a conjuntos

Como en el mundo real, también se puede ensamblar virtualmente un componente o conjunto a partir de varias piezas individuales en el entorno CAD. Para diseñar una máquina compleja u otro conjunto complejo, primero se diseñan las partes individuales de esta pieza compleja y luego se ensamblan virtualmente estas partes individuales en el software. Para ello, se utilizan enlaces, conexiones o relaciones. En "Inventor" también existe la posibilidad de crear "Joints". Pero más adelante hablaremos de ello.

En "Inventor", las piezas individuales y el conjunto se crean en un entorno separado. Cuando haya terminado de crear las piezas individuales, inserte todas las piezas individuales de un conjunto en el archivo del conjunto y, a continuación, conéctelas en el entorno del conjunto, por ejemplo, a una máquina o simplemente: a un conjunto. Cada pieza individual tiene su propio origen y su propia carpeta en el árbol de estructura del conjunto. La propia asamblea también tiene su propio origen. Otros programas de CAD tienen aquí una estructura ligeramente diferente y todo puede crearse y unirse en un entorno de programa, por ejemplo, este es el caso de "Fusion 360", también de Autodesk.

¿Cómo funciona esto? Para un ensamblaje, primero debe crear todas las piezas individuales en el entorno "Part". Cuando haya terminado de diseñar una primera pieza, por ejemplo una pieza torneada sencilla, que puede crear usted mismo utilizando las siguientes dimensiones, sólo tiene que crear una segunda pieza nueva en un nuevo archivo.

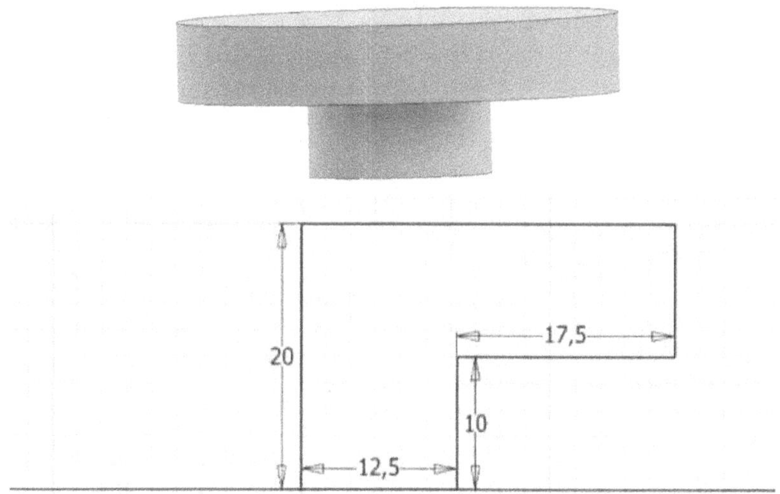

Figura 74: Cree la primera pieza torneada (arriba) utilizando el perfil (abajo) y "Revolve"

Podríamos, por ejemplo, dibujar otro perfil de este tipo para una segunda pieza torneada, que volveríamos a crear con la función "Revolve".

Figura 75: La segunda pieza torneada como contrapartida de la primera pieza torneada; intente determinar usted mismo el perfil y las dimensiones para ella

A continuación, cree un archivo de montaje. A continuación, las dos piezas individuales se insertan en este conjunto con "Place".

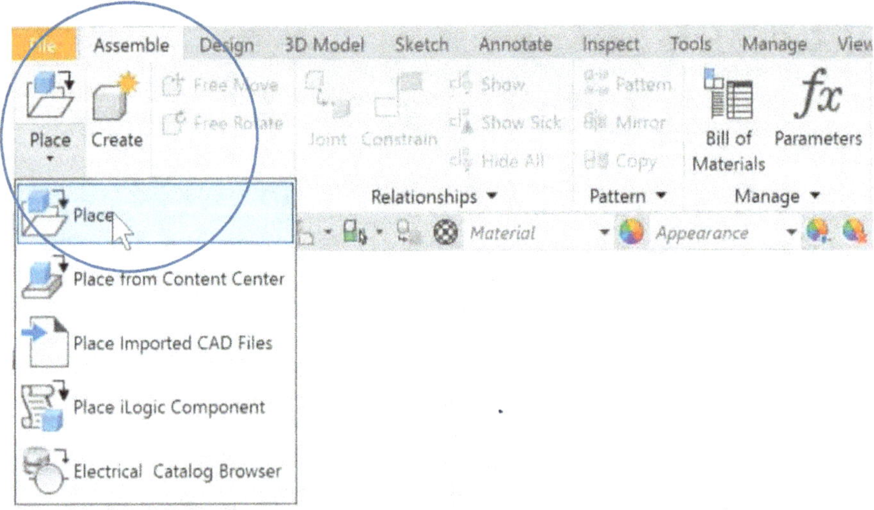

Figura 76: Utilización del comando "Place" para insertar una sola pieza en un conjunto (en esta imagen estamos en el entorno "Assembly", para ello hay que crear un conjunto)

Haga clic en la capa de dibujo para insertar la pieza. Si quiere volver a insertarlo, simplemente pulse una segunda vez, si no, finalice el proceso con la tecla "ESC". También puede crear una nueva pieza directamente en un conjunto. Para ello, utilice el comando "Create" del menú "Assemble" en un montaje.

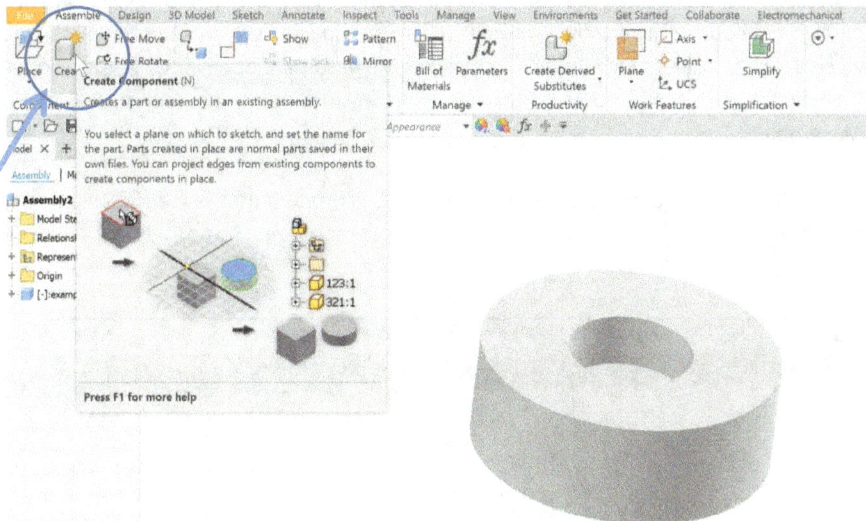

Figura 77: Uso del comando "Create"; creación de una sola pieza directamente en el conjunto

Esto suele ser muy útil porque el primer componente queda como referencia y así se pueden dibujar o determinar muy fácilmente las dimensiones de la nueva pieza para que encaje exactamente. Esto funcionaría entonces de la siguiente manera para nuestra segunda parte individual:

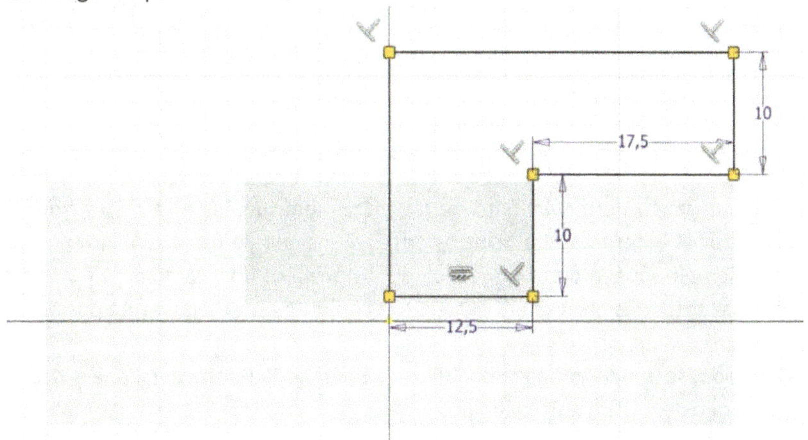

Figura 78: Dibuje el croquis de la otra pieza única en el plano y-z del conjunto

Por cierto, el hecho de crear la nueva pieza individual directamente en el conjunto o de crearla en el entorno de la pieza individual es una cuestión de gustos y varía según el usuario y la forma de trabajar.

Veamos ahora el montaje de estas dos piezas individuales. Podemos mover las dos partes individuales insertadas libremente en el espacio, por lo que tenemos que vincular las dos partes individuales en el siguiente paso para determinar las posiciones y el rango de movimiento en el espacio tridimensional. Aquí necesitamos el menú "Assemble".

En "Inventor" tiene dos opciones para vincular los componentes entre sí. Por un lado, puede trabajar con "Constraints" o limitaciones como en muchos otros programas de CAD.

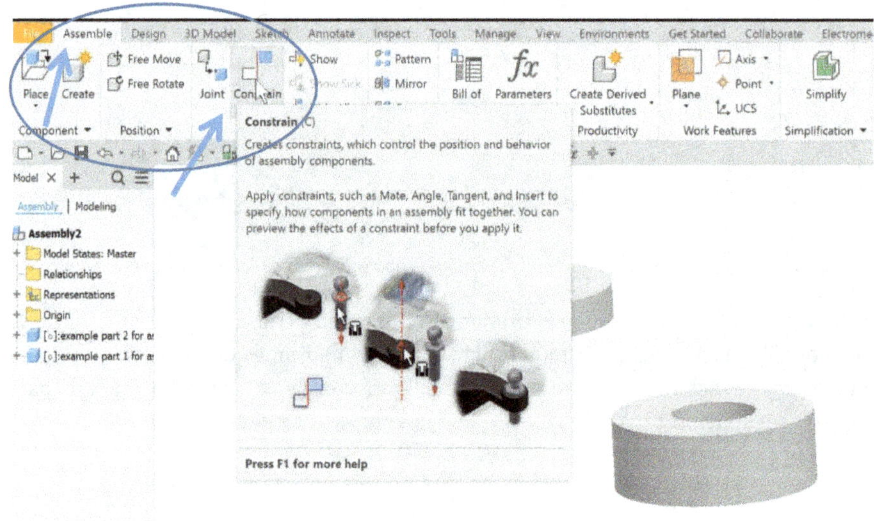

Figura 79: "Constrain" en el área "Relationships" de la pestaña "Assemble" en un ensamblaje

Con ellos, el rango de movimiento de las piezas individuales está restringido. Ya lo sabemos por el entorno de los bocetos en 2D. Funciona de forma similar en el modo 3D. Por ejemplo, puede crear un enlace de distancia o, por ejemplo, una restricción concéntrica entre dos piezas para obtener un conjunto ensamblado y de posición fija.

Por otro lado, se puede trabajar con "Joints". En lugar de Constraints, una articulación crea un rango de movimiento definido.

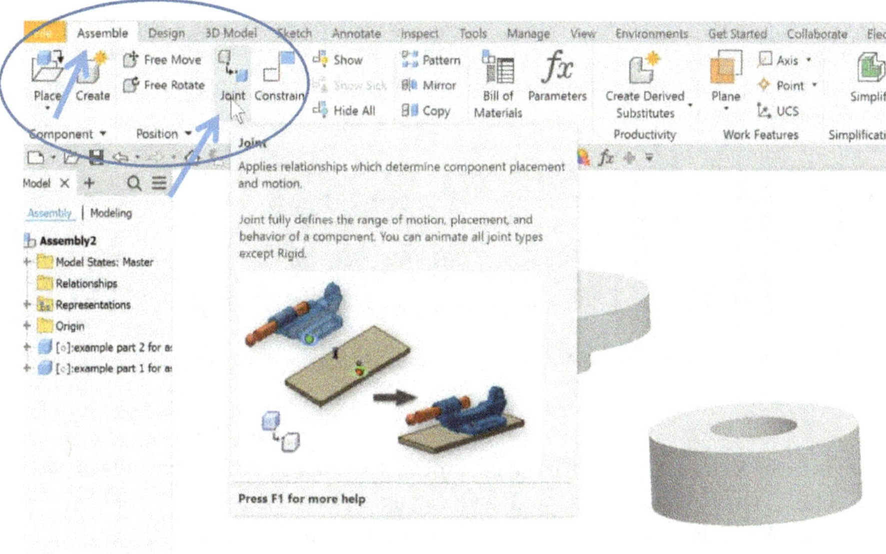

Figura 80: "Joint" en el área "Relationships" de la pestaña "Assemble" en un montaje

Un ejemplo: en una articulación de bisagra de una puerta de jardín, por ejemplo, sólo se permite una rotación alrededor de un eje, todos los demás llamados grados de libertad están bloqueados. Así que no se puede realizar ningún otro movimiento.

En primer lugar, el método de las "Constraints". También se utiliza por defecto en otros programas de CAD, por lo que suele ser más habitual. Para enlazar nuestras dos piezas de ejemplo elegimos una restricción concéntrica, que en este caso se llama "Insert".

Figura 81: Seleccione el comando "Constrain" y luego seleccione "Insert" para "Type"

Sólo tiene que seleccionar y, a continuación, seleccionar los ejes de las dos piezas individuales que desea enlazar y las dos piezas se unirán y quedarán firmemente conectadas.

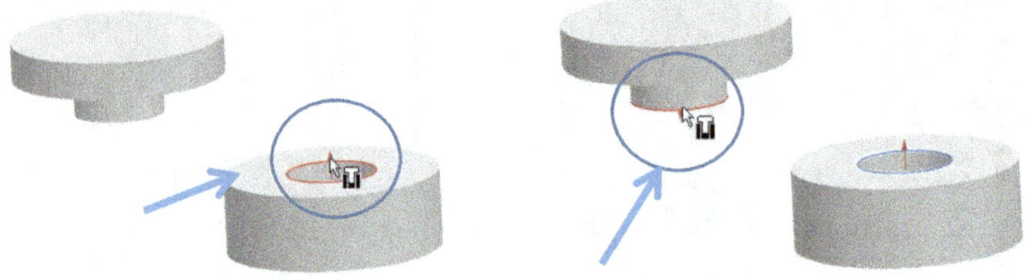

La restricción se muestra entonces en el árbol de la estructura en la carpeta de la pieza individual. También podemos editarlo aquí con un clic derecho en "Edit". Por ejemplo, podemos añadir un "Offset" si queremos una distancia entre las dos partes, o cambiar la alineación.

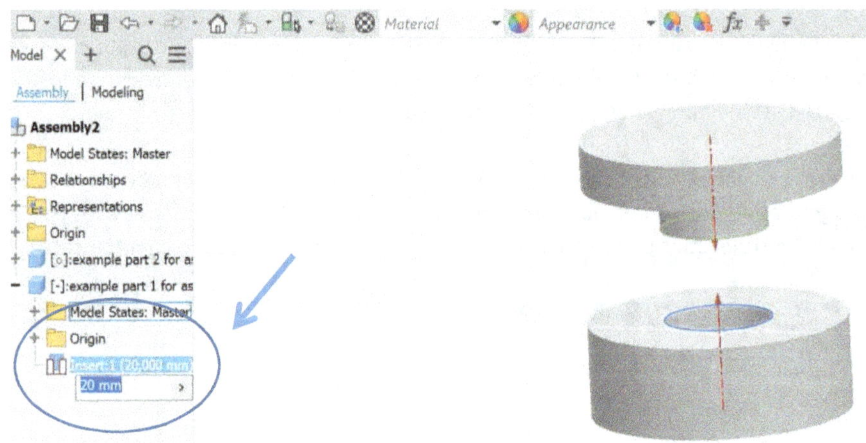

Figura 82: Las dos piezas individuales enlazadas con un desplazamiento de 20 mm

También hay otras Constraints disponibles, a saber: "Mate", "Angle", "Tangent" y "Symmetry". Con "Mate" puede hacer que dos superficies sean congruentes entre sí. Para ello, basta con seleccionar una superficie de la primera parte y una superficie de la segunda. Estas dos superficies se conectan entonces de forma congruente. Sin embargo, el movimiento en el plano sigue siendo posible. Con "Tangent" puede conectar dos elementos tangencialmente y con "Angle" puede crear una relación angular entre dos elementos. Por lo tanto, basándose en el nombre, ya se puede deducir muy bien la función.

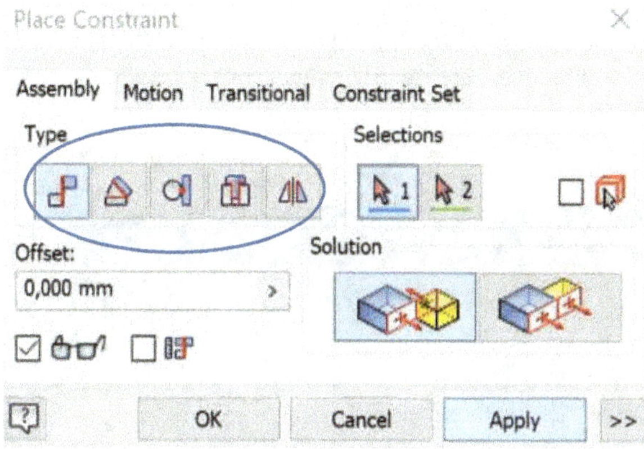

Figura 83: Los otros tipos de Constraints disponibles

El objetivo es unir las piezas individuales de forma realista, es decir, unir un tornillo, por ejemplo, de forma concéntrica y rígida con un orificio de una pieza de montaje. O, por ejemplo, para enlazar un pistón de un cilindro de elevación de manera que se guíe linealmente y tenga dos puntos de parada.

Sin embargo, nuestras dos piezas individuales unidas pueden seguir moviéndose libremente en el conjunto, ya que sigue faltando la referencia al origen del conjunto. La forma más fácil es fijar una de las dos partes individuales al origen. Esto lo hacemos con el comando "Ground and Root" de la sección de menú "Assemble" en el área "Productivity".

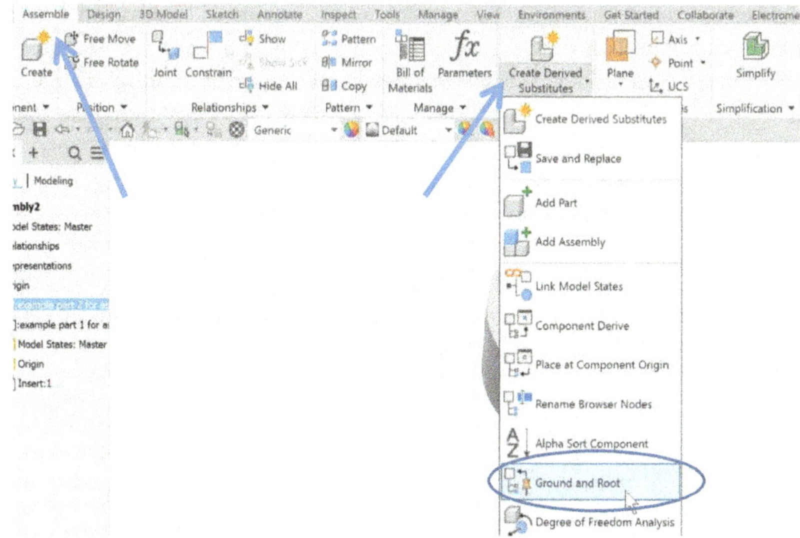

Figura 84: El comando "Ground and Root" en el menú desplegable "Productivity"

Sólo tiene que seleccionar el elemento y el comando, y luego activar la opción "Ground at origin" y, opcionalmente, "Create origin flush constraints".

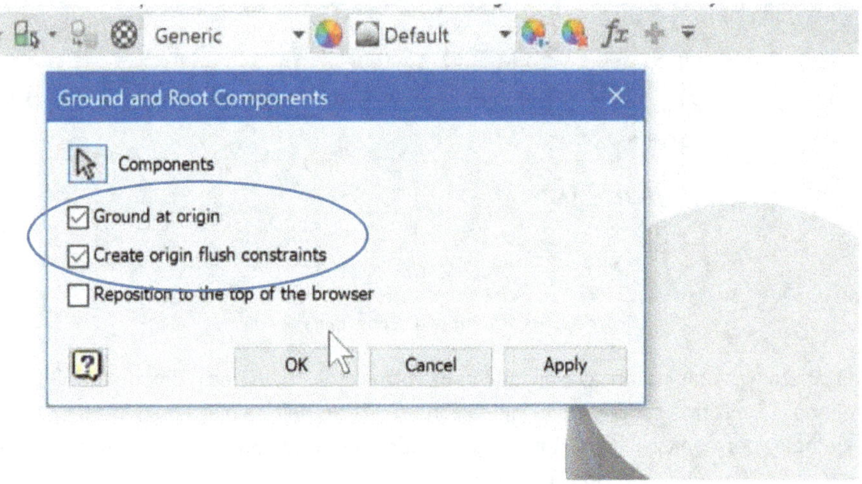

Figura 85: Las opciones del comando "Ground and Root"

A continuación, la pieza individual se traslada al origen del conjunto y se fija allí. Si se activa la opción "Create origin flush constraints", se crean tres Constraints para la fijación, si no, la pieza se fija sin Constraints. La ventaja de las Constraints es que puede editarlas más tarde, si lo desea. Por ejemplo, puede establecer un "offset". Otra ventaja es que puede animar las "Constraints" en el entorno de animación "Inventor Studio" con un solo clic, es decir, puede reproducir y grabar un movimiento. Esto no es posible con las articulaciones. Por cierto, también puede arrastrar una pieza individual a un conjunto. Simplemente seleccione la pieza y arrástrela al conjunto. Si se trata de la primera parte del montaje, se alineará y fijará según el origen, por lo que no tendrá que utilizar el comando "Ground at origin". La siguiente pieza que arrastre al conjunto queda entonces inicialmente libre para moverse de nuevo.

Como ya se ha mencionado, "Inventor" también ofrece la posibilidad de utilizar "Joints" para estas conexiones o para ensamblar piezas individuales en un conjunto. En el menú "Assemble", seleccionamos primero el comando "Joint".

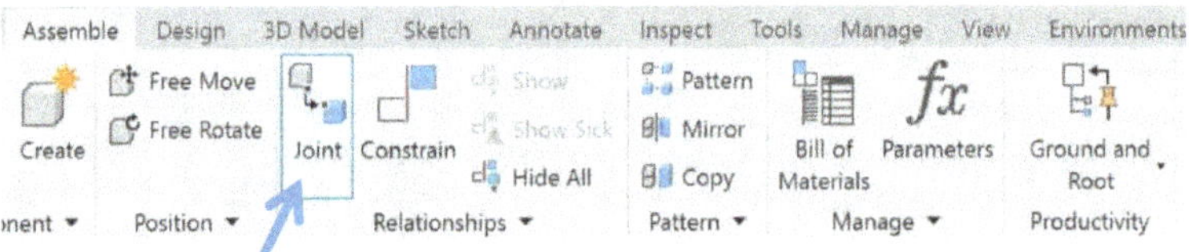

Figura 86: Selección del comando "Joint" en el montaje

Entonces tenemos que llevar a cabo dos pasos. Por un lado, definir las posiciones de los orígenes de la articulación, por ejemplo, seleccionar los puntos de las superficies que queremos enlazar, y por otro lado, definir el rango de movimiento con la articulación. Probemos algunas posibilidades. Por un lado, podríamos seleccionar estos dos orígenes de articulación en estas superficies y, por ejemplo, crear una conexión rígida con "Rigid".

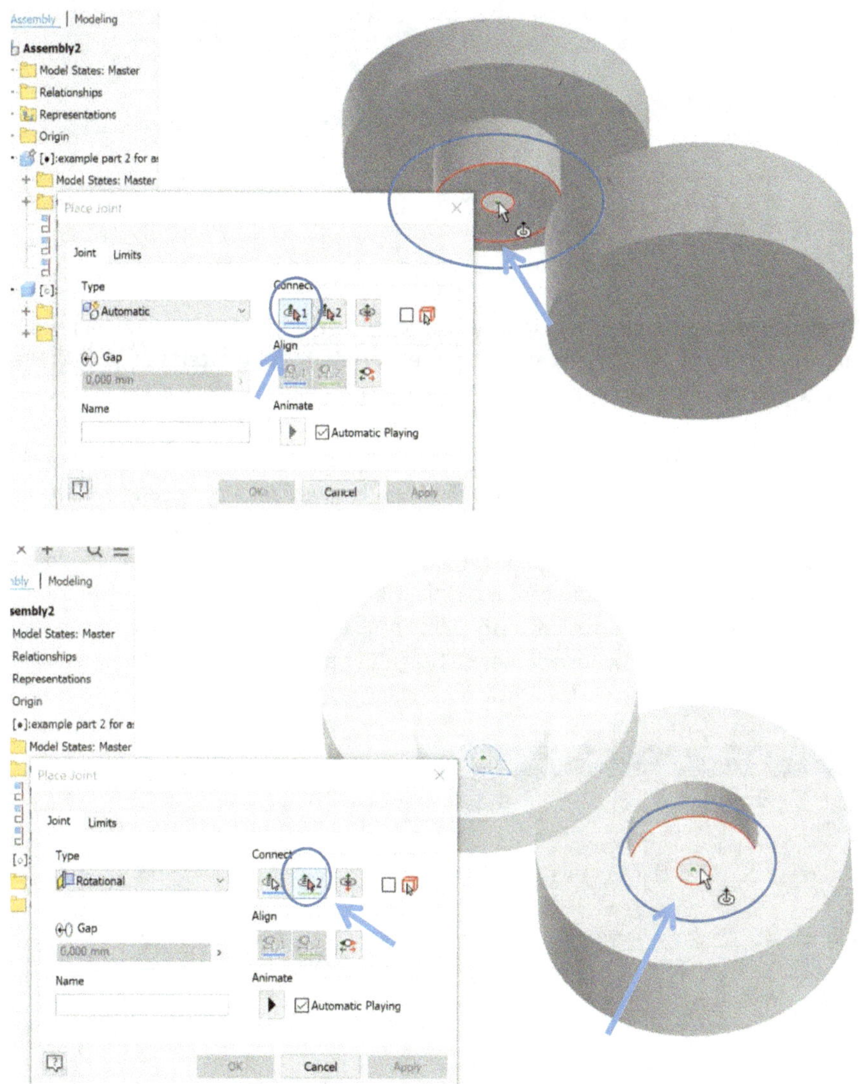

Figura 87: Selección de los dos puntos mostrados como orígenes de las juntas

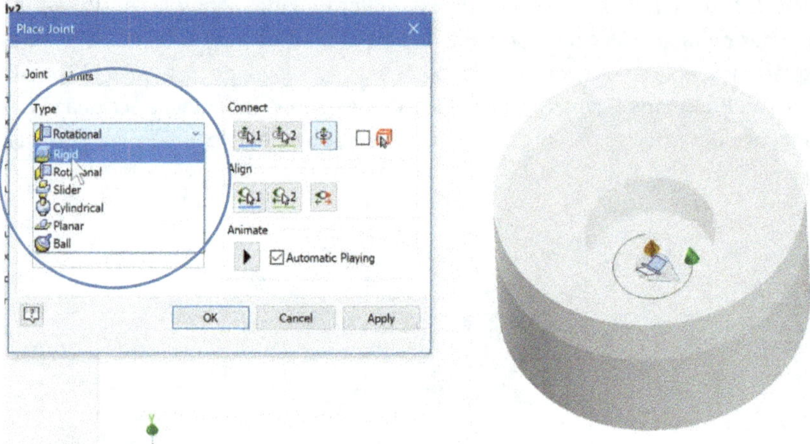

Figura 88: Seleccione "Rigid" en las opciones de "Type"; pruebe también los otros "Types"

Por cierto, al seleccionar la relación, se reproduce una breve animación de la posible gama de movimientos, que personalmente encuentro muy acertada y útil. Una característica realmente genial que hace que este programa sea muy vivo.

Por otro lado, podríamos permitir una rotación alrededor del eje y con "Rotational". Con "Slider" podemos permitir un movimiento a lo largo del eje x y con "Cylindrical" tanto un movimiento a lo largo del eje y como una rotación alrededor de este eje. Con "Planar", el componente puede moverse linealmente en un plano y girar alrededor de un eje. Otra función muy interesante es la de "Ball", que crea una rótula. En el campo "Gap" se puede seleccionar un desplazamiento, es decir, una distancia entre los orígenes de las juntas. Con los botones de "Align", se puede cambiar la alineación de la articulación o reflejarla en la superficie del enganche.

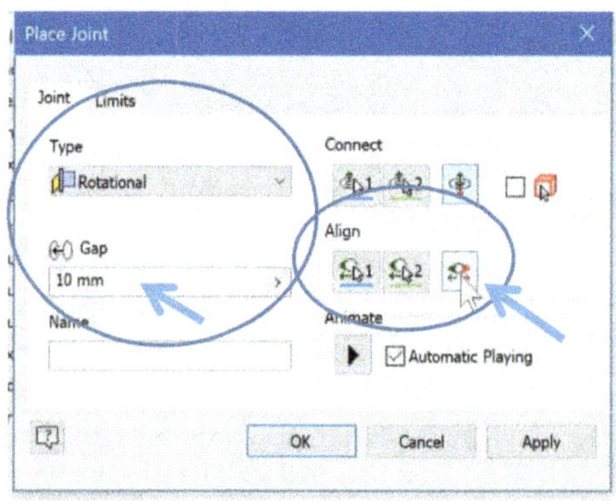
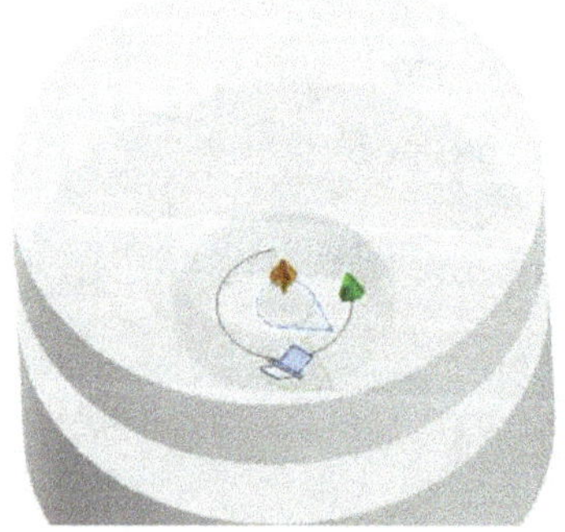

Figura 89: "Gap" cuando se selecciona "Rotational"; botones de alineación para alinear

Si pasamos a la pestaña "Limits", se pueden realizar más ajustes, como determinar una posición inicial y final.

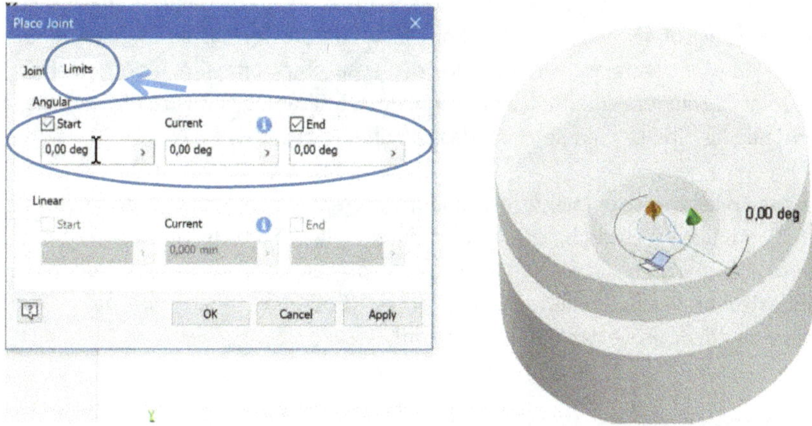

Figura 90: Pestaña "Limits" en los ajustes de la junta

Si ahora seleccionamos el tipo de movimiento "Cylindrical", por ejemplo, veremos que sólo podemos mover el componente en los grados de libertad definidos. La junta también aparece en la carpeta del componente vinculado en el árbol de la estructura y puede borrarse, suprimirse o editarse de otro modo haciendo clic con el botón derecho del ratón sobre ella.

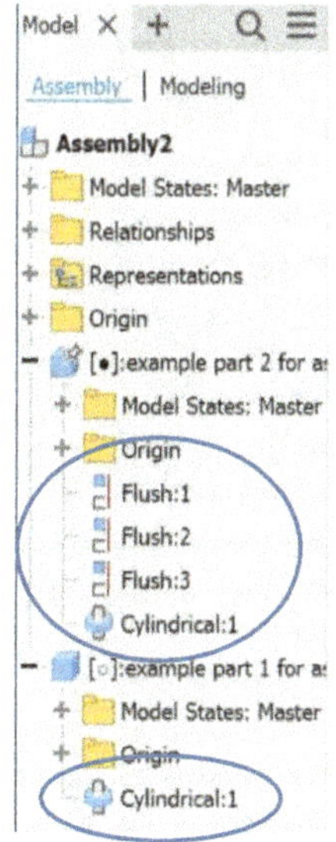

Figura 91: Las juntas y los enlaces aparecen en el árbol de la estructura

Por cierto, si no se desea ningún espacio para el movimiento, normalmente se puede seleccionar simplemente la relación "Rigid".

La ventaja de las articulaciones es que a menudo se puede conseguir lo mismo con menos clics que con las "Constraints". Por tanto, son dos formas de trabajar, ambas con ventajas y desventajas. Por ejemplo, si piensa crear una simulación dinámica, utilice "Joints". Si quiere crear una animación, debe utilizar las "Constraints" porque, a diferencia de las "Joints", puede animarlas con un solo clic.

¡Perfecto! En esta lección hemos aprendido a crear varias piezas individuales en Inventor y a unirlas o ensamblarlas virtualmente. En la próxima lección echaremos un vistazo a los diferentes puntos de vista y representaciones. Después de haber aprendido todos los fundamentos importantes, ¡podremos finalmente pasar a los grandes y prácticos proyectos de construcción!

3.5 Vistas y representaciones (vistas básicas, vista en sección, etc.)

En esta lección veremos brevemente las posibles vistas y representaciones en Inventor. Las vistas básicas se encuentran a la izquierda en la estructura de árbol en la carpeta "View: ... ". En esta carpeta podemos elegir entre "Top", "Front", "Right" e "Isometric", es decir, superior, frontal, derecho, isométrico.

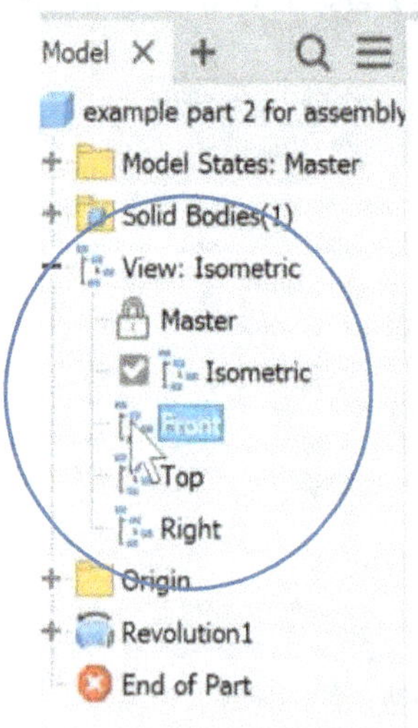

Figura 92: La selección de las vistas básicas en el árbol de estructura en "View: ..."; estamos de nuevo en el entorno de la pieza individual ("Part")

Si queremos mirar una superficie concreta, podemos seleccionar una superficie en la pequeña barra de menú de la derecha con la función "Look at". Esta superficie se visualiza entonces verticalmente desde arriba.

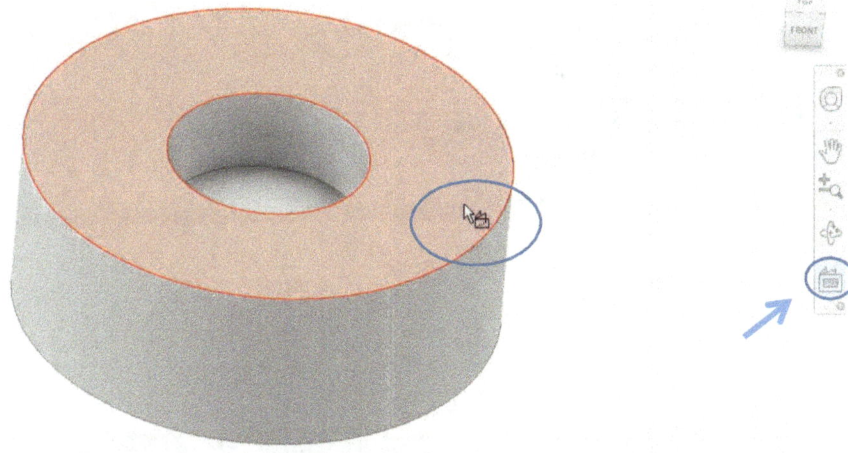

Figura 93: Seleccione el comando "Look at" y elija la superficie a mirar verticalmente

Con la función "Zoom Window", también desde esta barra, podemos ampliar un área definida. Para ello, simplemente arrastramos una pequeña ventana alrededor del área deseada.

Figura 94: Seleccionando el comando "Zoom Window" y simplemente ampliando un área con el ratón

En la pestaña del menú "View", en la zona superior, se encuentra el menú de selección "Visual Style", con el que podemos cambiar la visualización de nuestros componentes.

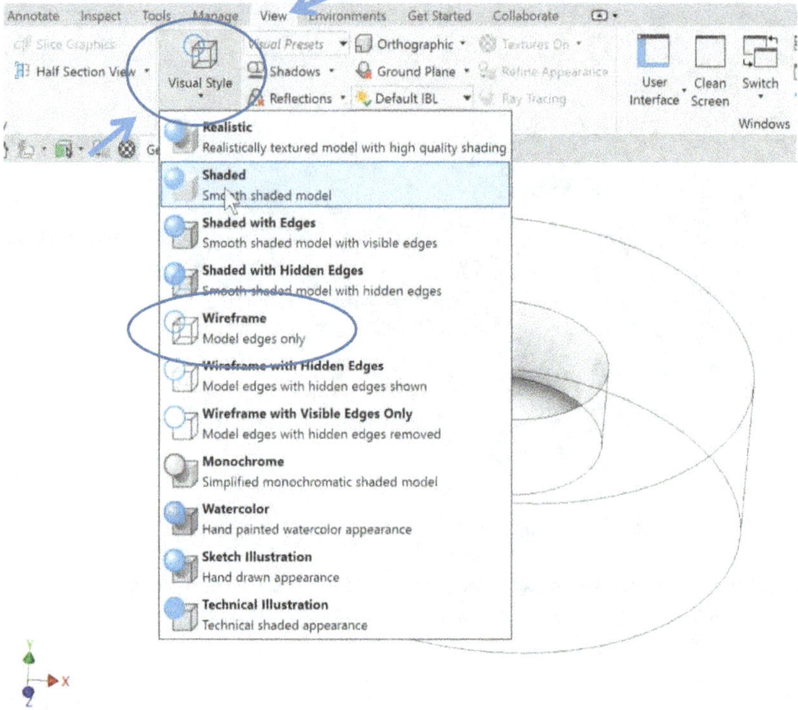

Figura 95: Modificación del "Visual Style" de un objeto (en la imagen, el objeto se muestra como un "wireframe")

En el extremo izquierdo, en "Object Visibility", podemos definir de forma general qué elementos, como las capas y los ejes, deben mostrarse o no.

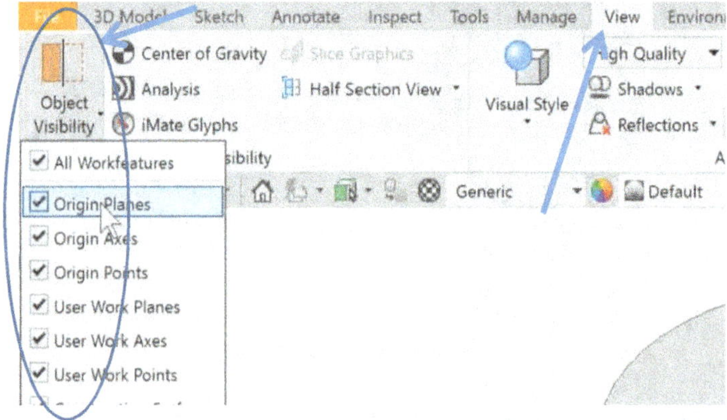

Figura 96: Editar los ajustes de visualización de capas, puntos, etc. con "Object visibility"

Aquí también podemos crear una vista de sección. Lo hacemos con el comando "Section view" de la sección "Visibility" en "View".

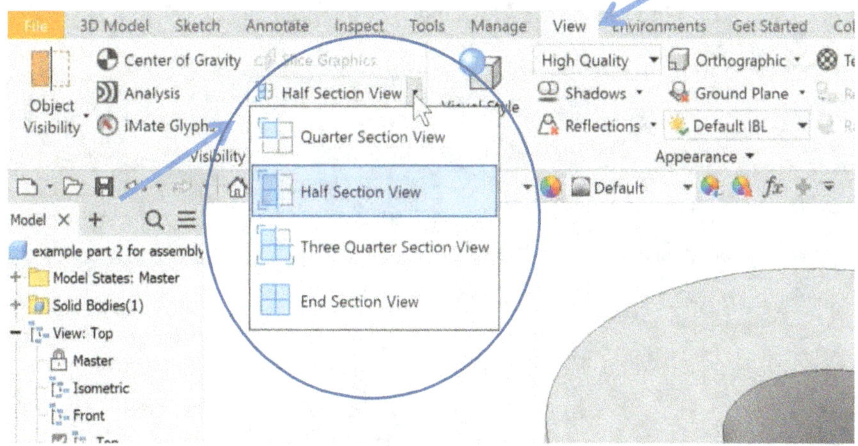

Figura 97: Crear una vista de sección para ver el interior de la pieza

Podemos exponer la mitad, la cuarta o las tres cuartas partes de la pieza y así mirar en su interior. Piense que es como cortar un pastel y mirar dentro. Para una vista en cuartos seleccionamos el comando y un primer plano, por ejemplo, el plano y-z, luego hacemos clic en la flecha pequeña y a continuación seleccionamos un segundo plano, por ejemplo, el plano x-y.

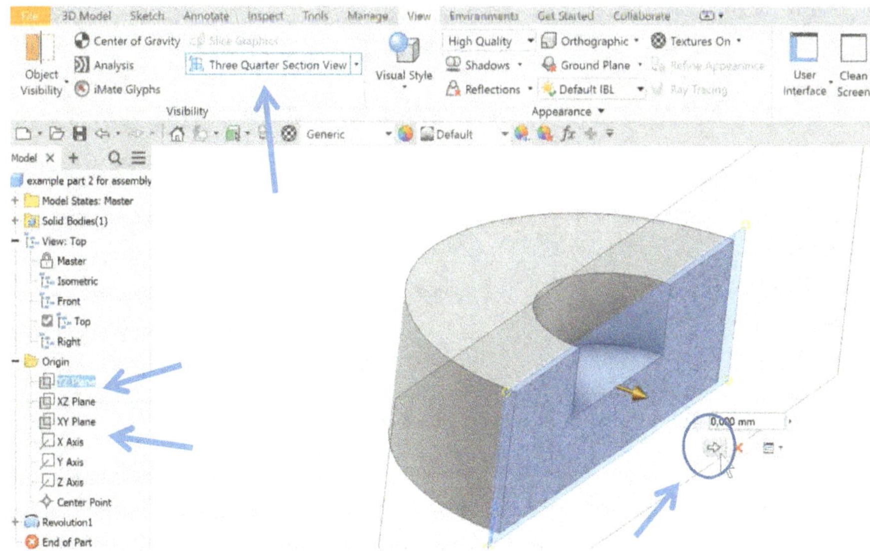

Figura 98: Creación de una vista de tres cuartos: 1) seleccione el comando y el plano y-z; 2) haga clic en la pequeña flecha rodeada; 3) seleccione el plano x-y

Ahora se crea la vista de la sección. Por cierto, con un medio corte sólo tiene que seleccionar un plano. También puede establecer un desplazamiento utilizando la flecha o el teclado. Con "End Section View" del menú desplegable puede volver a terminar la vista de sección.

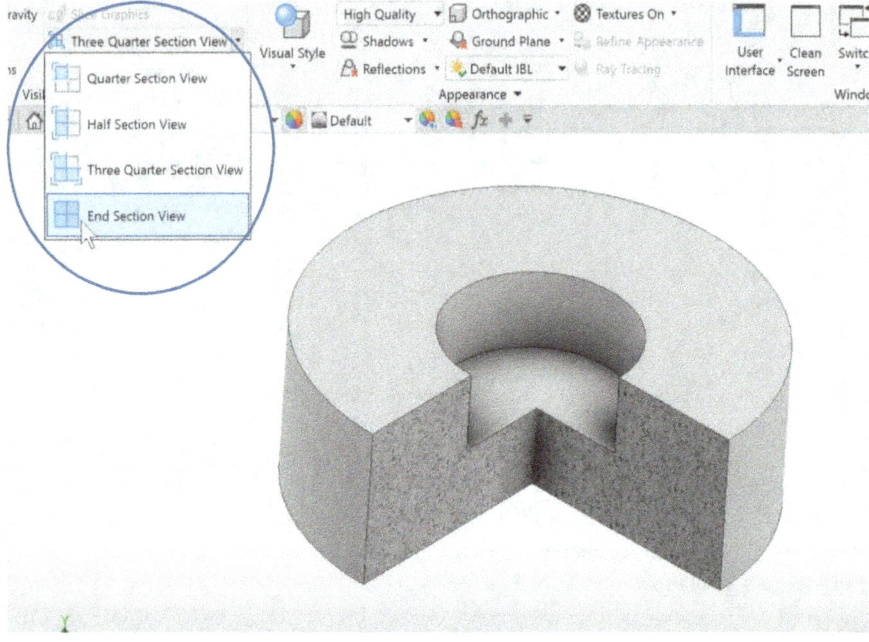

Figura 99: Vista de la sección final con "End Section View"

Por último, conocemos algunas visualizaciones útiles del menú "Inspect".

Figura 100: Pestaña del menú "Inspect" con numerosas funciones de análisis

Con la ayuda del comando "Section" también podemos visualizar e incluso analizar la sección transversal de un componente o conjunto. Después de seleccionar la función, tenemos que seleccionar el plano en el que queremos cortar la pieza. También podemos seleccionar una superficie. Por ejemplo, seleccionamos el plano y-z. La pieza se corta entonces en este plano. Ahora podemos confirmar o mover la superficie de corte utilizando la flecha o introduciendo una cota.

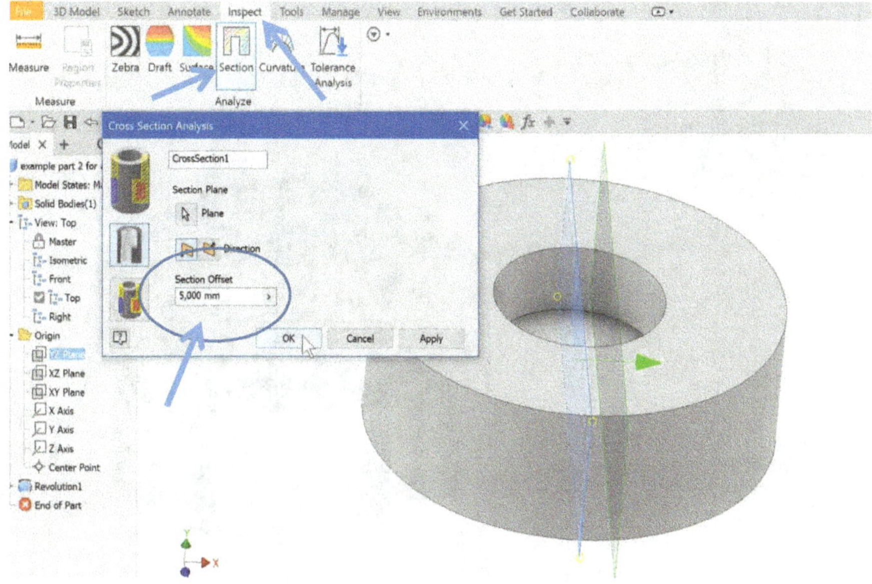

Figura 101: Análisis de la sección transversal de una pieza

Después de confirmar, la vista de la sección aparece en la carpeta del menú "Analysis" a la izquierda en la estructura de árbol, donde podemos editarla o eliminarla con un clic derecho.

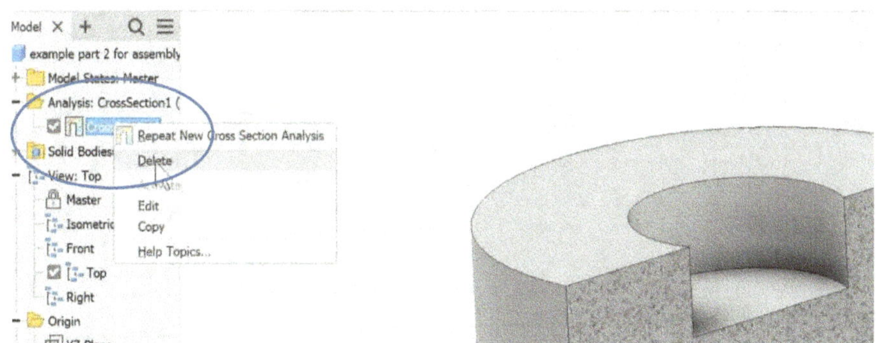

Figura 102: El análisis de la sección se muestra en la carpeta "Analysis"

En el menú "Inspect" también encontrará funciones de análisis, como el análisis de cebra. Con esta ayuda puede comprobar las transiciones entre las superficies mediante rayas blancas y negras proyectadas sobre la superficie y, por ejemplo, examinar la superficie de un ala de avión para comprobar su continuidad o suavidad. Estoes importante para la resistencia al flujo, por ejemplo.

Figura 103: Análisis de cebra en la pestaña "Inspect"

Para concluir este capítulo, examinaremos el árbol de estructuras de la izquierda. Aquí, los pasos individuales de la construcción se muestran en orden cronológico y encontramos las características generadas, como "Sketch", "Extrude", etc., una tras otra, según la construcción.

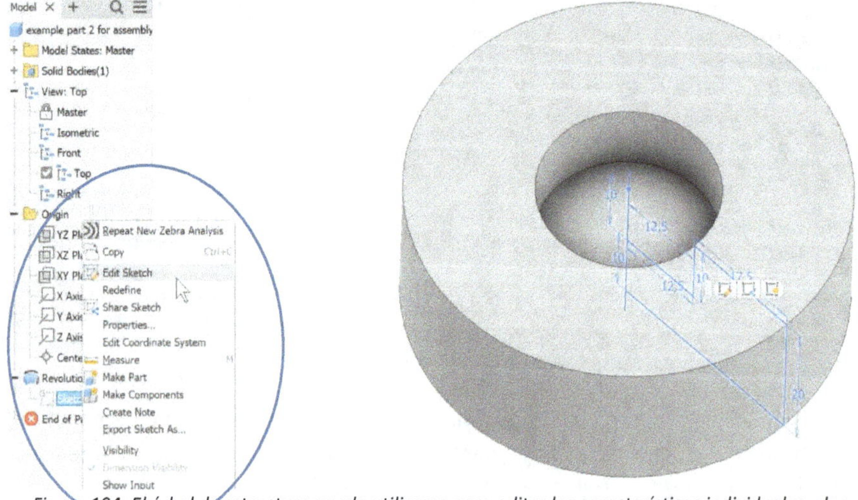

Figura 104: El árbol de estructura puede utilizarse para editar las características individuales y los bocetos

Lo bueno ahora es que con este árbol de estructura, la construcción puede reproducirse con relativa facilidad.

También puede volver a un punto específico de la construcción simplemente colocando la rama con el punto rojo llamado "End of Part" delante de una característica específica de la construcción.

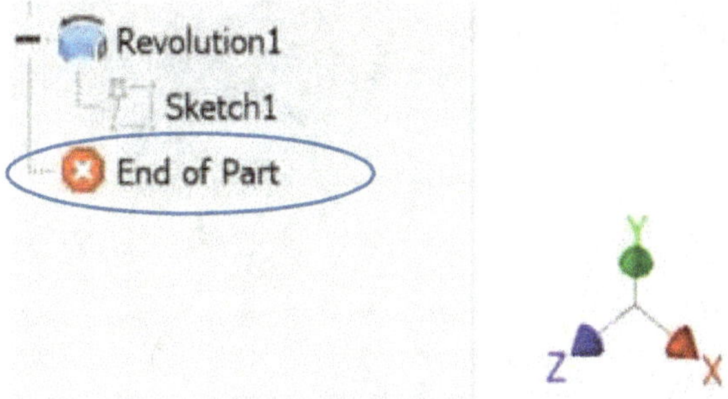

Figura 105: Colocación del botón "End of Part" delante de una característica específica

El programa muestra entonces el componente con todos los pasos de construcción sólo hasta este punto. Haciendo clic con el botón derecho del ratón en cada uno de los pasos de diseño, también puede editar los pasos respectivos, por ejemplo, un boceto en 2D o cambiar las propiedades de una extrusión. Esta barra también es muy útil para no perder la visión de conjunto, especialmente con las construcciones más complejas. Especialmente si se ha acostumbrado a asignar una designación a cada paso de la construcción. Esto se hace haciendo doble clic muy lentamente sobre el elemento en el árbol de la estructura.

¡Clase! Ahora que hemos aprendido todos los fundamentos relevantes e importantes y el manejo general de la sección CAD del programa, vamos a tratar la construcción de proyectos de ejemplo. En el primer proyecto, nos ponemos en marcha de verdad, queremos aprender el procedimiento de construcción con un mosquetón muy sencillo. Le sigue un modelo de un colector de escape, que es un poco más difícil de realizar, luego un modelo simplificado de la parte delantera de un camión y, por último, un modelo simplificado de un motor de coche de 4 cilindros, que es un poco más complejo.

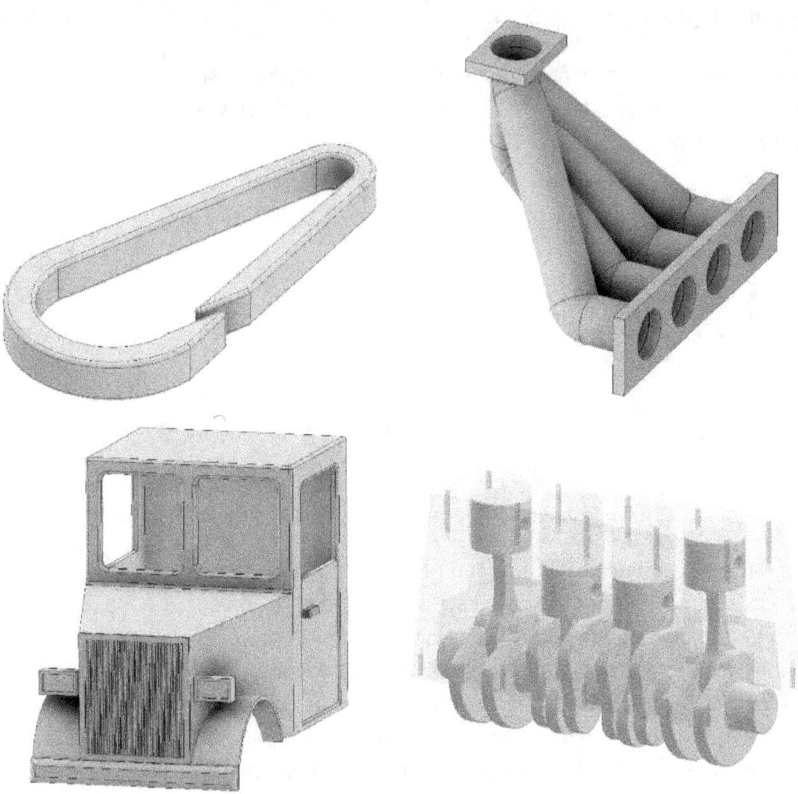

Figura 106: Los proyectos de diseño que aún le esperan en los siguientes capítulos

Pero no se preocupe, iremos paso a paso. Por cierto, trabajando de forma práctica conoceremos aún más funciones y comandos nuevos, además de consolidar los básicos. Aprender haciendo! Quédese con nosotros, ¡será emocionante!

4 Aplicación práctica del CAD: proyectos de construcción

4.1 Proyecto de diseño I: Gancho a presión simple

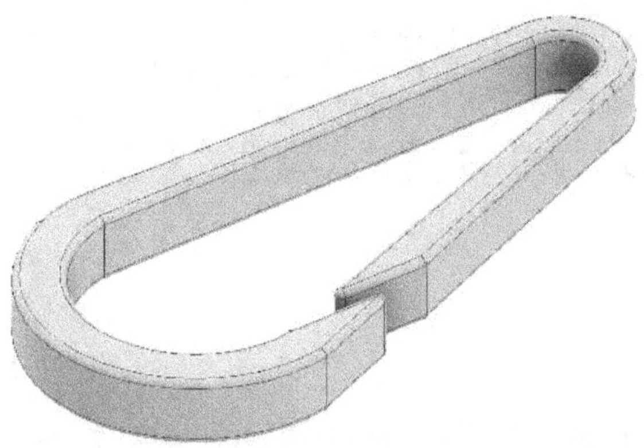

Figura 107: Un simple mosquetón se convierte en nuestro primer proyecto de construcción

Para el mosquetón comenzamos en una nueva pieza única: "Part" con el botón "Start 2D Sketch" y la selección de un plano, por ejemplo el plano x-z. Pensemos primero en cómo está construido el mosquetón y cómo podríamos construirlo mejor. Si observamos el mosquetón un poco más de cerca, nos damos cuenta de que puede colocar una forma circular en la zona izquierda y derecha respectivamente y que los puntales del mosquetón representan conexiones tangenciales entre estos círculos.

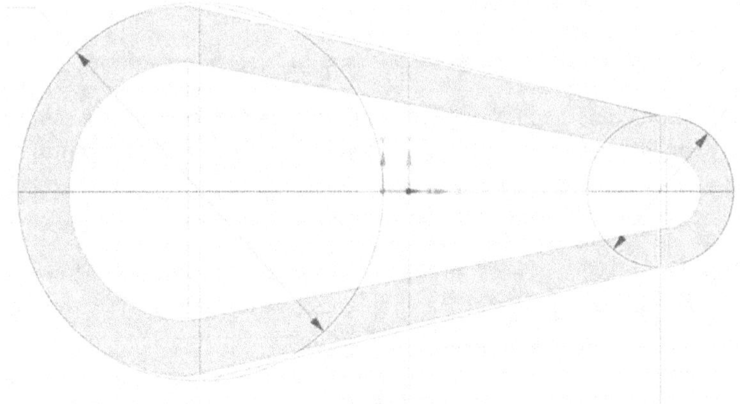

Figura 108: Construimos el mosquetón utilizando dos círculos y líneas

Construyamos el mosquetón de esta manera. Así que dibujemos primero el primer círculo con un punto de partida en la línea horizontal, que en este caso, es el eje z. Por ejemplo, elegimos un diámetro de 50 mm.

A continuación, cree otro círculo con un diámetro de 20 mm un poco más a la derecha. Entonces dimensionamos la distancia entre los dos círculos como 70 mm. Para definir completamente el croquis anterior, que verá por la coloración azul, necesitamos ahora una referencia en la dirección del eje x y del eje z al origen. Definimos la posición de nuestro croquis en la dirección z, por ejemplo, añadiendo otra dimensión de 35 mm desde el centro del primer círculo hasta el origen. La posición x simplemente con la dependencia o "Constraint": "vertical".

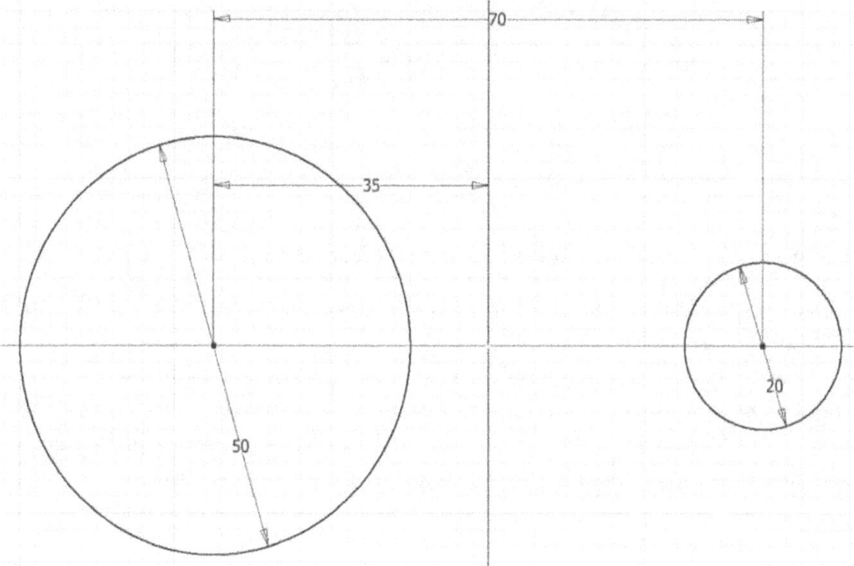

Figura 109: Dos círculos forman el inicio del boceto del mosquetón

Puede definir un croquis completamente por las cotas sólo o elegir una combinación de cotas y condiciones, como aquí. Para la condición seleccionamos el centro de cada uno de los dos círculos y luego el origen. Ahora el croquis es azul y está totalmente definido, es decir, ya no puede moverse en el plano sin más.

A continuación, trazamos líneas auxiliares horizontales y verticales a través de los centros de los dos círculos para facilitar la aplicación de las cotas y las líneas tangentes. Dibuje las líneas y haga clic con el botón derecho del ratón para seleccionar el comando "Construction".

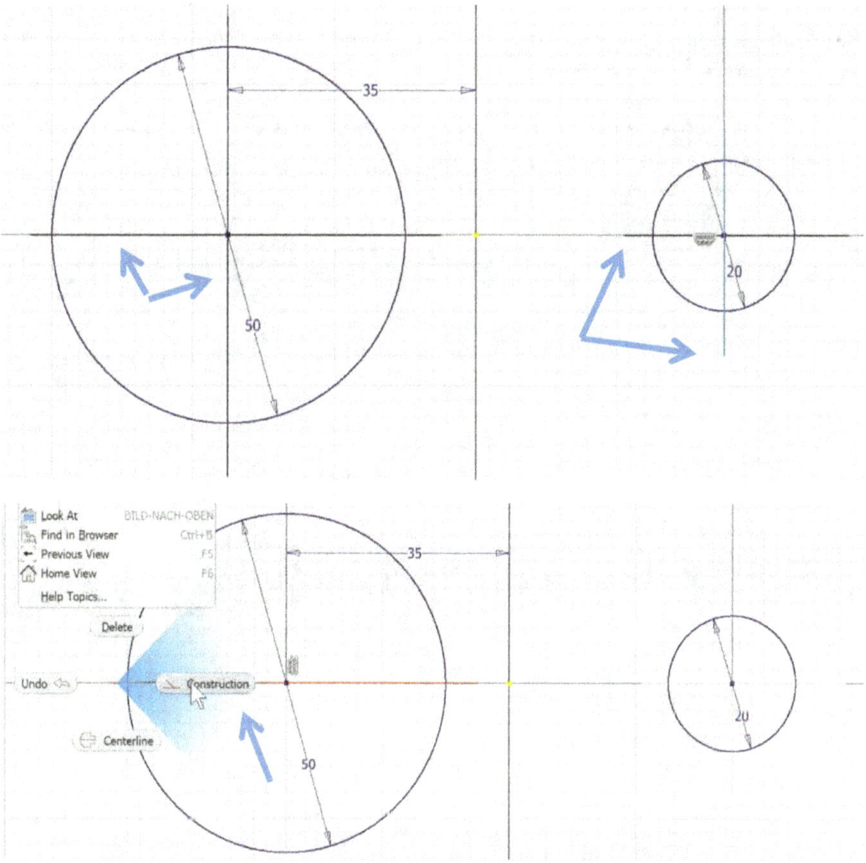

Figura 110: Las líneas auxiliares que pasan por los centros de los dos círculos

En el siguiente paso conectamos las intersecciones de las guías verticales con los círculos mediante dos líneas.

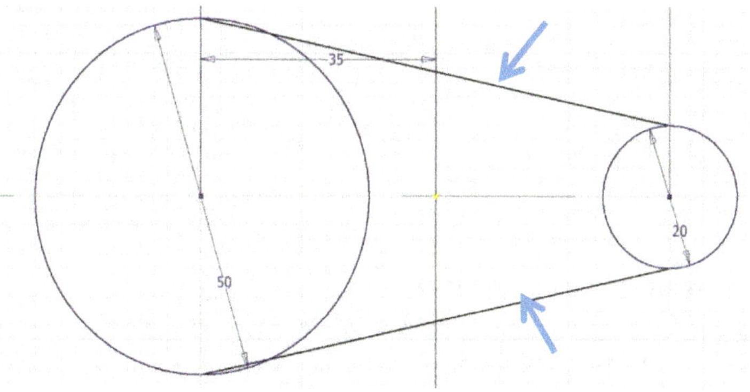

Figura 111: Dibuje dos líneas de conexión tangencial

Para obtener una forma autónoma, sólo necesitamos el contorno exterior, por lo que utilizamos la herramienta "Trim".

Utilizando la herramienta, elimine todos los segmentos de línea superfluos de la siguiente manera:

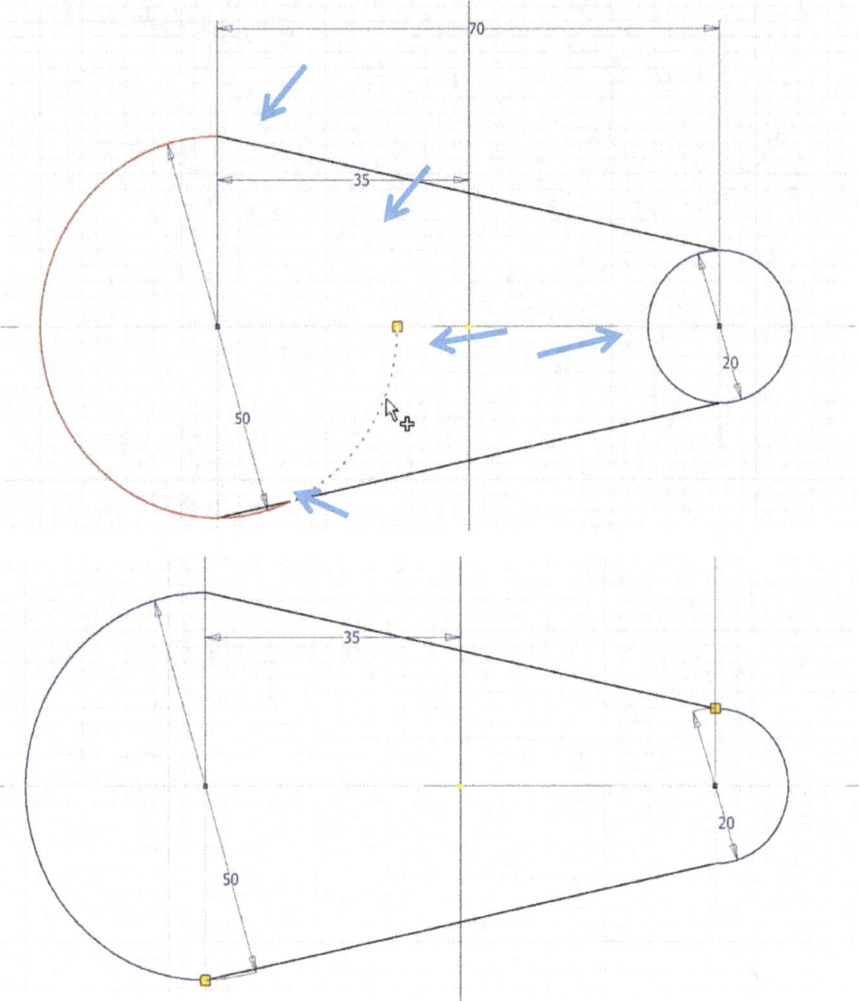

Figura 112: Eliminar las secciones superfluas del círculo

Ahora ya podríamos Extrude la superficie. Pero entonces todavía tendríamos que hacer un recorte para conseguir el mosquetón final. Pero también podemos aplicar una solución más rápida de inmediato y dibujar la sección transversal del mosquetón en un solo paso.

Para ello, añada dos círculos adicionales de 35 y 10 mm de diámetro a la zona interior del mosquetón y vuelva a trazar dos líneas desde las intersecciones de los círculos con las líneas guía, de forma análoga a los pasos anteriores.

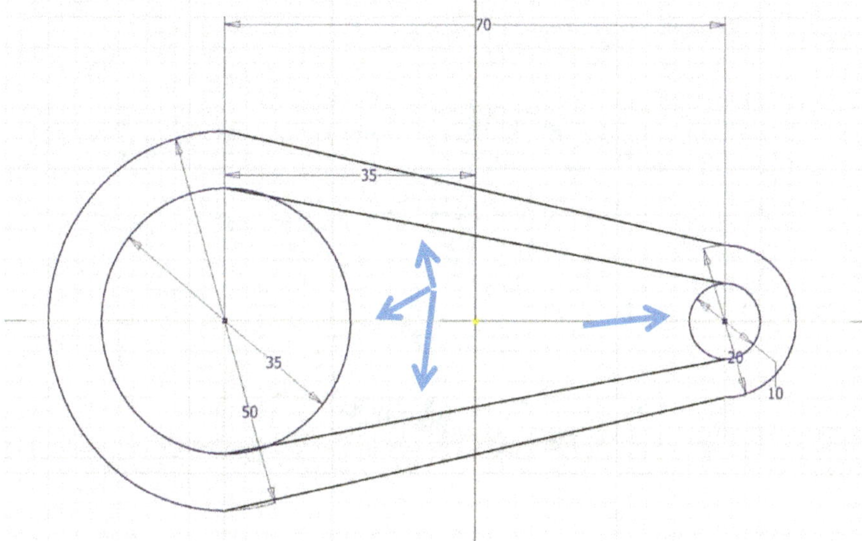

Figura 113: Vuelva a dibujar círculos y líneas tangenciales (en el interior, vea las flechas)

A continuación, elimine todos los segmentos de línea superfluos utilizando de nuevo la función "Trim".

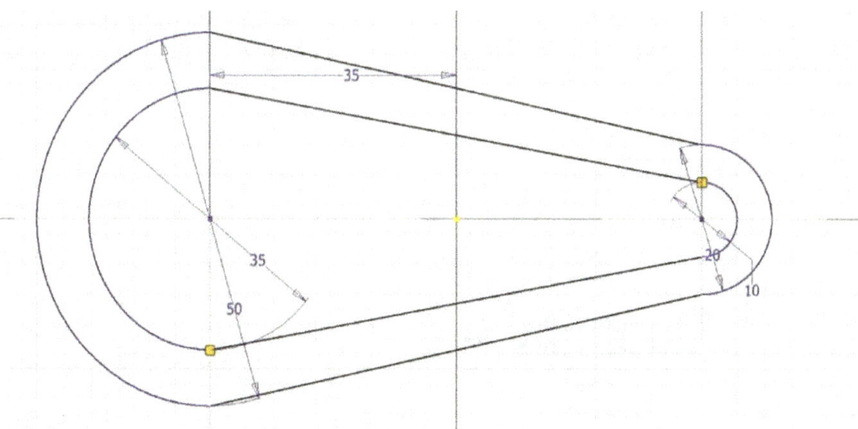

Figura 114: Todas las secciones superfluas de los dos círculos se eliminaron de nuevo con "Trim"

Para crear el recorte para la apertura del mosquetón, trazamos una línea a 100° desde la base de la línea de conexión tangencial interior hasta la línea de conexión exterior del mosquetón. La medición resulta automáticamente de la introducción del ángulo y

77

de los puntos finales. Puede cambiar entre la entrada de medidas y de ángulos con la tecla de tabulación.

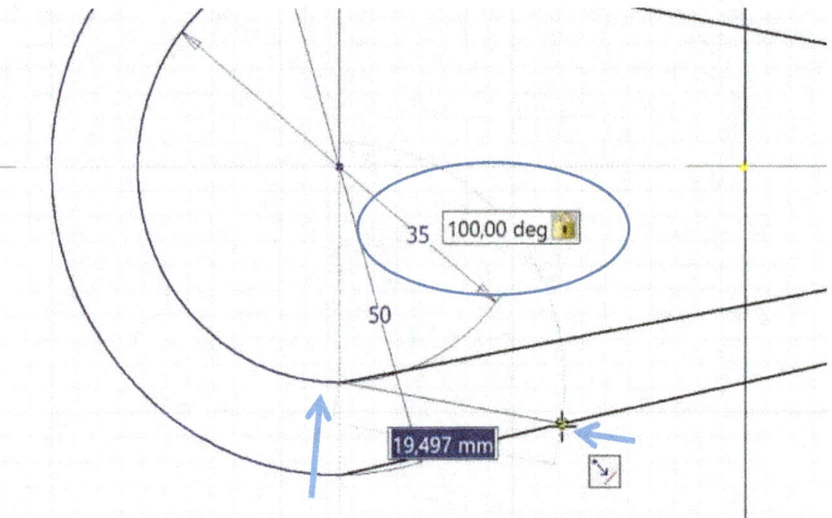

A continuación, trace una segunda línea paralela y acote una distancia de 2 mm. Si el paralelismo no se crea automáticamente -mire los pequeños caracteres que hay detrás- tendrá que crearlo usted mismo.

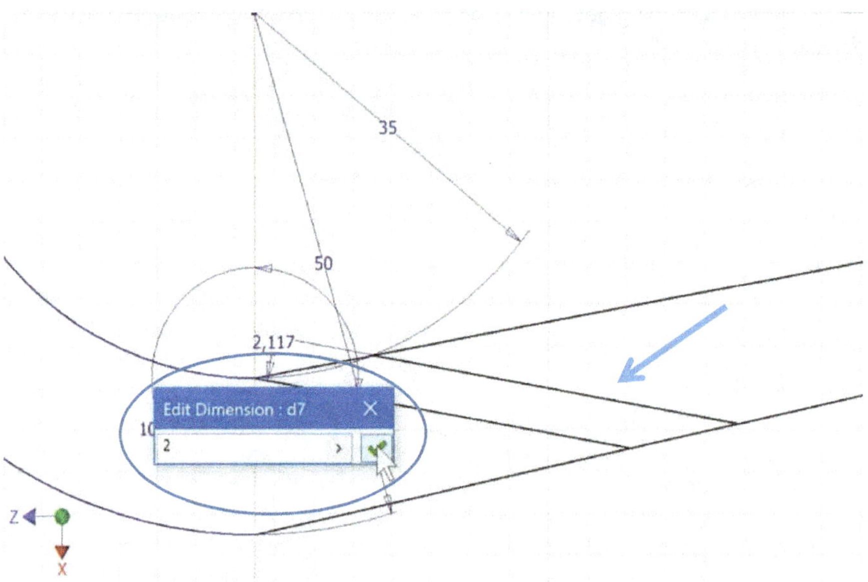

Figura 115: Crear una segunda línea paralela a 2 mm de distancia

Con la función "Trim" volvemos a eliminar los segmentos de línea superfluos.

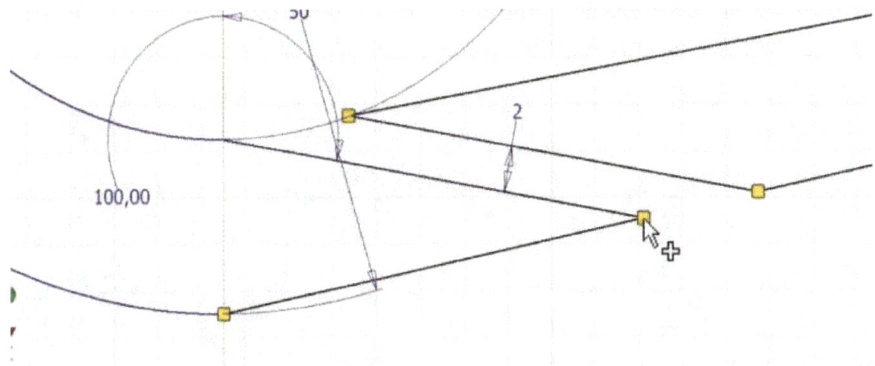

Figura 116: Elimine las líneas superfluas con "Trim" para que se cree una abertura

Como puede ver, nos hemos ahorrado unos cuantos pasos de procesamiento y ahora podemos extrudir directamente la forma básica acabada del mosquetón.

Para convertir la superficie 2D en un cuerpo 3D, pasamos al modo 3D con "Finish Sketch" y utilizamos la función "Extrude". Para ello, seleccione en las opciones sólo la superficie exterior como perfil para la extrusión e introduzca un valor de 10 mm.

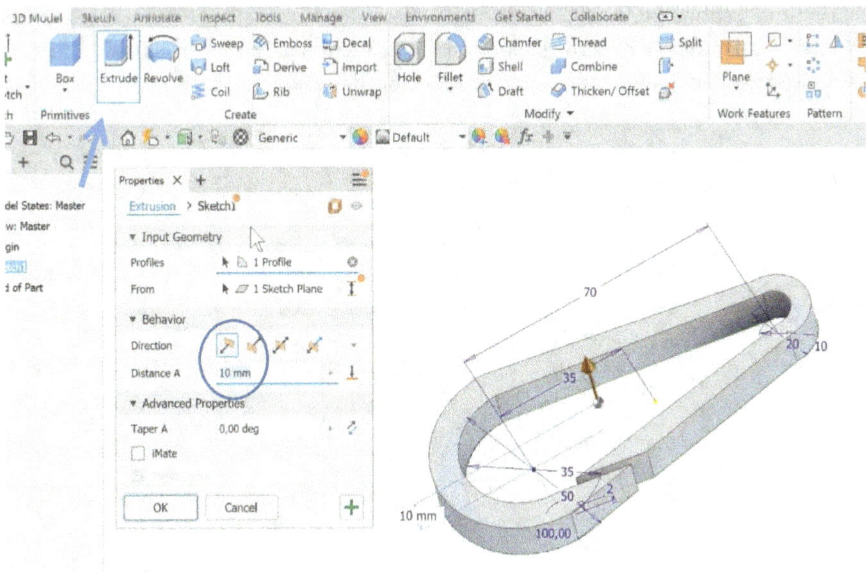

Figura 117: Extrude el mosquetón con "Extrude" en modo 3D

Puede Extrude en una sola dirección, o de forma simétrica o independiente en dos direcciones. Se selecciona en "Direction". Si quiere tener una forma cónica, también puede especificar un ángulo en "Taper Angle". Sin embargo, no necesitamos eso aquí.

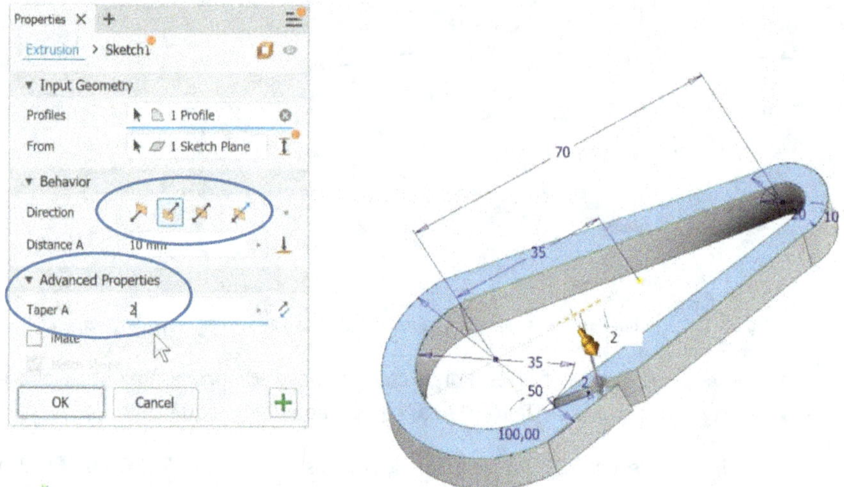

Figura 118: Seleccione la dirección de la extrusión e introduzca el ángulo de conicidad si lo desea

Por último, redondeamos algunos bordes utilizando el comando "Fillet" de la sección "Modify". 20 mm para el borde superior trasero. Y 1 mm para los bordes de la abertura y los laterales. Simplemente seleccione varios bordes uno tras otro.

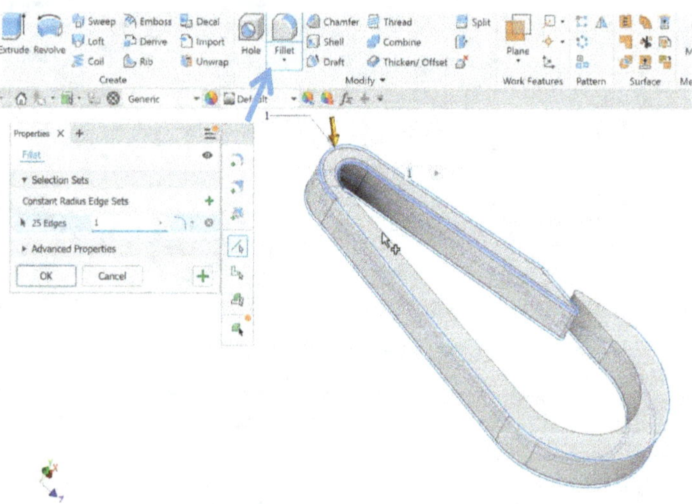

Figura 119: Aplique el redondeo de bordes con "Fillet" al gusto; por ejemplo, 1 mm

¡Impecable! Antes de pasar al siguiente proyecto de diseño, vamos a guardar la pieza única. Si queremos un formato de archivo diferente, por ejemplo, para la impresión en 3D u otro programa, podemos crear este archivo utilizando "Export" y seleccionando "CAD Format", especificando el formato de archivo deseado y la ubicación de almacenamiento. Por ejemplo, están disponibles los formatos "CATIA" y "PRO/Engineer", así como los formatos de archivo "stl" y "step" comúnmente conocidos.

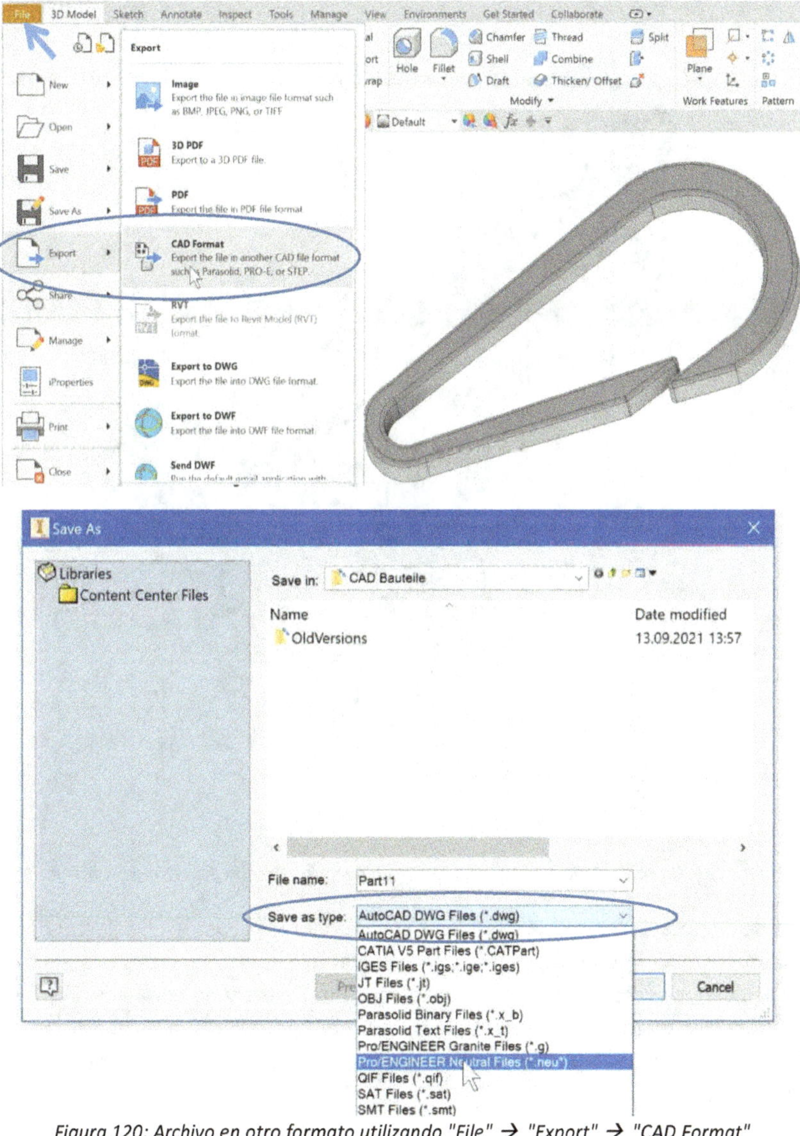

Figura 120: Archivo en otro formato utilizando "File" → "Export" → "CAD Format"

4.2 Proyecto de diseño II: Colector de escape

¡Bienvenido de nuevo! En este capítulo pondremos en práctica la construcción de un colector de escape para aumentar un poco el nivel de dificultad. En este capítulo trabajaremos con la función "Sweep" y por primera vez realizaremos un croquis en 3D además de los croquis en 2D.

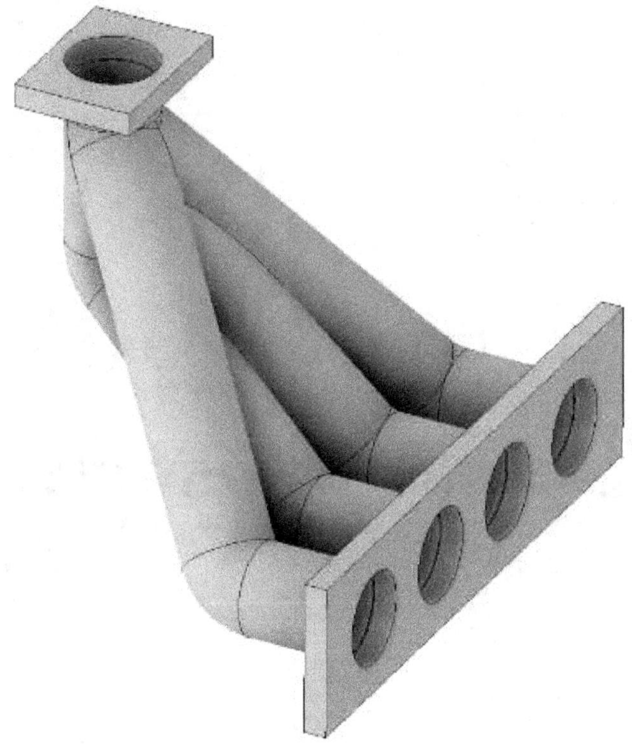

Figura 121: Un colector de escape se convierte en nuestro segundo proyecto de construcción

Antes de empezar, volvemos a considerar cómo podemos construir el colector. Cuando lo miramos por primera vez, vemos que en esta única pieza tenemos dos elementos rectangulares básicos que están en dos planos diferentes y no paralelos. Entre estos cuerpos rectangulares se sitúan entonces los tubos curvados para las aberturas de los cilindros individuales de un motor. Así que podemos construir el colector en estos tres pasos. ¡Vamos!

Comenzamos de nuevo en el entorno "Part" con una nueva parte única. Para el elemento rectangular que luego se asentaría sobre el motor, iniciamos un croquis en el plano x-z y dibujamos un rectángulo con las dimensiones 100 mm y 400 mm. Elegimos el origen de coordenadas como punto de partida.

Luego añadimos cuatro círculos para las aberturas. Los círculos deben tener todos el mismo tamaño -lo conseguimos con la relación "Equal"- y tener un diámetro de 60 mm. La distancia entre ellos debe ser, por ejemplo, de 90 mm. Ahora necesitamos una cota en x y en z en este plano, para que nuestro croquis esté totalmente definido. Por el momento, los círculos pueden desplazarse, lo que no se desea. Para la posición z dimensionamos uno de los círculos al centro con una distancia de 45 mm. Y para la posición x utilizamos la relación "horizontal", con la que vinculamos los círculos horizontalmente con el origen.

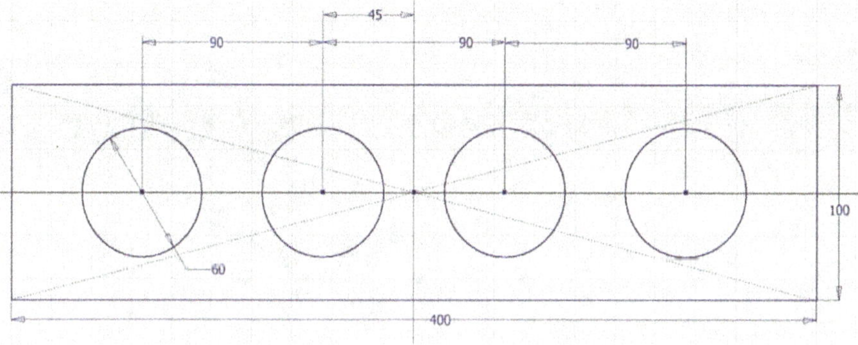

Figura 122: Trazado del perfil rectangular con los cuatro círculos en el plano x-z

A continuación, terminamos el boceto y extruimos el área 15 mm. Para ello, seleccione el área entre los círculos y el rectángulo.

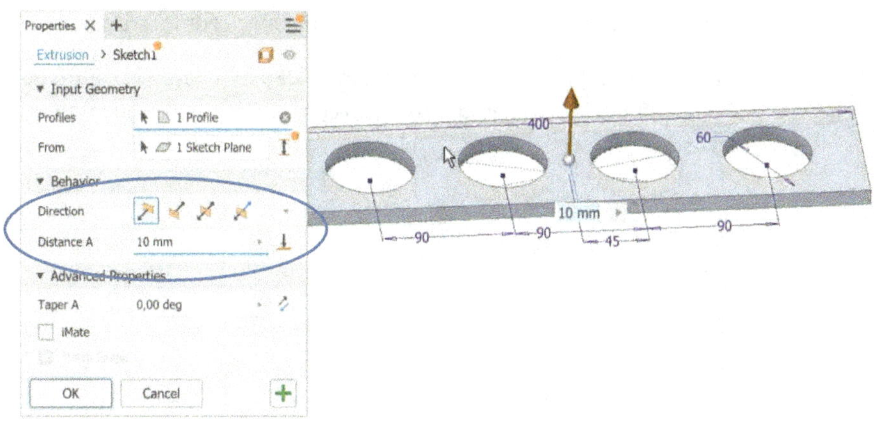

Figura 123: Extrude el perfil con "Extrude" 10 mm

En el siguiente paso, creamos el elemento rectangular que se montará en el silenciador central o en el catalizador del sistema de escape. Para ello necesitamos un croquis en un plano que -en este caso- es paralelo al plano x-y.

Para ello, creamos un plano paralelo o "offset" con el comando "Offset from Plane" de la sección "Work Features" y "Plane" en "3D Model". Seleccione el comando y el plano x-y e introduzca una distancia. En nuestro caso -250 mm. Necesitamos el menos para la dirección correcta, que en este caso es la dirección z negativa.

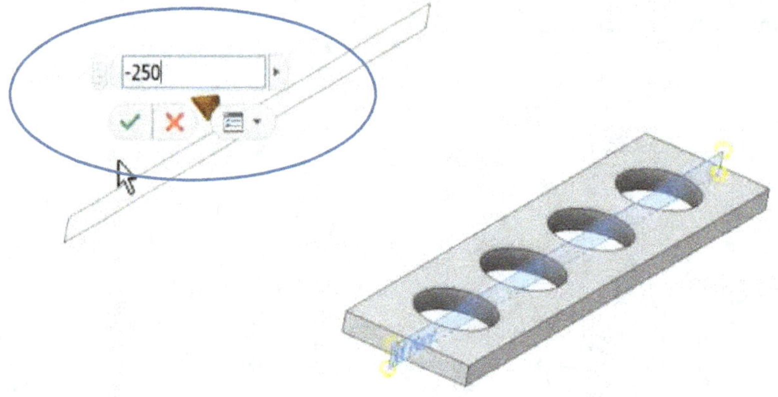

Figura 124:Cree un plano paralelo al plano x-y; seleccione un desplazamiento de -250 mm

Sobre este plano iniciamos un nuevo croquis y dibujamos un rectángulo con las dimensiones 110 mm y 80 mm. Obtenemos una posición fija en la dirección x con la condición "vertical" entre el centro del rectángulo y el origen de coordenadas.

Una posición fija en la dirección y con una dimensión de 250 mm desde el centro del círculo hasta el origen. También dibujamos un círculo con un diámetro de 60 mm.

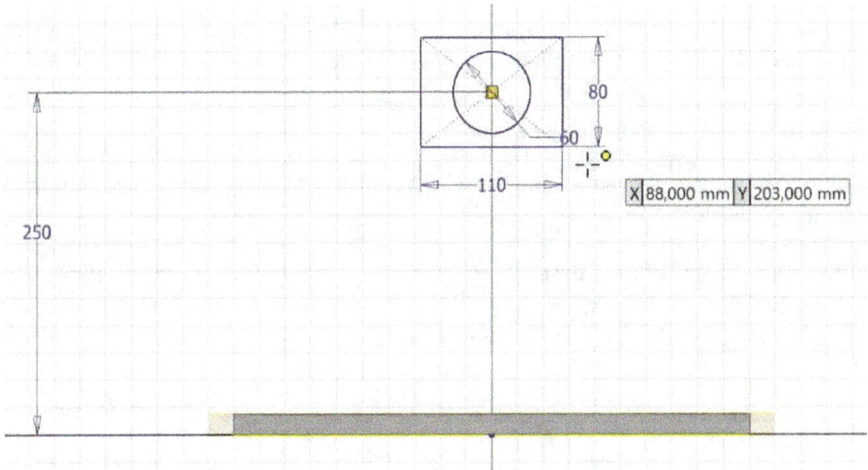

Figura 125: Trazado del segundo perfil de la pieza en el plano paralelo creado

Entonces este boceto está listo y se puede cerrar. Extruimos el área entre el rectángulo y el círculo de nuevo 15 mm.

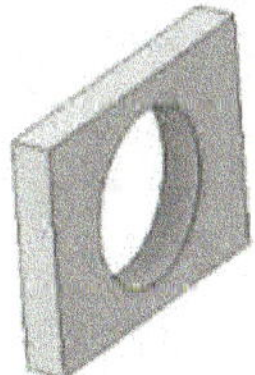

Figura 126: El resultado tras la extrusión de 15 mm

¡Super! Ahora tenemos las dos geometrías rectangulares y podemos pasar a los tubos de escape. En este capítulo utilizamos la función "Sweep" porque con ella podemos crear las geometrías de forma rápida y sencilla. Como recordará, para esta función siempre se necesita un perfil y una ruta.

Como perfiles simplemente dibujamos cuatro círculos congruentes en el primer elemento creado.

Ahora, para crear la forma deseada, tenemos que crear un camino, por ejemplo una línea, a través del espacio 3D desde el círculo respectivo del primer rectángulo hasta el círculo del segundo rectángulo. Esto funciona mejor con un boceto en 3D.

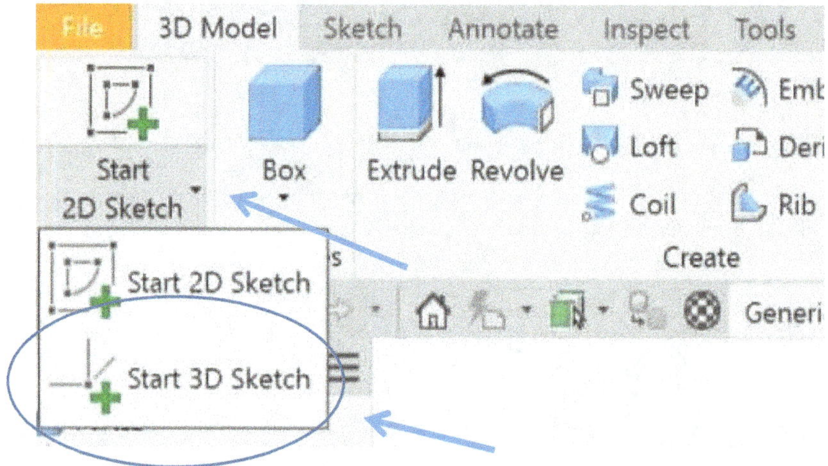

Figura 127: Iniciar un boceto en 3D es casi lo mismo que iniciar un boceto en 2D, pero en 3D.

Hasta ahora siempre hemos dibujado un boceto 2D en un plano cuando creábamos un elemento. Pero también puede dibujar en el espacio 3D. En realidad, esto es relativamente fácil, sólo requiere un poco más de imaginación. También podrá imaginárselo mejor si simplemente gira el plano de dibujo muy a menudo y así obtiene varias perspectivas.

Así que seleccionamos el comando "Start 3D Sketch" y se nos lleva al área de boceto 3D.

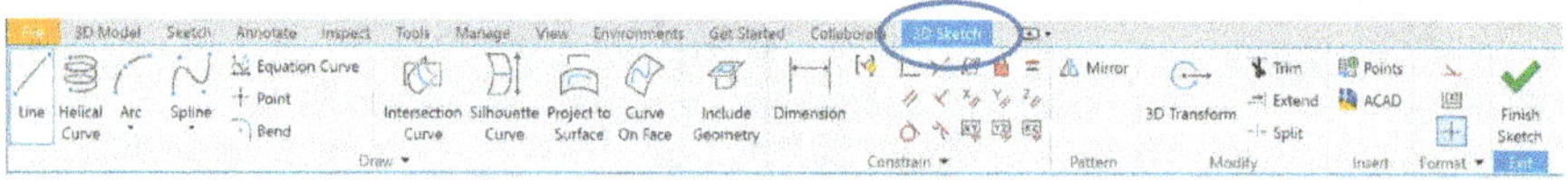

Figura 128: La barra de herramientas "3D Sketch"; aparece automáticamente tras seleccionar el comando

Si seleccionamos el comando "Line" normalmente, podemos construir nuestra ruta a partir de líneas individuales. Comenzamos haciendo clic en el centro del primer círculo.

86

Ahora se nos muestra un sistema de coordenadas con los tres ejes coloreados "x", "y" y "z". La orientación corresponde al sistema de coordenadas de la pieza individual. Dependiendo de la dirección del eje que ahora mueva con el ratón, puede dibujar una línea en uno de los ejes. Primero debemos movernos en la dirección y, es decir, hacia arriba. Mueva el ratón hacia arriba y hacia los lados para que aparezca una línea verde, la prolongación del eje y. A continuación, puede introducir una dimensión, por ejemplo, 80 mm.

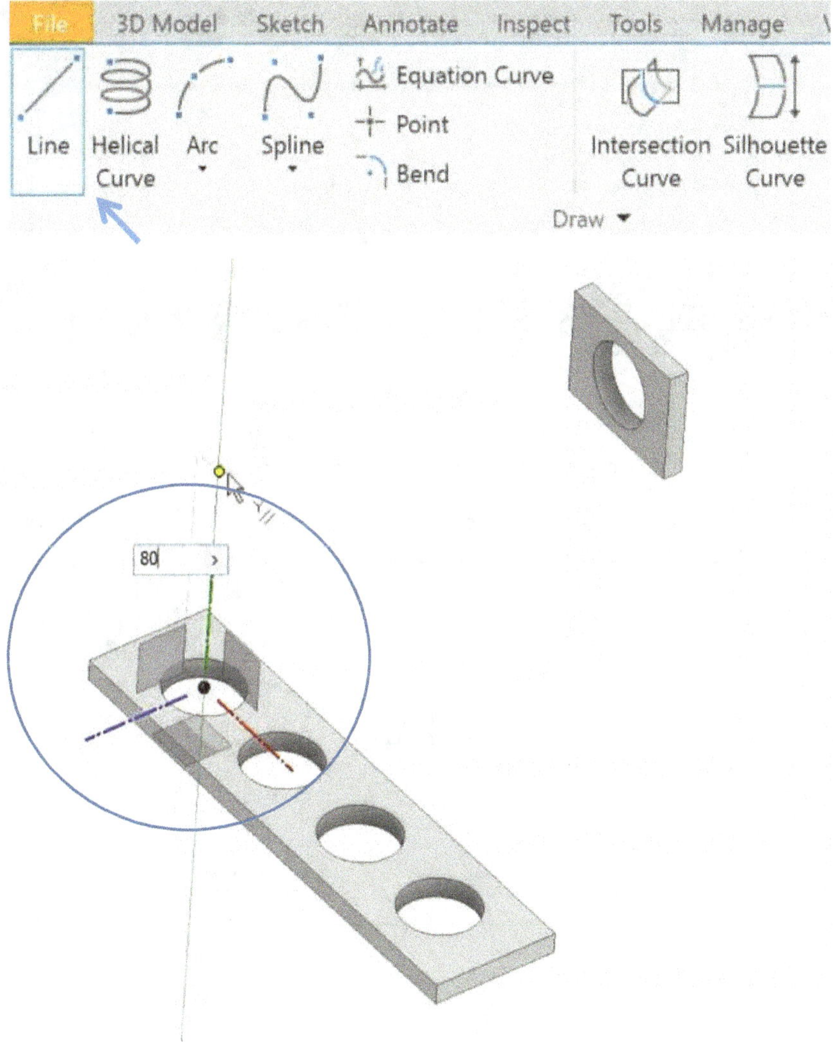

Figura 129: Dibuje una línea en el espacio 3D; empiece en el centro del círculo y muévase en la dirección de la línea verde; introduzca la cota y pulse "Enter"

Ahora tenemos una línea de 80 mm en la dirección y, como si hubiéramos dibujado en el plano x-y. A continuación trazamos una línea de 30 mm en la dirección z, es decir, debe aparecer la línea azul. Para ello, empezamos en el centro del segundo elemento creado.

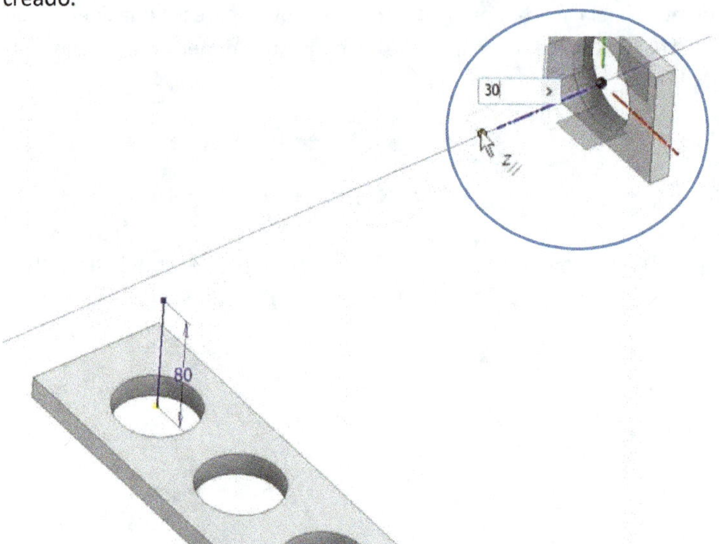

Figura 130: Crear una línea de 30 mm en dirección z para el segundo elemento

Y por último, simplemente conectamos los dos puntos finales de estas dos líneas en el espacio 3D de forma que obtenemos una diagonal.

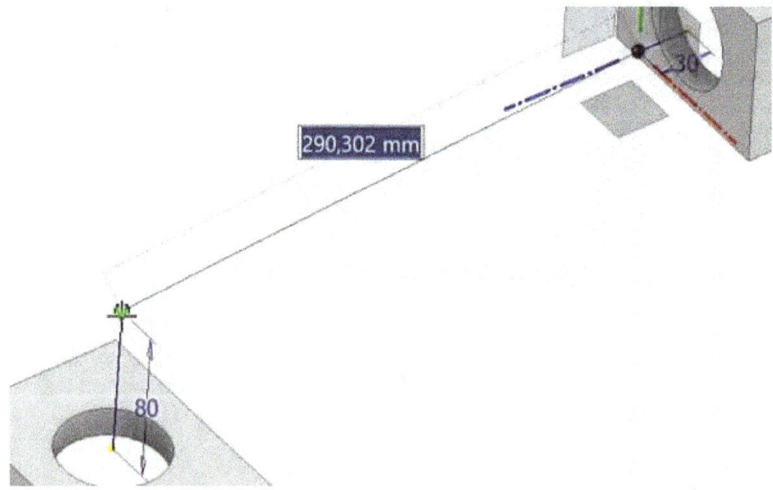

Figura 131: Creación de una línea de unión en el espacio 3D; basta con seleccionar los puntos de esquina

Con el comando "Bend" podemos seguir redondeando los dos puntos de esquina afilados con, por ejemplo, 30 mm.

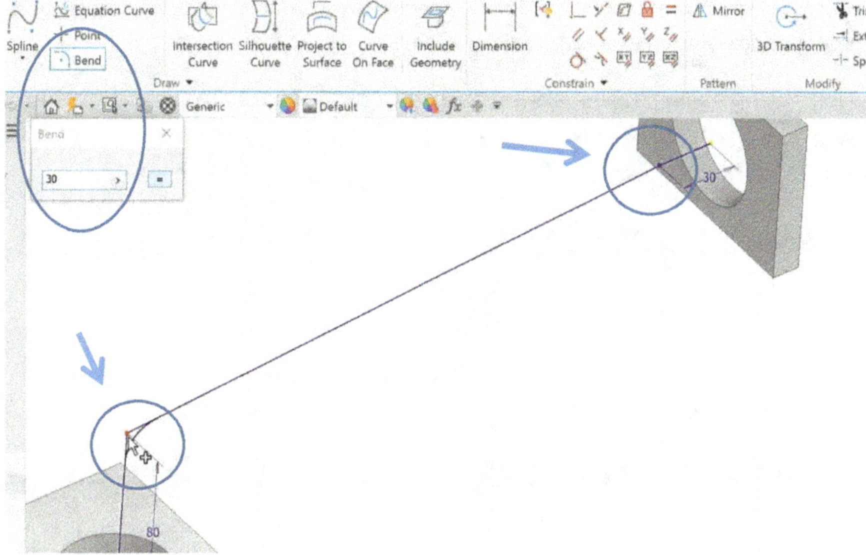

Figura 132: Uso del comando "Bend" para redondear las esquinas (ver flechas); seleccione 30 mm como radio

La primera ruta para el comando "Sweep" está lista. Como perfil, simplemente dibujamos un círculo congruente en un nuevo croquis sobre el elemento rectangular.

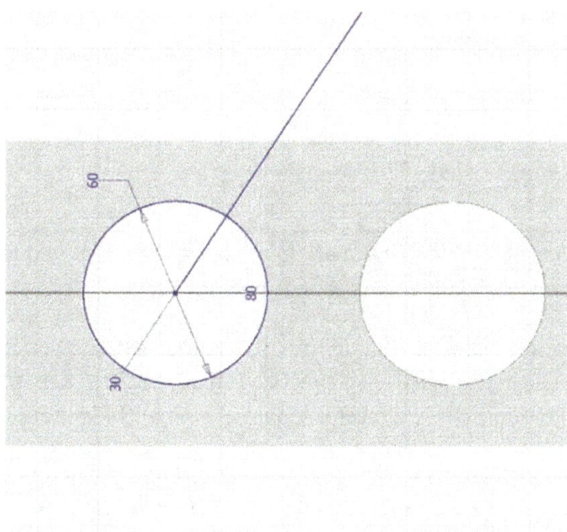

Figura 133: Dibujo de un círculo congruente en la parte superior del rectángulo

Al iniciar el comando, primero debemos activar la selección de "Profile" en la ventana de "Properties", luego podemos seleccionar el primer perfil de círculo. A continuación, debemos cambiar la selección a "Path" y podremos seleccionar el primer trayecto. El programa crea entonces nuestro primer segmento de tubería.

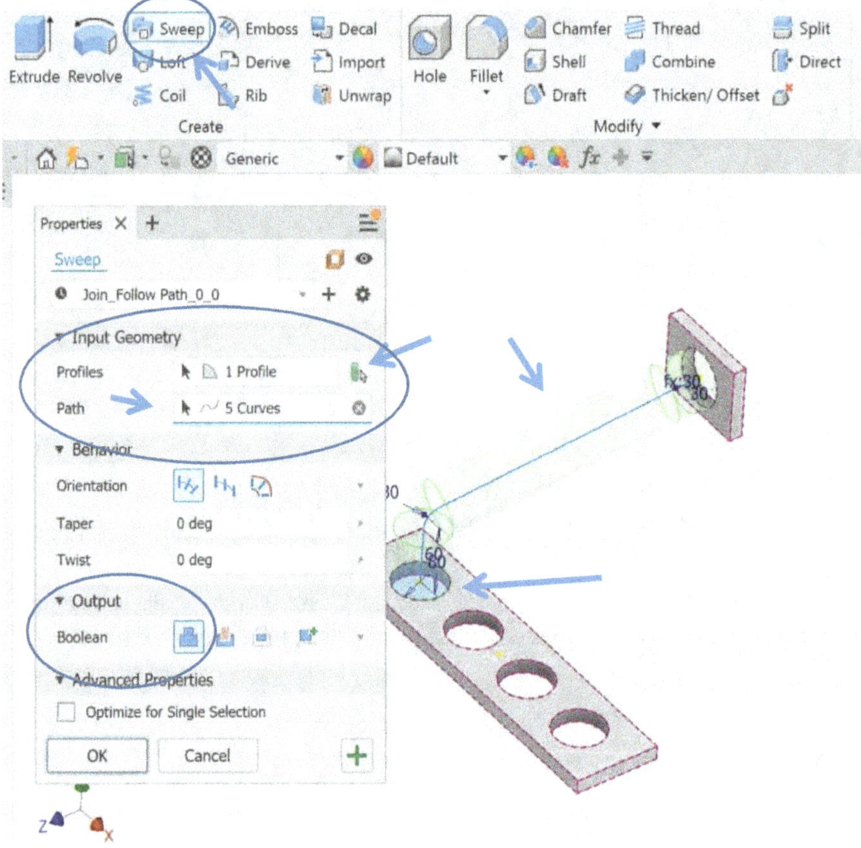

En la zona de "Output", podemos poner "Join", por ejemplo, para que conectemos los cuerpos creados entre sí. Finalmente, confirme con "OK".

El procedimiento para los tres segmentos de tubería restantes es idéntico. La única diferencia estriba en el trazado de la trayectoria en 3D, es decir, necesitamos diferentes longitudes para las líneas en la dirección z para el elemento de la zona superior.

Tenemos en el primer camino: 30 mm. Para el segundo camino necesitamos 60 mm, para el tercero 120 mm y para el cuarto de nuevo 30 mm. Pruébelo.

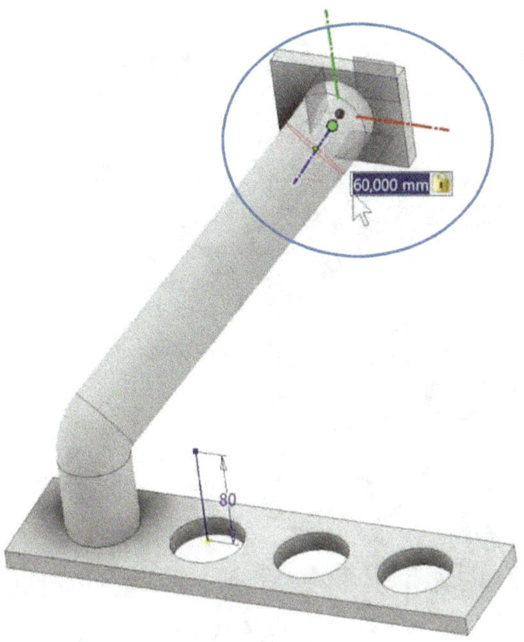

Figura 134: Para el segundo segmento de tubería necesitamos una línea de 60 mm en la dirección z

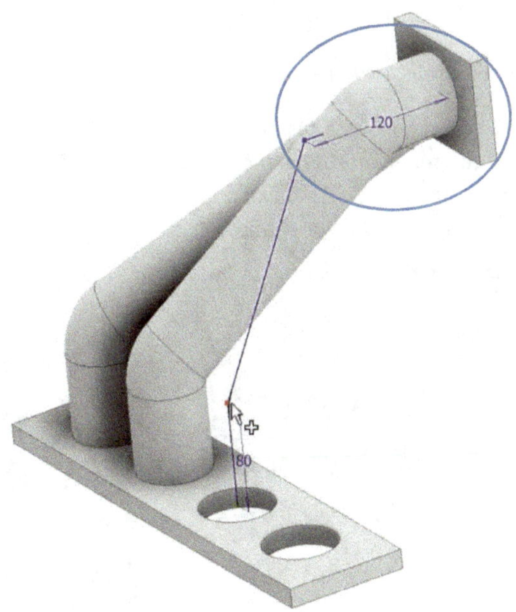

Figura 135: Para el tercer segmento de tubería necesitamos una línea de 120 mm de longitud en dirección z

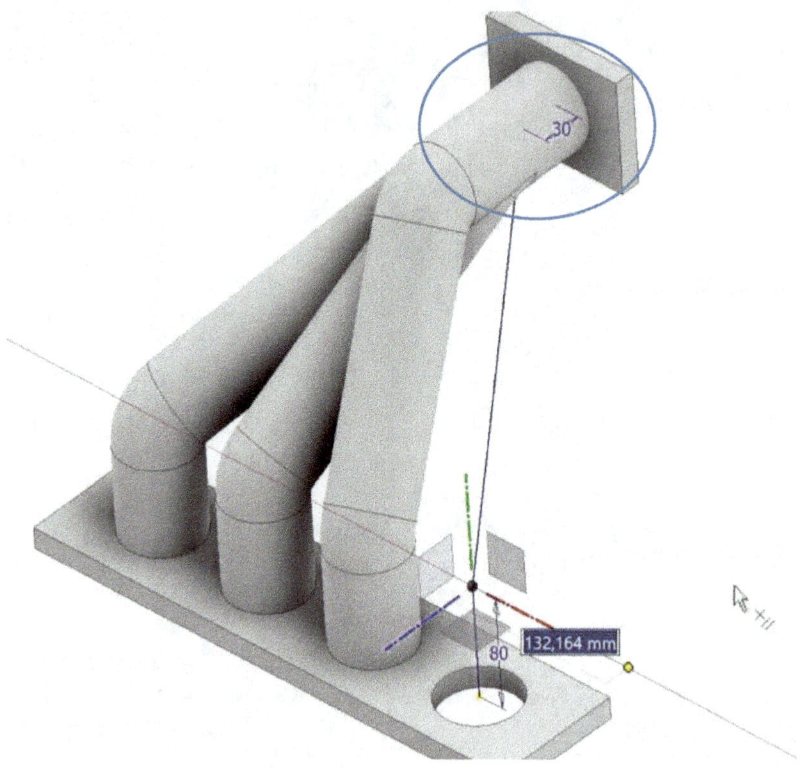

Figura 136: el cuarto segmento de tubería necesitamos de nuevo una línea de 30 mm en la dirección z

¡Muy bien! El colector de escape está casi terminado! Ahora tenemos que ahuecar los sólidos creados para que realmente tengamos tuberías. Lo hacemos con el comando "Shell". Seleccione el comando, seleccione las superficies circulares inferior y superior e introduzca un grosor de pared de, por ejemplo, 2 mm.

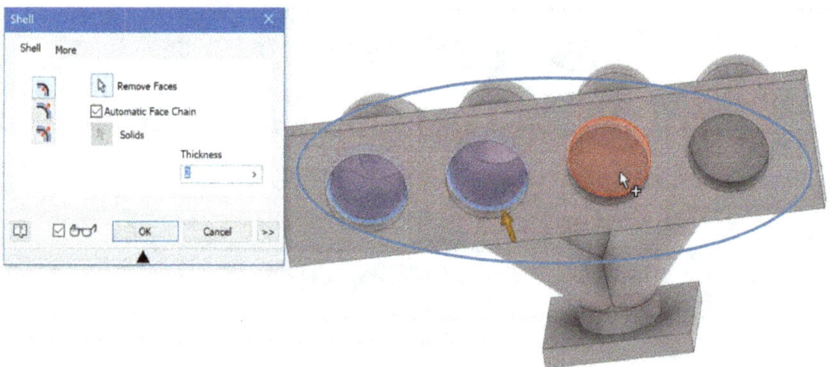

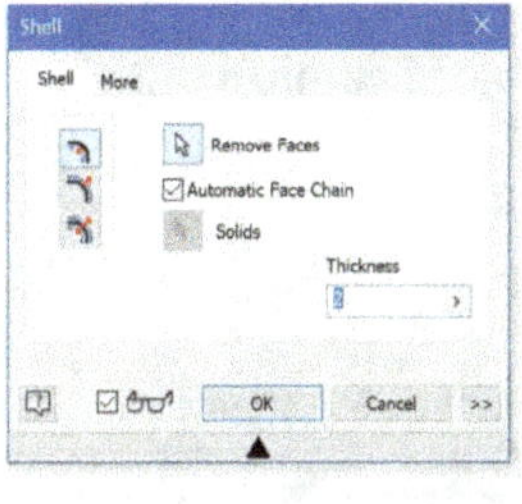

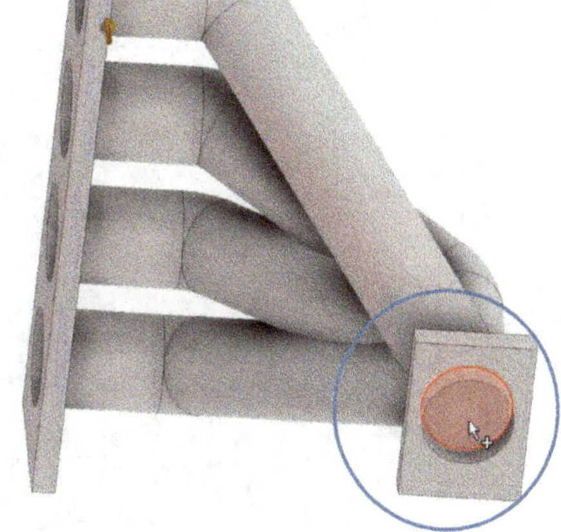

Figura 137: Ahuecamiento del colector de escape; seleccione las zonas circulares de la parte superior e inferior e introduzca un grosor de pared de 2 mm en "Thickness" en las opciones.

¡Super! Hemos aprendido mucho en esta lección. La creación de un boceto en 3D, un plano "offset" y el manejo práctico de los comandos "Sweep" y "Shell".

Como penúltimo proyecto de construcción del siguiente capítulo, construiremos la parte delantera de un camión con habitáculo o cabina de conducción. Esto será un poco más exigente, ¡pero juntos no hay problema!

Volveremos a proceder paso a paso! Siga en ello y, por favor, continúe, ¡cada vez es más emocionante!

4.3 Proyecto de diseño III: Parte delantera del camión

Figura 138: El frontal de un camión se convierte en nuestro tercer proyecto de construcción

Para la parte delantera del camión empezamos una nueva pieza única. Pensemos primero en la mejor manera de construir el modelo. Necesitamos una pieza trapezoidal para el capó, un cubo para la cabina propiamente dicha y piezas complementarias como las aletas, los faros, la parrilla del radiador y el parachoques. Esto significa que podríamos empezar con la sección para el capó, por ejemplo. Para ello, iniciamos un croquis en el plano x-y y dibujamos un simple rectángulo. El punto de partida debe ser el punto central y las dimensiones deben ser de 140 mm de ancho y 90 mm de alto. A continuación, creamos un plano paralelo al plano x-y con una distancia de 120 mm.

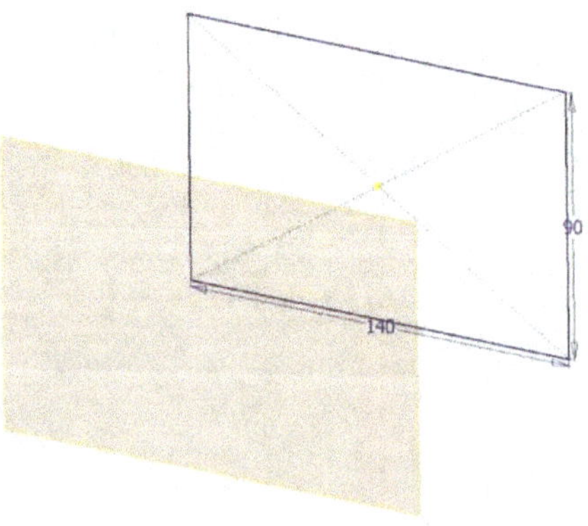

Figura 139: El rectángulo en el plano x-y con el plano paralelo a 120 mm de distancia

Sobre este plano esbozamos ahora otro rectángulo que será algo más pequeño, concretamente de 75 mm de ancho y 80 mm de alto. La distancia del punto central debe estar a 5 mm del origen de coordenadas para que los dos bordes inferiores de los rectángulos sean congruentes.

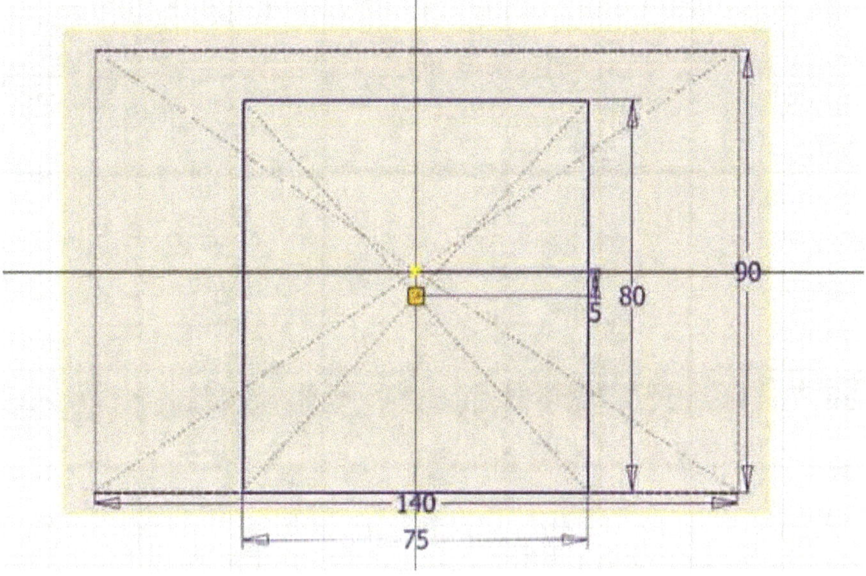

Figura 140: Trazado del segundo rectángulo en el plano paralelo

Con la función "Loft" ahora podemos tener los dos rectángulos conectados en modo 3D para formar un sólido.

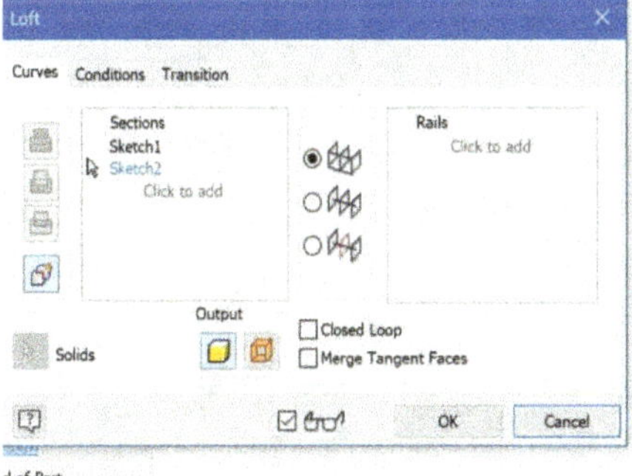

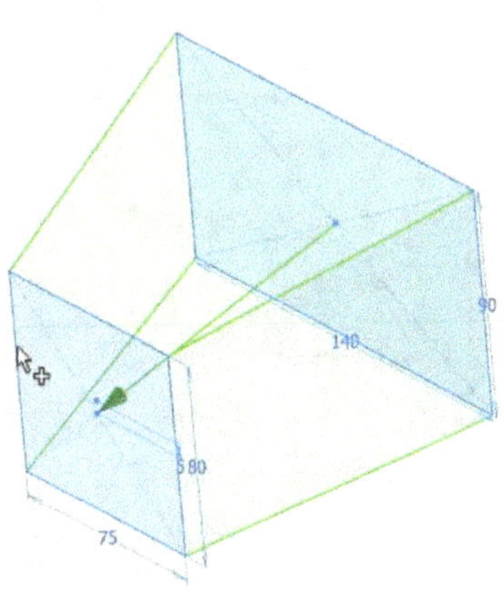

Figura 142: Aplicar141función "Loft" para obtener un cuerpo sólido

Para la cabina del conductor, dibujamos entonces un nuevo croquis con un rectángulo de 140 mm de ancho y 170 mm de alto en el plano posterior de este sólido.

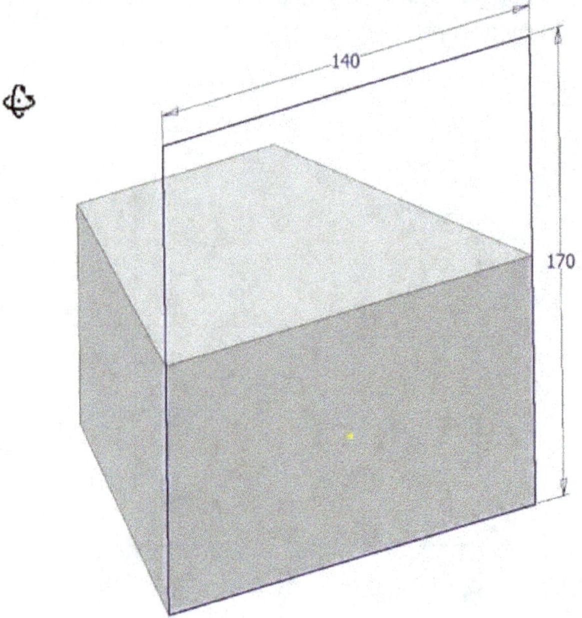

Figura 142: Esbozo del rectángulo en la superficie posterior del cuerpo básico (vista girada aquí)

A continuación, extruimos este rectángulo 120 mm.

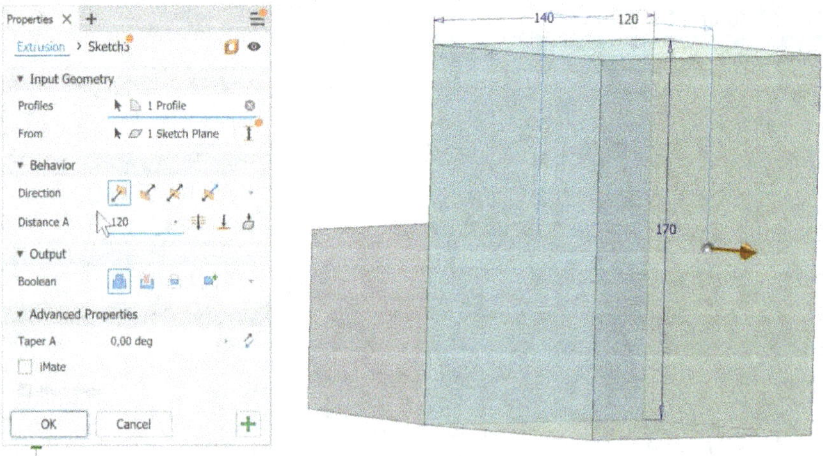

Figura 143: Extrude el rectángulo 120 mm

Ahora ya tenemos las dos formas básicas para nuestro objeto. Para los dos guardabarros o pasos de rueda, dibujamos un boceto en el plano y-z en el siguiente paso, ya que queremos extruirlos simétricamente desde el centro. Después de iniciar un croquis, dibujamos primero un arco de 3 puntos con un radio de 50 mm y una distancia de 72 mm en dirección horizontal al origen. Fijamos los dos puntos restantes coincidentes, es decir, congruentes con la esquina izquierda y una vez con la línea inferior del compartimento del motor.

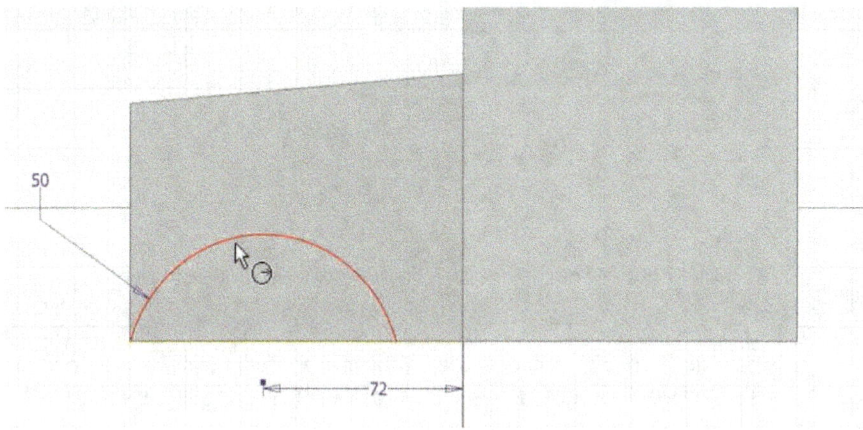

Figura 144: Trazado de un arco de 3 puntos en el plano y-z; Marca de visibilidad

A continuación, necesitamos otro arco de 3 puntos, que fijamos concéntricamente al primer arco y dos líneas horizontales, de 2,5 mm de longitud cada una, que conectan los dos puntos de esquina de los arcos.

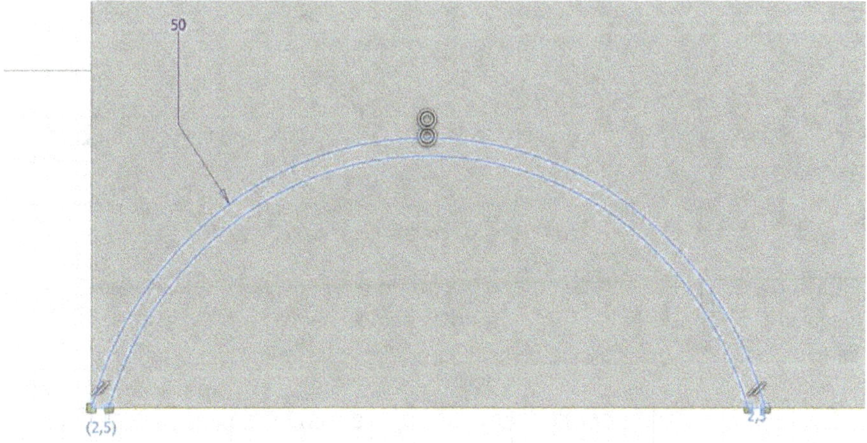

Figura 145: Esboce el segundo arco concéntrico al primero; añada líneas de conexión de 2,5 mm de longitud; marque la visibilidad con el ratón

Dimensionarlas con 2,5 mm cada una. Para seleccionar un elemento concreto, permanezca un poco más con el ratón en una posición. A continuación, aparece un pequeño menú desplegable con el que puede elegir el elemento congruente que desea seleccionar.

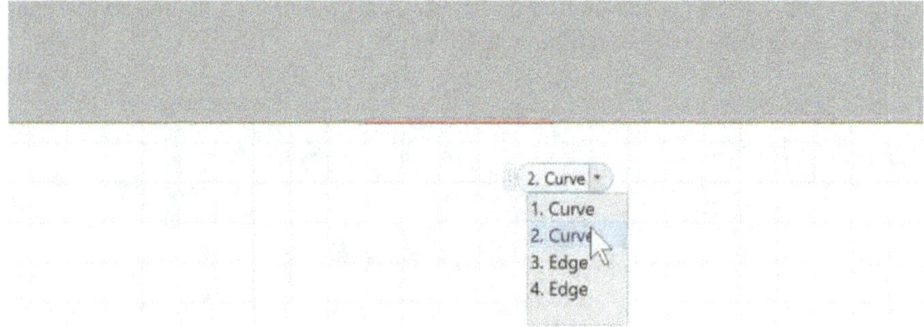

Figura 146: El pequeño menú desplegable para seleccionar elementos congruentes

La segunda dimensión de 2,5 mm ya no es necesaria. Esto resulta de las otras dimensiones y de la condición concéntrica. Esta cota sobredimensionaría el croquis, por lo que sólo podemos utilizar aquí una cota controlada, que se coloca entre paréntesis. Una dimensión controlada no es fija, sino que cambia cuando cambiamos otra dimensión. Así que sólo muestra un valor. También podríamos dejarlo fuera.

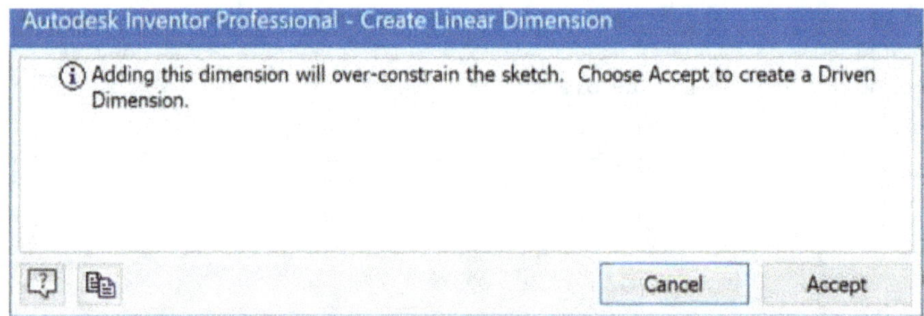

Figura 147: El aviso cuando una cota sobredefine un croquis; pulse "Accept" para una acotación controlada

Para poder Extrude el perfil en modo 3D, primero tenemos que seleccionar el perfil y luego la función, de lo contrario ya no podemos seleccionar el perfil porque está dentro.

Tomamos una dimensión de 140 mm con dirección simétrica o "Direction": "Symmetric". Si queremos crear un cuerpo independiente para el elemento de volumen, seleccionamos "New Solid" para la "Output", de lo contrario simplemente

"Join", entonces simplemente se fusiona con el cuerpo anterior. En este caso elegimos "Join", porque estas alas deben seguir perteneciendo a nuestro cuerpo básico.

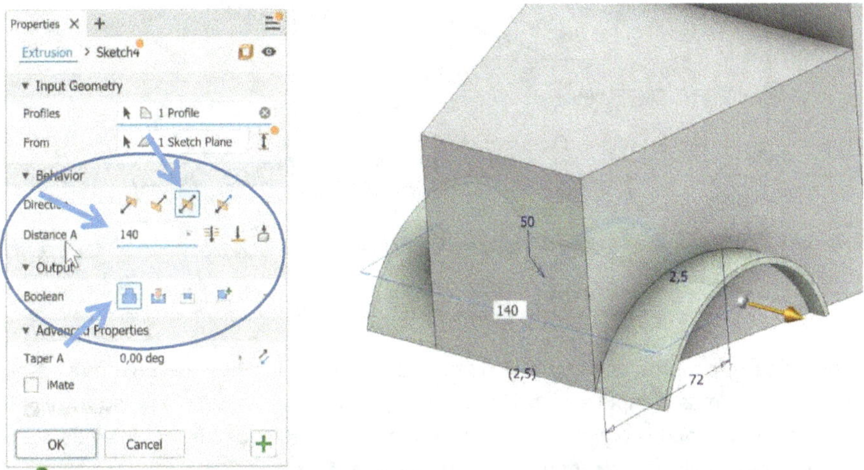

Figura 148: Primero seleccione el boceto en el árbol de estructura, luego inicie el comando "Extrude"

En este capítulo sólo queremos crear una nueva carrocería para cada pieza complementaria, como la rejilla del radiador, los faros y el parachoques, pero no una pieza individual separada como haríamos en un montaje normal. Ya hemos abordado brevemente cómo tratar las piezas individuales de un conjunto y cómo vincularlas a las juntas de un conjunto en un capítulo anterior, y aprenderemos sobre esto con más detalle en el próximo capítulo.

Tenga en cuenta que en este contexto, cuerpo y componente son términos diferentes. ¿Confundido por las carrocerías, las piezas y los conjuntos? Hagamos una breve digresión sobre cuerpo vs. parte individual: La diferencia entre cuerpo y parte individual es que cada conjunto está formado por partes individuales y cada parte individual a su vez está formada por cuerpos. Se trata, pues, de una especie de detalle jerárquico. En un coche, por ejemplo, las partes del chasis, las puertas, las ruedas y todas las demás piezas, hasta los tornillos más pequeños, se construyen como piezas individuales. Cada una de estas partes individuales de un conjunto principal, a su vez, puede subdividirse en varios cuerpos o incluso sólidos. Sin embargo, no necesariamente tiene que hacer esto, también puede construir una pieza individual a partir de un solo cuerpo, especialmente si su diseño es muy sencillo.

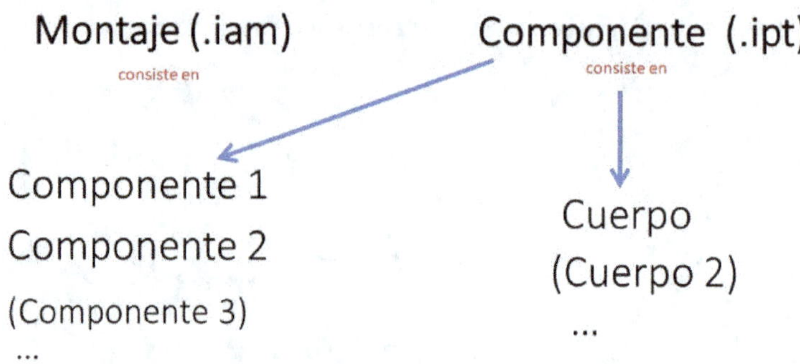

Figura 149: Diferencia entre cuerpo, pieza individual y conjunto; se muestra esquemáticamente

En este caso, construimos nuestro modelo como una sola pieza, pero como la pieza única es algo más compleja, la construimos a partir de varios cuerpos. Esto ofrece la ventaja, por ejemplo, de que podemos delimitar claramente los cuerpos individuales y, por ejemplo, ocultarlos o cambiar ligeramente su aspecto.

Para resumir brevemente en conclusión: Un cuerpo es, por así decirlo, una demarcación más detallada dentro de una pieza individual, que a su vez puede pertenecer a un conjunto. Un cuerpo es principalmente un componente de una pieza individual, mientras que una pieza individual puede moverse libremente dentro del conjunto de nivel superior y está unida por articulaciones dentro de un conjunto. No se preocupe si no lo entiende de inmediato, lo entenderá aún mejor durante el curso a través de la aplicación práctica.

De vuelta a nuestro camión. En el siguiente paso queremos ahuecar nuestro sólido, lo hacemos con el comando "Shell", un clic en la superficie inferior y la introducción de una pared de 5 mm.

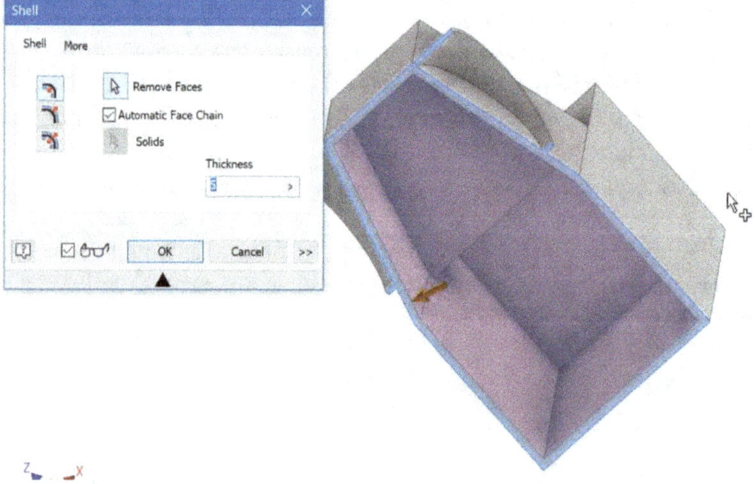

Figura 150: Ahuecamiento del cuerpo anterior con "Shell" y una pared de 5 mm

También nos gustaría eliminar las superficies del interior de los alojamientos de las ruedas. Por un lado, podríamos iniciar una extrusión tal y como la conocemos. Por otro lado, en este caso podemos simplemente eliminar la cara con el comando "Delete Face" de la sección "Modify". Por favor, asegúrese de marcar la opción "Heal remaining Faces", de lo contrario no funcionará como se desea.

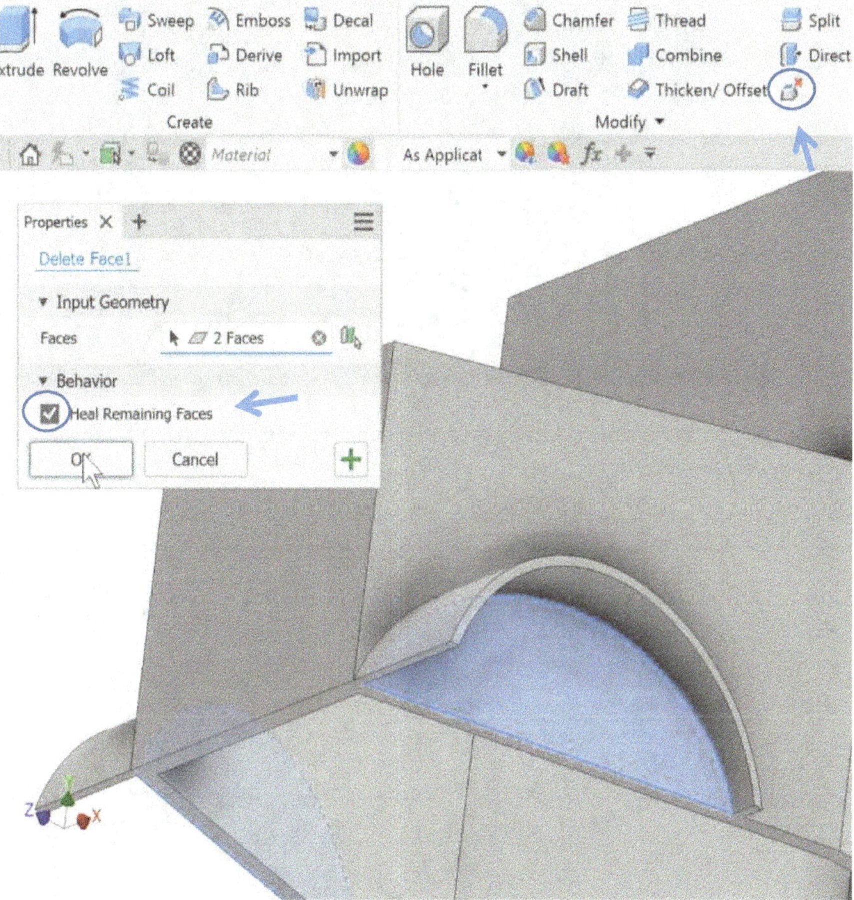

Figura 151: El comando "Delete Face" de la sección "Modify"

A continuación, nos ocupamos del parabrisas de dos partes. Queremos construirlo a partir de dos simples rectángulos. Tome las dimensiones del siguiente perfil:

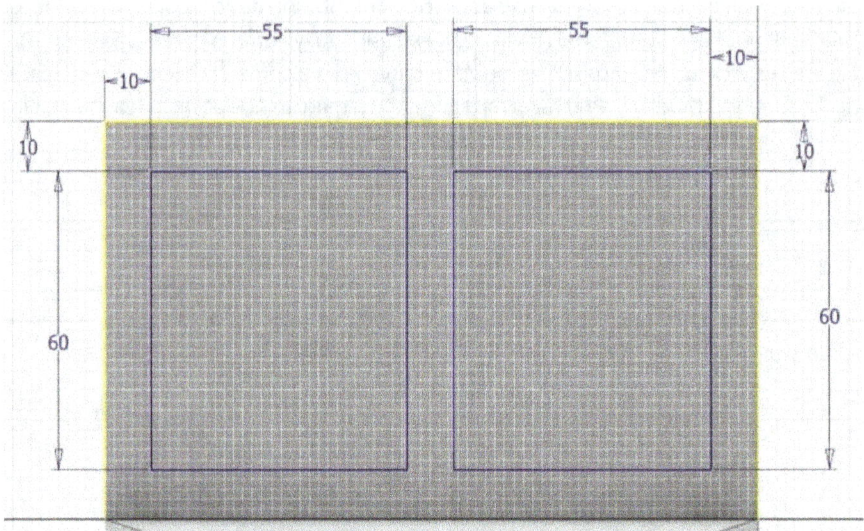

Figura 152: Trazado del perfil de los dos rectángulos de la superficie superior delantera

A continuación, termine el boceto y recórtelo con "Extrude". Redondeamos los bordes de las ventanas con 5 mm.

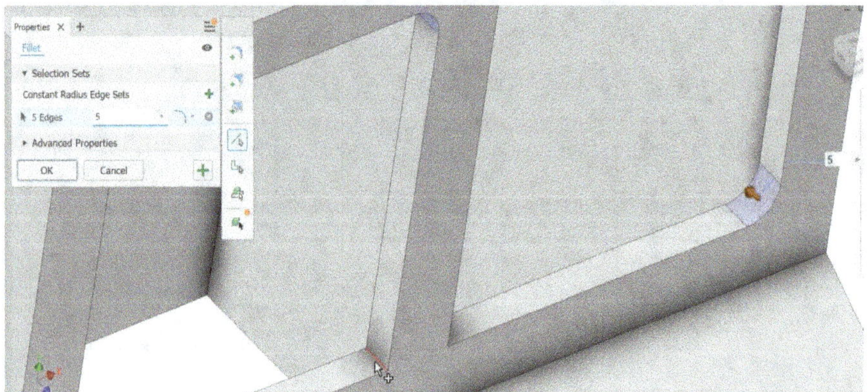

Figura 153: Redondeo de los bordes de las ventanas con 5 mm

Procedemos de forma similar para las ventanas laterales. Sin embargo, para esto sólo dibujamos un rectángulo en un lado y luego simplemente cortamos todo el ancho, ya que la cabina es hueca de todos modos. Las dimensiones y la posición del rectángulo deben ser las siguientes:

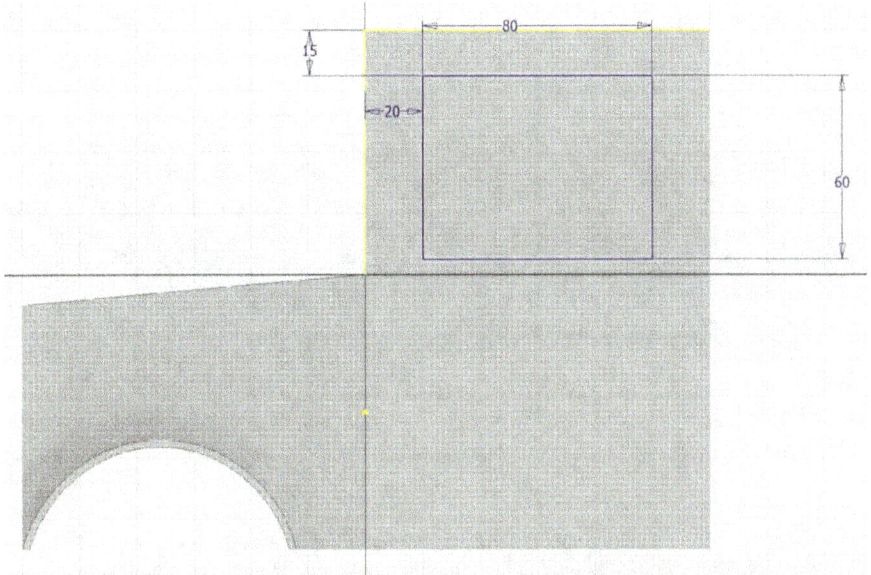

Figura 154: El perfil para el recorte de las ventanas laterales

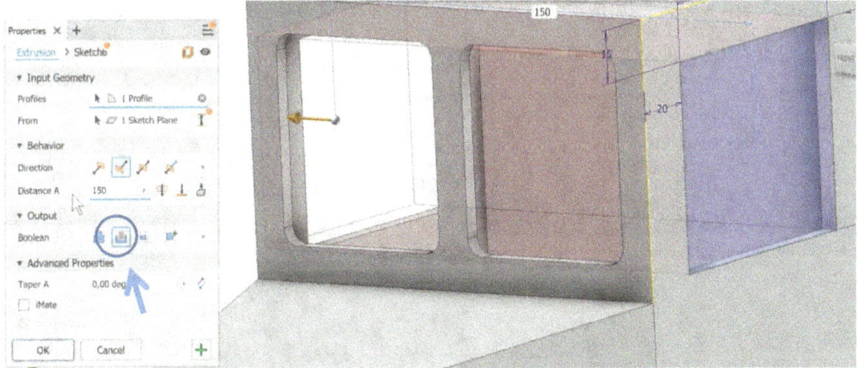

Figura 155: Cortar las ventanas de un lado; para la salida: "Cut"

Para dar a nuestro modelo al menos la apariencia de una puerta, conoceremos una nueva función, el comando "Emboss".

Para este comando necesitamos primero un boceto, así que dibujamos un rectángulo para el estampado de la puerta en la superficie lateral de la cabina del conductor. El punto de partida debe estar en la esquina inferior izquierda de la ventana y el rectángulo debe tener 90 mm de altura y la misma anchura que la ventana.

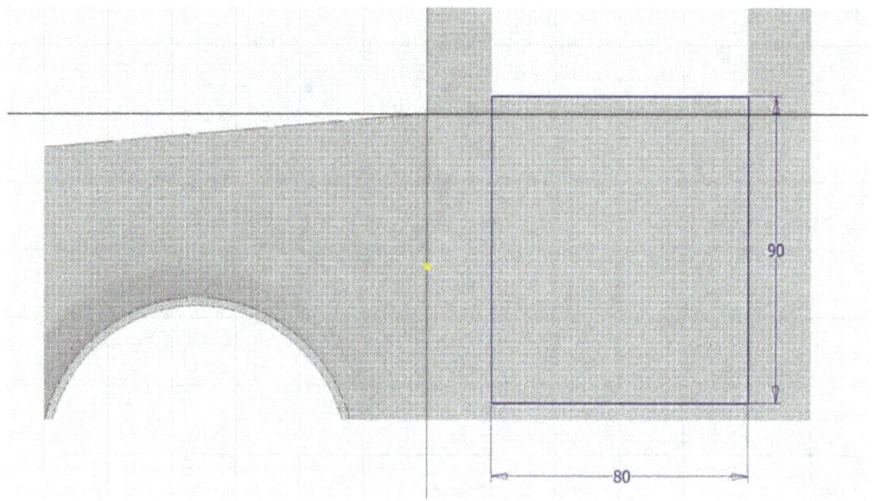

Figura 156: El perfil para repujar la puerta lateral

A continuación, seleccionamos el comando "Emboss", el perfil esbozado y seleccionamos "Engrave from Face" como efecto, porque no queremos una elevación sino una hendidura e introducimos 1 mm como profundidad.

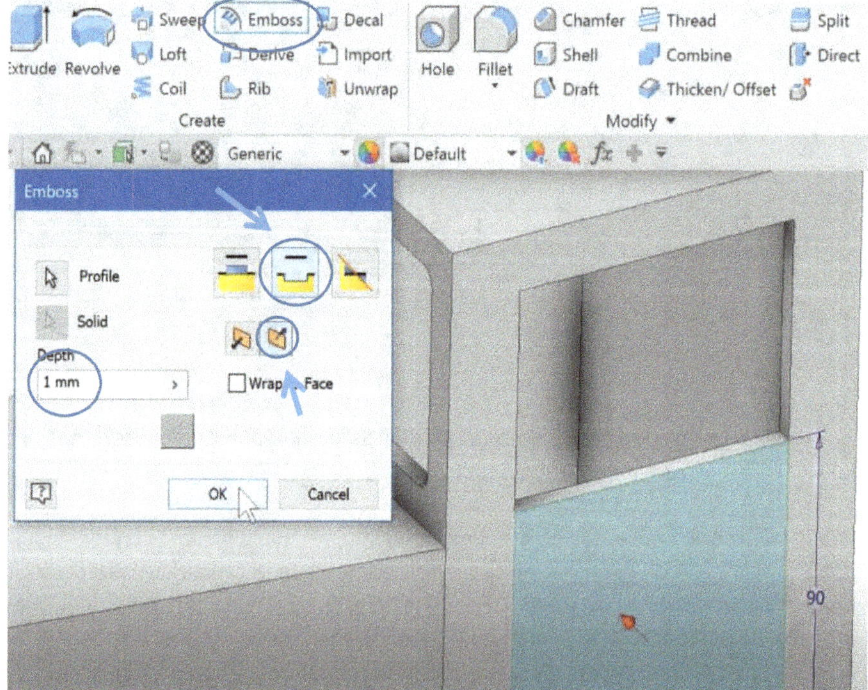

Figura 157: El comando "Emboss" de la sección "Create"

Como se habrá dado cuenta, este paso también habría sido posible con "Extrude". Para la manilla de la puerta, dibujamos ahora otro rectángulo en esta superficie. Esta vez con las siguientes dimensiones:

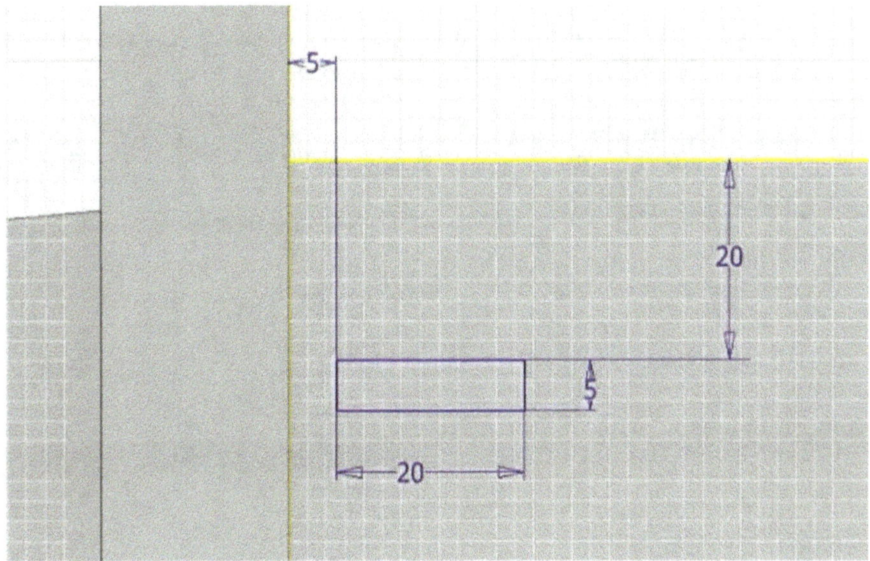

Figura 158: El boceto en 2D de uno de los dos tiradores de la puerta en la superficie lateral del camión

A continuación, extruimos el perfil 5 mm y seleccionamos "New Solid" en la operación, ya que queremos crear un nuevo cuerpo para ello.

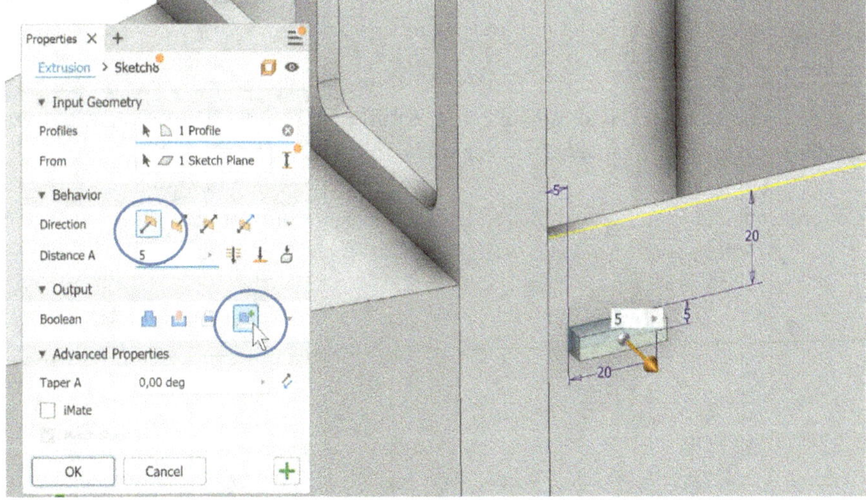

Figura 159: Extrusión del asa (5 mm; seleccione "New Solid" en "Output")

Para facilitarnos la tarea, simplemente reflejamos estas dos características en el otro lado. Para ello, seleccionamos el comando "Mirror" y en las opciones de "Type": "Features". Ahora simplemente seleccionamos el relieve y la manilla de la puerta en el árbol de estructura y luego cambiamos en las opciones a "Mirror Plane" y seleccionamos el plano y-z como plano de espejo. Sólo tiene que probar uno tras otro si la duplicación de ambas funciones a la vez no funciona.

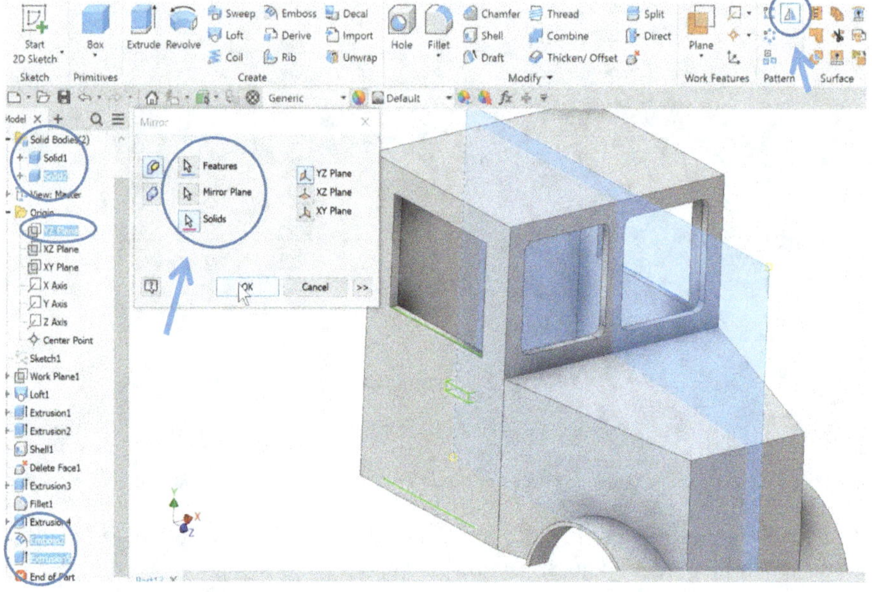

Figura 160: Uso de la función "Mirror"; primero seleccione el cuerpo y luego el plano de espejo

La función Espejo suele ahorrar una cantidad de tiempo considerable con piezas y rasgos simétricos, por cierto también en el entorno de croquis 2D. Por lo tanto, trate de utilizar esta función tan a menudo como sea posible.

Continúe con dos filetes, uno para las dos manillas de las puertas con 1,5 mm cada uno y los dos bordes superiores de las ventanas laterales con 5 mm cada uno.

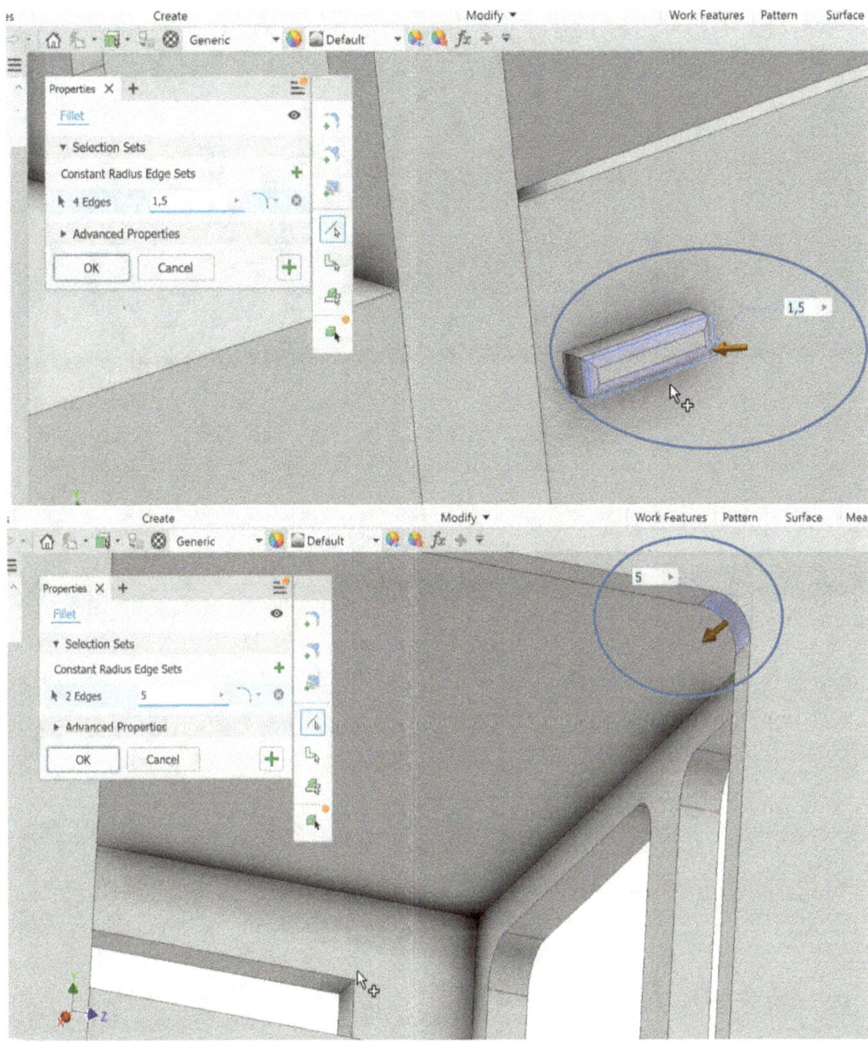

Figura 161: Los filetes para las manillas de las puertas (1,5 mm) y las ventanas laterales (5 mm; sólo los bordes superiores)

Ahora dibujamos el parachoques. Este debe situarse en la parte delantera con las dimensiones de 140 mm y 15 mm. Para ello, volvemos a utilizar la dependencia colineal para la línea horizontal superior, que enlazamos con la parte delantera del camión, y por ejemplo la línea vertical izquierda, que enlazamos con el lateral del camión, para definir completamente el boceto.

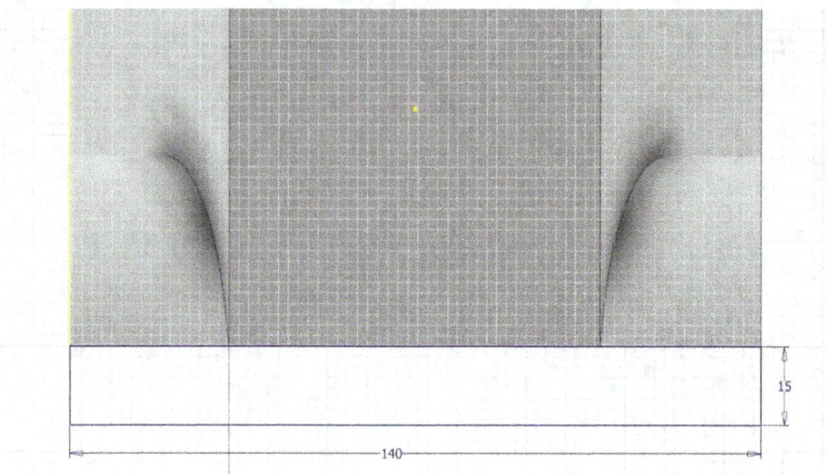

Figura 162: El perfil rectangular para el parachoques (boceto en la superficie frontal)

A continuación, podemos Extrude el perfil 8 mm, volvemos a crear un nuevo cuerpo para él y lo redondeamos con 4 mm.

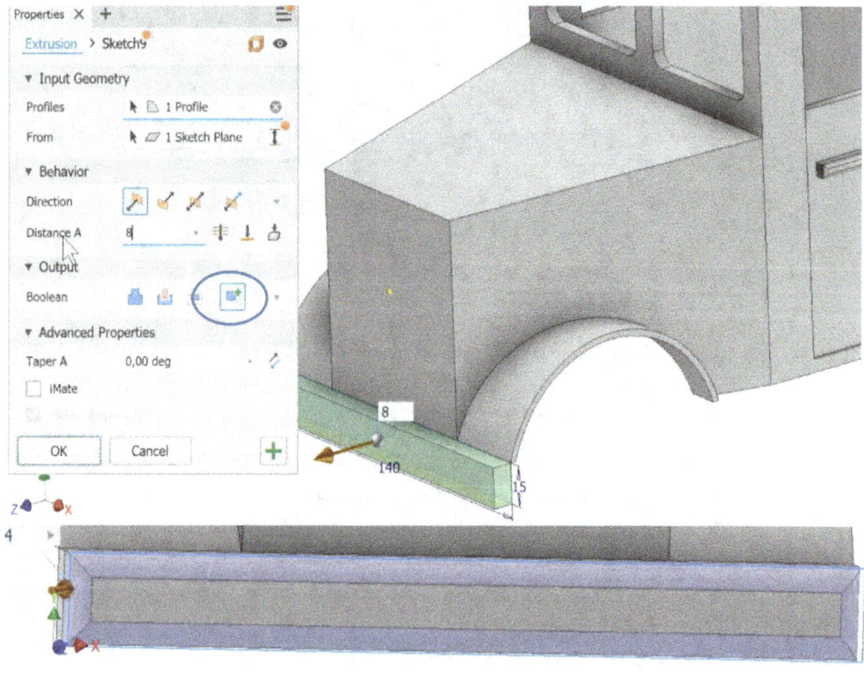

Figura 163: La extrusión del perfil (8 mm) y el redondeo de los bordes (4 mm)

Para los faros, primero dibujamos uno de los dos necesarios en la superficie frontal y luego lo reflejamos de nuevo.

El perfil debe tener las siguientes dimensiones, por ejemplo:

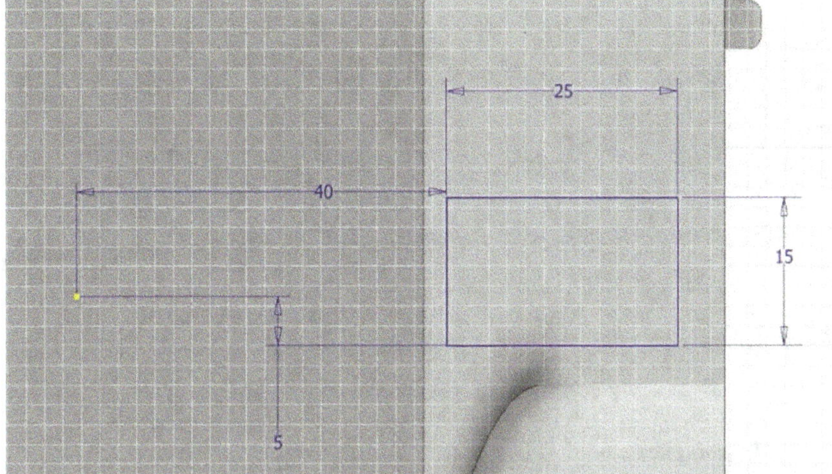

Figura 164: El perfil de la carcasa del faro (boceto en la superficie frontal)

A continuación lo extrusionamos con 10 mm.

Además, dibujamos otro recorte de 2 mm con 2 mm de distancia al cuerpo del faro para mejorar un poco el diseño.

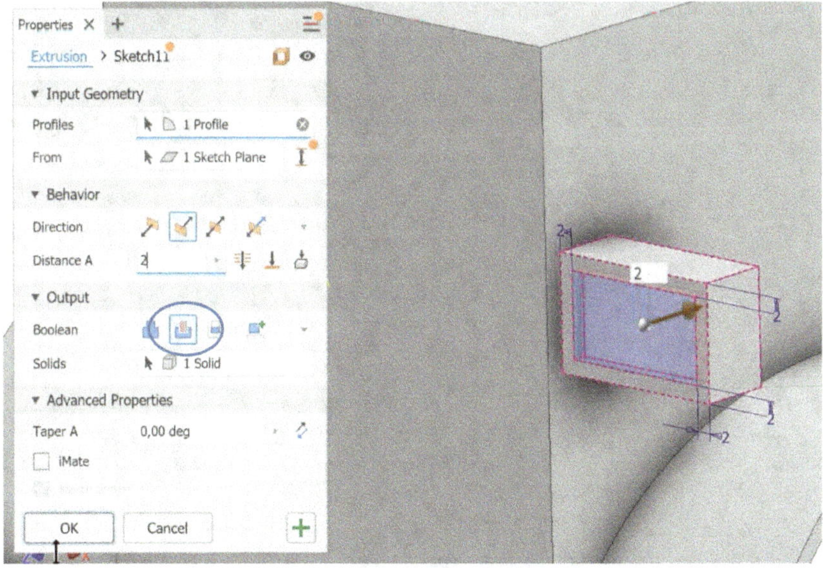

Figura 165: Dibuje un perfil con 2 mm de distancia al borde en la carcasa extruida y luego recorte 2 mm ("Cut" en "Output")

Y un puntal de conexión para sugerir un poco más de estabilidad. Para este puntal de conexión necesitamos una geometría circular en la superficie lateral delantera del camión con 6 mm de diámetro a una distancia de 83 mm y horizontal al origen.

Figura 166: Dibuje un círculo de 6 mm de diámetro en la superficie lateral delantera del camión

Además, otra geometría circular en la parte trasera del faro, también de 6 mm de diámetro, que simplemente dimensionamos desde los bordes superior y lateral a 8 mm y 12 mm.

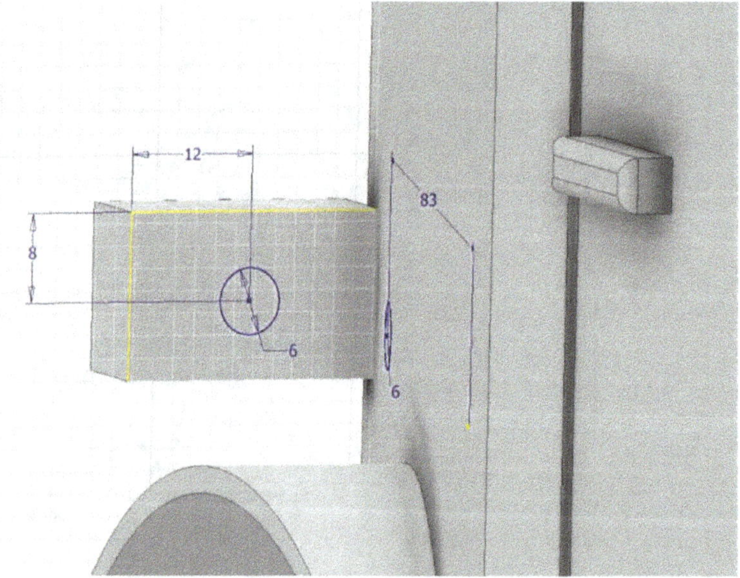

Figura 167: Esbozo del segundo círculo en la parte trasera del faro (girado en la vista de la imagen)

A continuación, utilizamos el comando "Loft" y conectamos las dos superficies circulares para formar un puntal de conexión tridimensional.

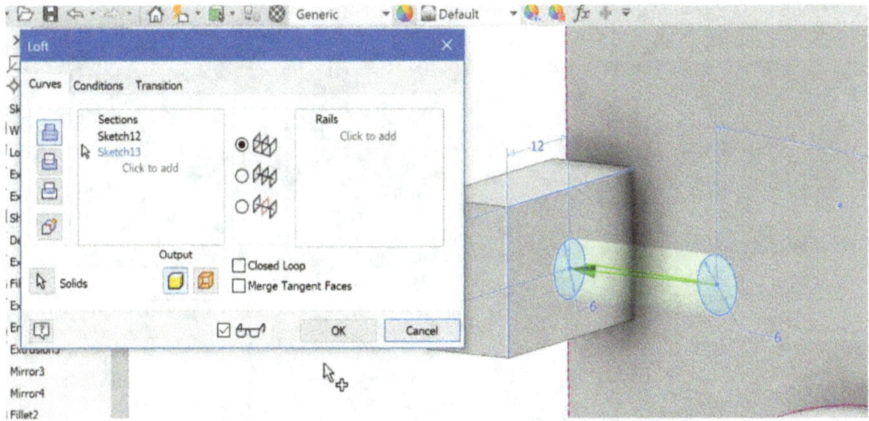

Figura 168: Uso del comando "Loft" para crear un puntal de conexión

Ahora podemos reflejar el faro y el puntal hacia el otro lado.

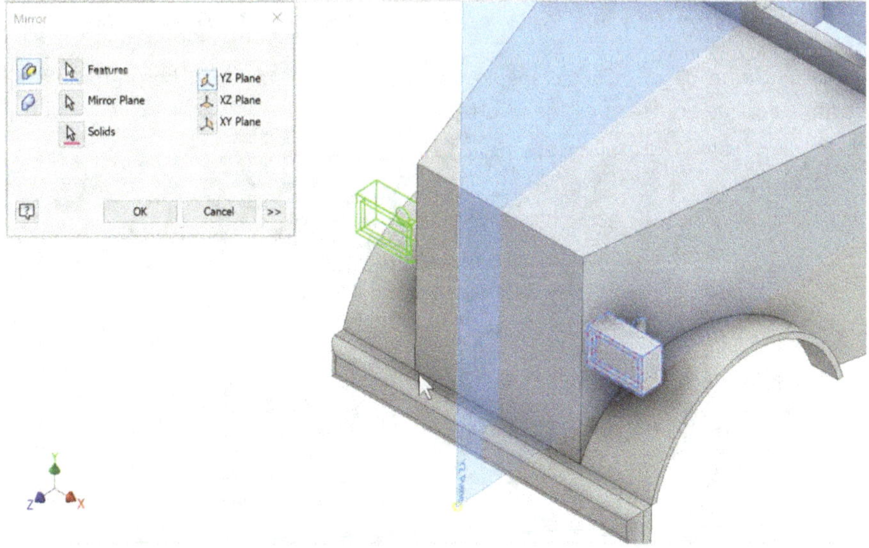

Figura 169: Refleje el foco y el puntal con "Mirror" en el plano y-z

Como último detalle del frontal de nuestro camión nos gustaría dibujar una rejilla de radiador. Para ello, primero iniciamos un nuevo croquis en la superficie frontal.

A continuación, dibujamos primero un rectángulo de 75 mm de ancho y 80 mm de alto. La línea lateral y la línea superior deben ser colineales con las líneas de la superficie frontal.

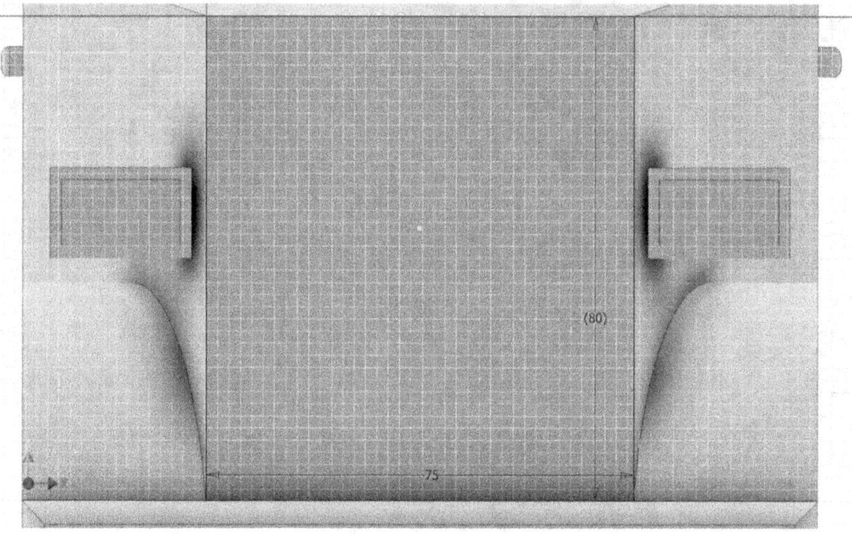

Figura 170: Trace un rectángulo (75 x 80 mm) en la superficie frontal del camión

En el siguiente paso, otro rectángulo, con 4 mm de distancia al borde del primer rectángulo, que bordea nuestros recortes del radiador.

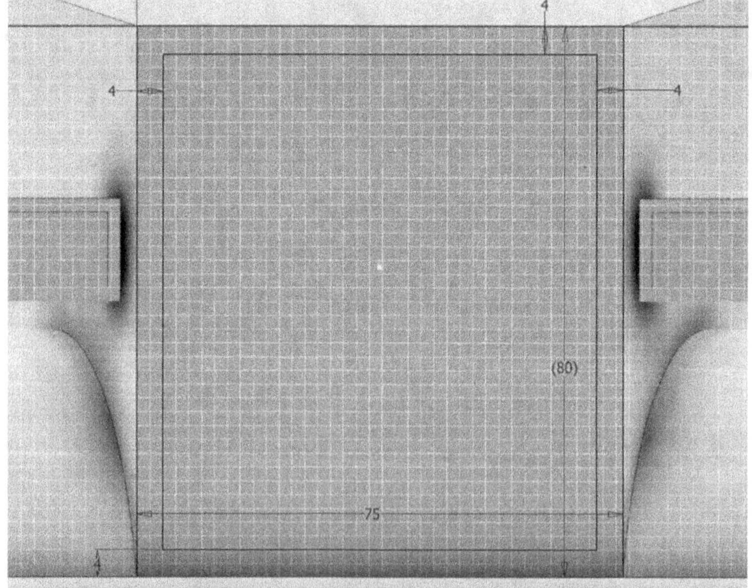

Figura 171: Trazado del segundo rectángulo (cada 4 mm desde el primer rectángulo)

A continuación, trazamos una línea vertical congruente con la línea central.
A continuación, trazamos una línea a la izquierda y a la derecha de la línea central a una distancia de 1 mm de la misma. Los puntos inicial y final deben situarse en el segundo rectángulo dibujado.

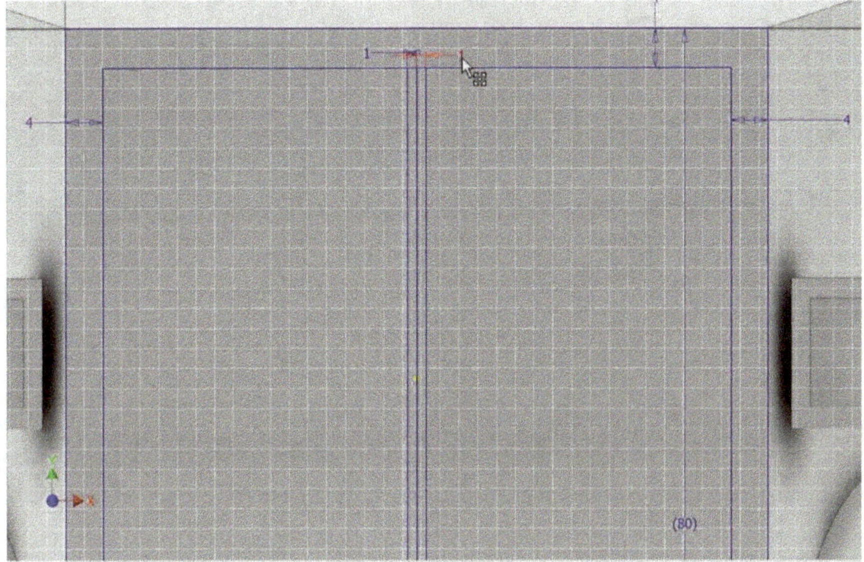

Figura 172: Una línea vertical congruente con la línea central y una línea vertical a la izquierda y a la derecha de ésta (las líneas deben empezar y terminar en el rectángulo interior).

Ahora tendríamos que dibujar muchas de estas líneas, porque queremos Extrude cada segundo espacio entre ellas para conseguir la forma de la rejilla del radiador. Para facilitarnos la vida, utilizamos un nuevo comando, el comando "Pattern", o también "Rectangular Pattern" en este caso.

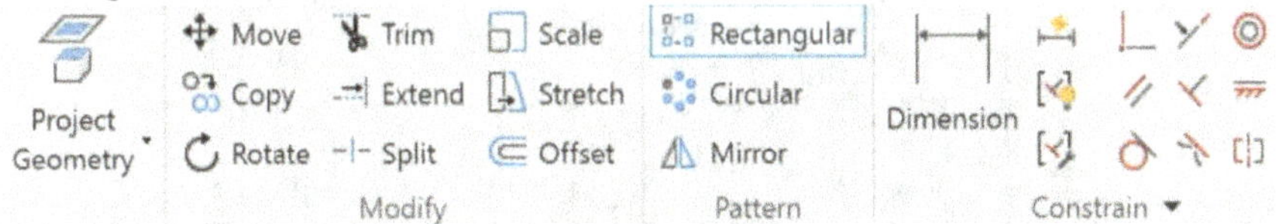

Figura 173: El comando "Rectangular Pattern" en la sección de "Pattern"

Para ello, seleccionamos los elementos de la línea vertical. Primero seleccionamos la línea de la izquierda, iniciamos el comando y luego tenemos que especificar la dirección en la que se va a crear el patrón. Para ello, simplemente seleccionamos el segmento de línea superior o inferior izquierdo del rectángulo y, si es necesario, giramos la flecha verde mostrada con "Flip" (opciones) en la dirección deseada, es decir, hacia la izquierda. A continuación, debemos introducir una distancia de 1 mm entre los elementos de la línea y aumentar el número a 33. Tada, el programa hace el trabajo por nosotros.

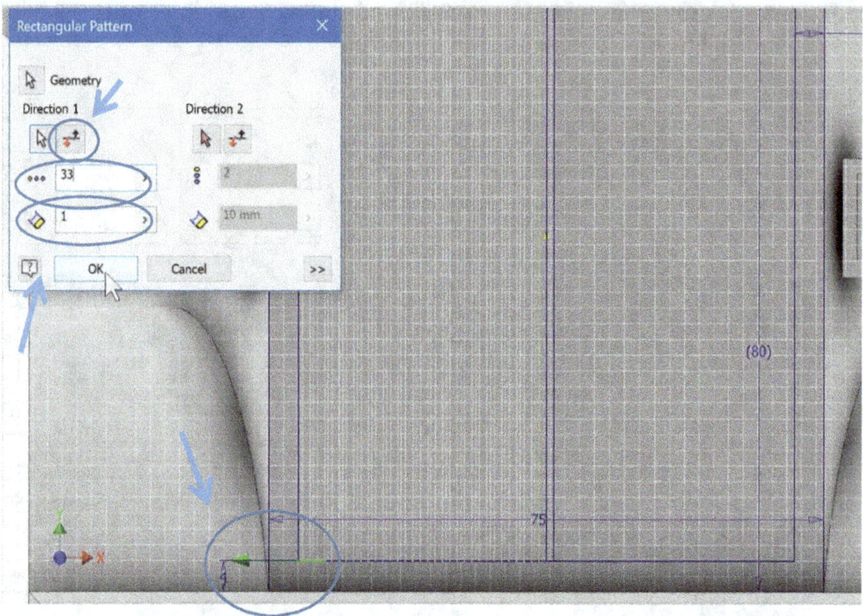

Figura 174: El comando "Rectangular Pattern" en la aplicación; la flecha verde (marcada con un círculo) debe apuntar hacia la izquierda, si es necesario voltéela con "Flip" en las opciones de "Direction"

A continuación, hacemos lo mismo para el otro lado, pero hacia la derecha.

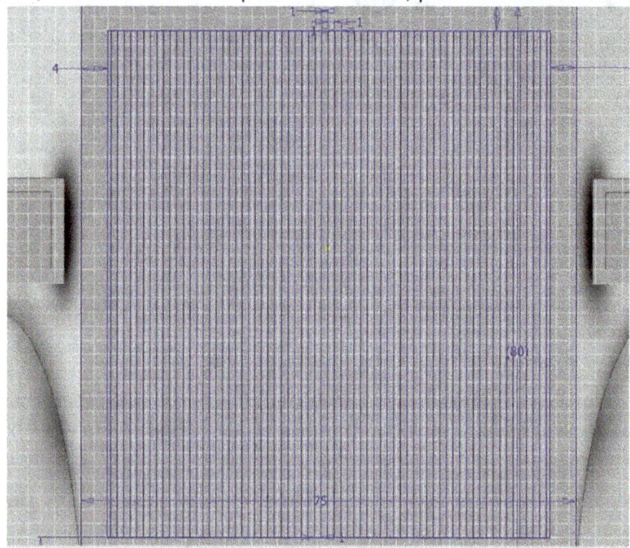

Figura 175: El resultado del comando "Rectangular Pattern"; aplicado en ambas direcciones

Para crear el cuerpo sólido de la rejilla del radiador, extruimos el área entre los dos rectángulos grandes y cada uno de los otros rectángulos largos y estrechos 2 mm hacia fuera para crear el siguiente cuerpo.

Figura 176: Extruya cada segundo rectángulo 2 mm hacia fuera para obtener la rejilla del radiador

¡Muy bien! Después de redondear algunos bordes más, cada uno con 2 mm, según el gusto, echamos un vistazo rápido a los cuerpos individuales y ¡hemos terminado esta lección! ¡Super si te quedas con ella!

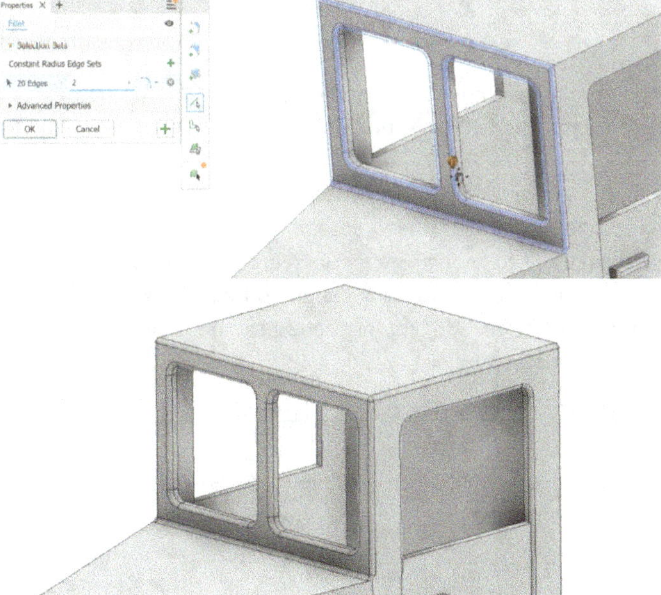

Figura 177: Redondeo de los bordes (por ejemplo, en la parte delantera del parabrisas y en la parte superior)

Como podemos ver, ahora hemos creado varios cuerpos en la carpeta "Bodies" del árbol de estructura. Más concretamente: uno para las manillas de las puertas, la carrocería, los faros, los montantes, el parachoques y la rejilla del radiador. Ahora podemos ocultar / mostrar estos cuerpos como queramos o cambiar la apariencia por cada cuerpo por separado.

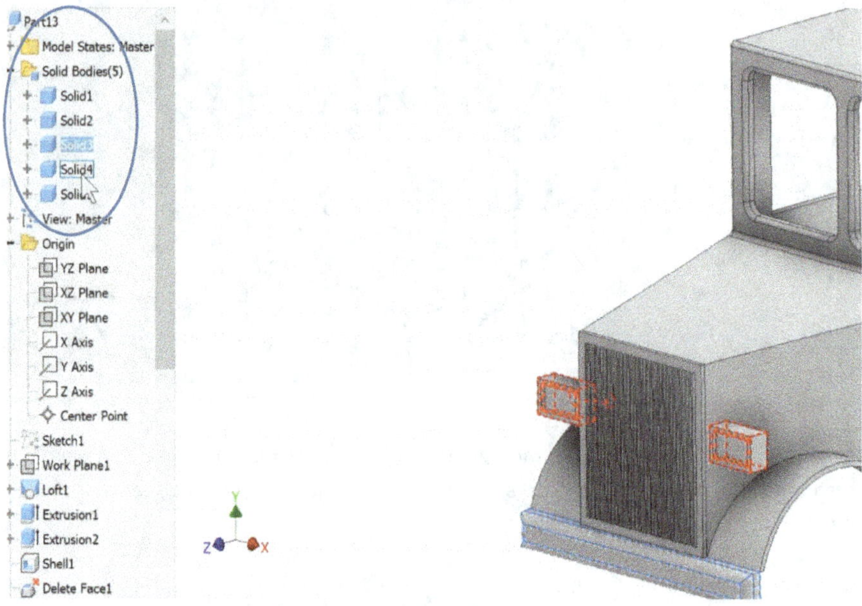

Si queremos podríamos imprimir el modelo tal cual con una impresora 3D. Si está interesado en la impresión 3D, eche un vistazo a mi curso "Impresión 3D | Paso a Paso".

Sin embargo, si prefiere diseñar el parachoques, la rejilla del radiador y los faros como componentes independientes y luego ensamblarlos en un conjunto, eche primero un vistazo a la siguiente lección. En esta lección veremos paso a paso y en detalle cómo funciona la manipulación de componentes en un montaje. Construiremos un modelo simplificado de un motor de combustión interna de 4 cilindros. ¡Será genial! Continuemos de inmediato!

4.4 Proyecto de diseño IV: motor de combustión interna de 4 cilindros

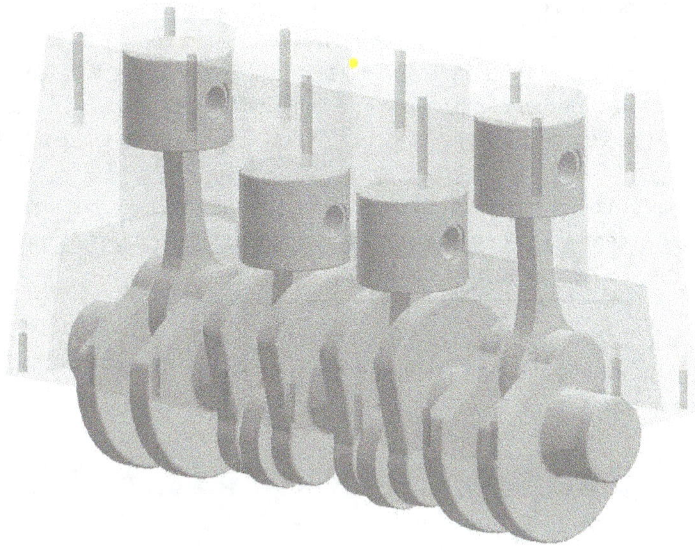

Figura 178: Un motor de 4 cilindros se convierte en nuestro cuarto proyecto de diseño

4.4.1 Parte 1: Cárter

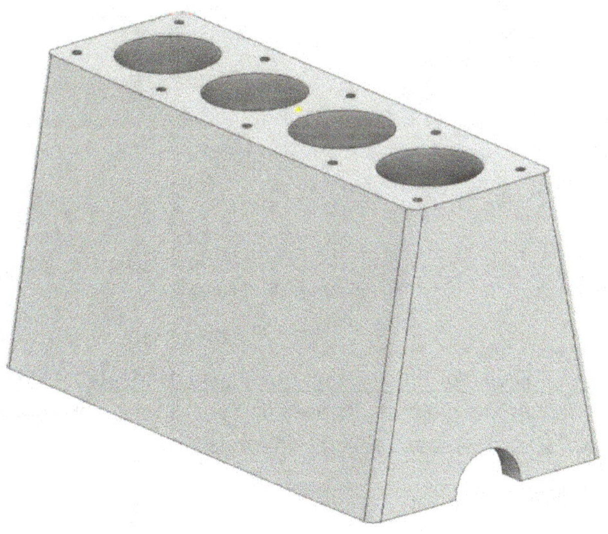

Figura 179: Empezamos por el cárter del cigüeñal o el bloque del motor en primer lugar.

En este capítulo, como se anunció, queremos construir un modelo simplificado de un motor de 4 cilindros. Primero queremos construir este modelo a partir de varios componentes principales, como en la realidad, pero luego descuidaremos algunos detalles para que la construcción no se vuelva demasiado compleja. Para empezar, necesitamos un cárter. Omitiremos un cárter de aceite y una culata con tapa de válvulas. Así que el primer componente que construimos es el cárter, ya que crea un punto de partida central. Para ello, comenzamos en el plano x-z con un croquis.

Para crear la forma del cárter como cuerpo básico, primero abarcamos un rectángulo desde el punto central y podemos especificar inmediatamente 500 mm como anchura y 150 mm como altura como dimensiones.

A continuación, terminamos el croquis y creamos un plano paralelo al plano x-z en modo 3D con una distancia de -250 mm, como ya hemos aprendido en una de las lecciones anteriores.

Figura 180: Dibuje un perfil rectangular (500 x 150 mm) en el plano x-z; cree un plano desplazado (-250 mm) paralelo al plano x-z.

Sobre este plano dibujamos entonces un rectángulo de idéntica anchura, es decir, de 500 mm y una altura de 250 mm. Después de haber cerrado el croquis, utilizamos el comando "Loft" y así creamos un sólido trapezoidal.

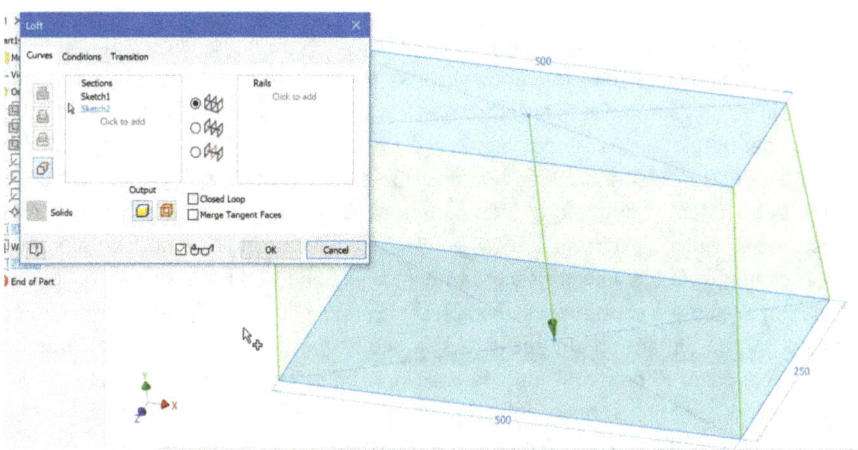

Figura 181: Creación de un sólido trapezoidal mediante el comando "Loft"

Ahora nos ocupamos de los agujeros para los pistones, es decir, los cilindros. Podemos perforarlas de dos maneras, con la función "Hole" o como un recorte circular con "Extrude". Como los agujeros tienen que atravesar completamente el cubo, en este caso utilizamos simplemente el recorte. Para ello, iniciamos un croquis en la superficie superior. Queremos crear cilindros con un diámetro de 90 mm y construir un motor de 4 cilindros. Por lo tanto, necesitamos las siguientes dimensiones y geometrías:

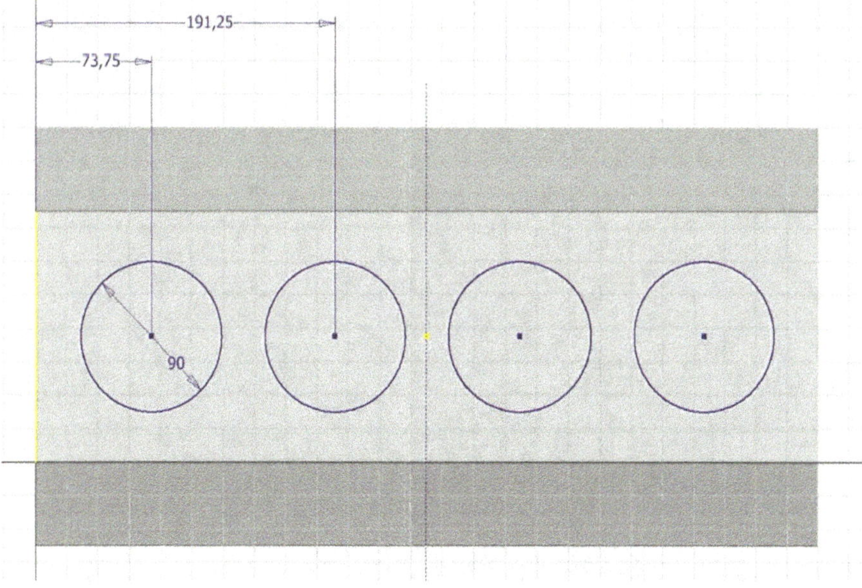

Figura 182: Para los cilindros necesitamos cuatro círculos como se ilustra

¿Cuál es la forma más fácil de dibujar estos círculos? Primero dibujamos un círculo de 90 mm de diámetro y determinamos su posición en la dirección del eje x con una dimensión de 73,75 mm desde el centro hasta el borde. Para definir completamente la posición del círculo, necesitamos no sólo el diámetro y una dimensión hasta un punto fijo en la dirección x, sino también una posición en la dirección z. Como el centro del círculo debe estar en el eje x, utilizamos una condición en lugar de una dimensión. Seleccione el centro del círculo y el origen, y seleccione la condición horizontalmente. Para el segundo círculo volvemos a utilizar las condiciones. En primer lugar, basta con dibujar un círculo y, a continuación, establecer la condición "Equal", para que el círculo tenga la misma dimensión sin necesidad de acotar más. A continuación, aplique de nuevo la condición "horizontal" para la posición z del círculo. Y una dimensión en "x", para la posición x en el sistema de coordenadas. En este caso 191,25 mm, para crear una distancia uniforme de 117,5 mm entre los cilindros.

Como nuestra geometría de los cuatro círculos es axisimétrica alrededor del eje z, ahora podemos crear los otros dos círculos de forma muy rápida y sencilla con el comando "Mirror". Para el comando primero tenemos que crear un eje alrededor del cual queremos reflejar, ya que el eje z no es seleccionable en este caso. Para ello, trazamos una línea congruente con el eje z y la unimos coincidiendo con el origen. A continuación, convertimos esta línea en una línea de construcción o auxiliar haciendo clic con el botón derecho y seleccionando "Construction". Esto puede reconocerse por el tipo de línea discontinua. **No definiremos completamente las líneas de construcción, ya que no son necesariamente relevantes. Sólo necesitamos una posición definida en la dirección x, que ya tenemos.**

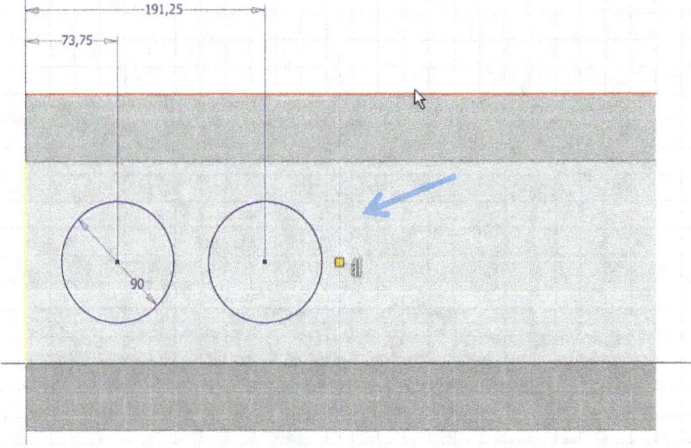

Figura 183: Primero dibuje los dos círculos de la izquierda, después cree una línea vertical que pase por el punto central y conviértala en una línea de construcción haciendo clic con el botón derecho del ratón sobre ella y seleccionando "Construction Line"

A continuación, seleccione el comando "Mirror" en el menú "Pattern" y seleccione los dos círculos. En las opciones, cambie la selección a "Mirror Line" y luego seleccione la línea de construcción que acaba de crear. Con "Apply" se crean los otros dos círculos y ya están totalmente definidos.

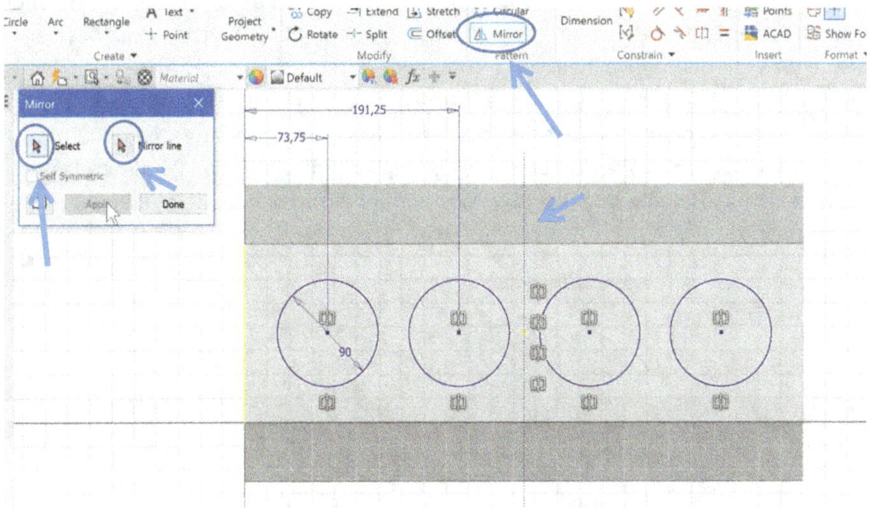

Figura 184. Creación de los dos círculos en el lado derecho del eje del espejo con "Mirror"

Cerramos el croquis 2D y creamos las secciones con "Extrude" seleccionando las cuatro áreas circulares. En las opciones podemos seleccionar "To" para "Distance" y luego seleccionar la superficie hasta la que se van a realizar los recortes. En nuestro caso, seleccionamos la superficie del suelo. Por cierto, la "Output" debe ajustarse entonces a "Cut".

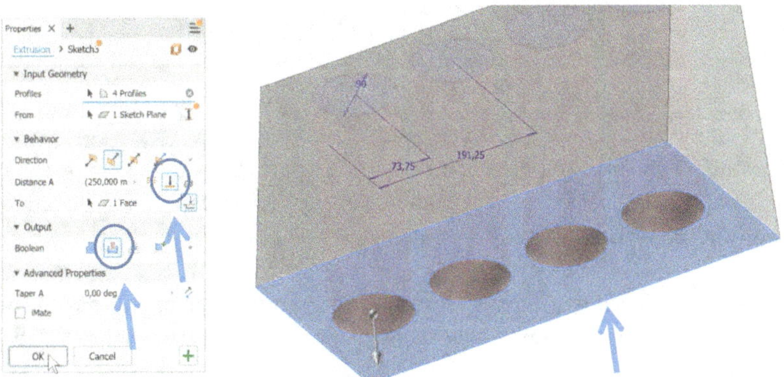

Figura 185: Cree los recortes con "Extrude"; para la "Distance" : seleccione "To" y seleccione el lado inferior de la caja

Por cierto, podríamos haber integrado estas áreas circulares directamente en el primer boceto y así ahorrarnos un paso.

A continuación, trabajamos en la parte inferior del cárter, que posteriormente albergará el cigüeñal. Para ello, creamos un recorte trapezoidal que se extiende simétricamente desde el centro de la carcasa. Primero dibujamos una línea base en el plano y-z y la ponemos colineal con el fondo del cárter.

A continuación, dibuje el trapecio como se indica y acote la altura con 100 mm. A continuación, dimensione los puntos de las esquinas inferiores con 25 mm cada uno a la pared. Para las líneas laterales elegimos una condición paralela a las líneas laterales del recinto.

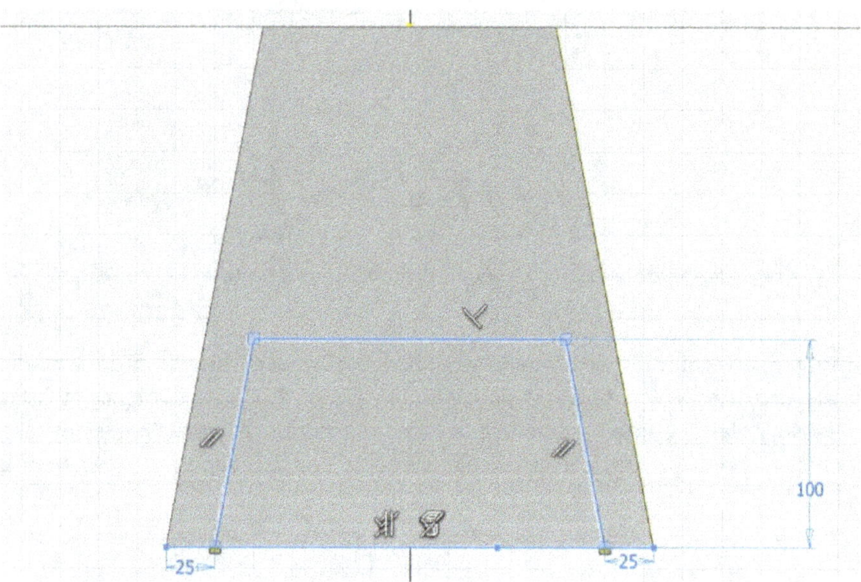

Figura 186: El trapecio que debemos dibujar en el plano y-z; marque para su visualización

En el modo 3D volvemos a utilizar el comando "Extrude" y seleccionamos la superficie trapezoidal. A continuación, seleccionamos la opción "Symmetric" para "Direction" y la opción "Cut" para "Output".

También introducimos una dimensión de 450 mm, ya que tenemos una longitud de 500 mm y queremos dejar 25 mm de espesor de pared para cada uno. Confirme y ya está.

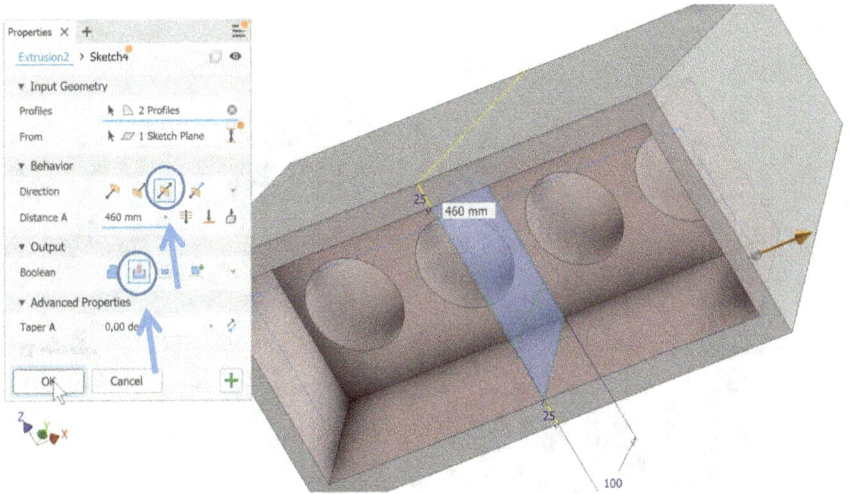

Figura 187: Convierta el croquis en una sección con "Extrude"; utilice 450 mm en lugar de 460 mm

Ahora tenemos que volver a añadir material para los soportes del cigüeñal. Dibujamos los siguientes tres perfiles rectangulares en la superficie inferior de la carcasa.

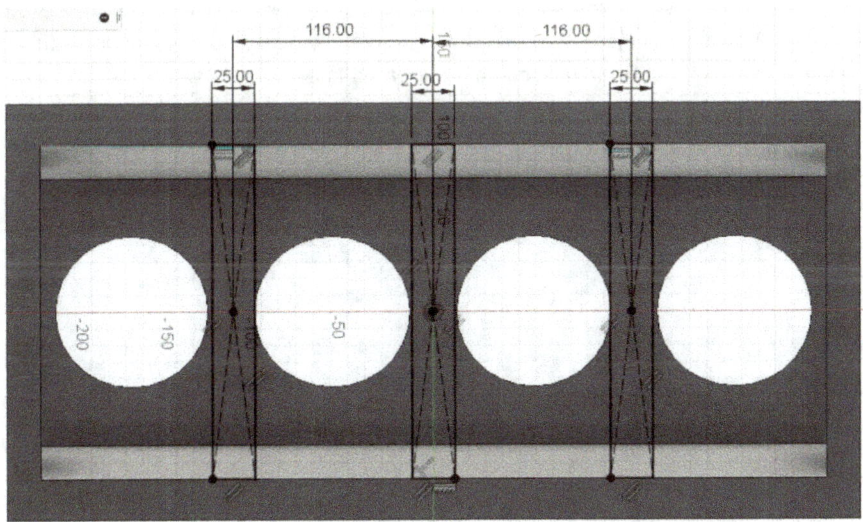

Figura 188: Dibuje el perfil que se muestra en la parte inferior de la caja

A continuación, las extruimos en modo 3D seleccionando "To" en "Distance", así como "Join" en "Operation", en las opciones de extrusión. De esta manera podemos seleccionar la superficie inferior y extrudir las tres barras a ella.

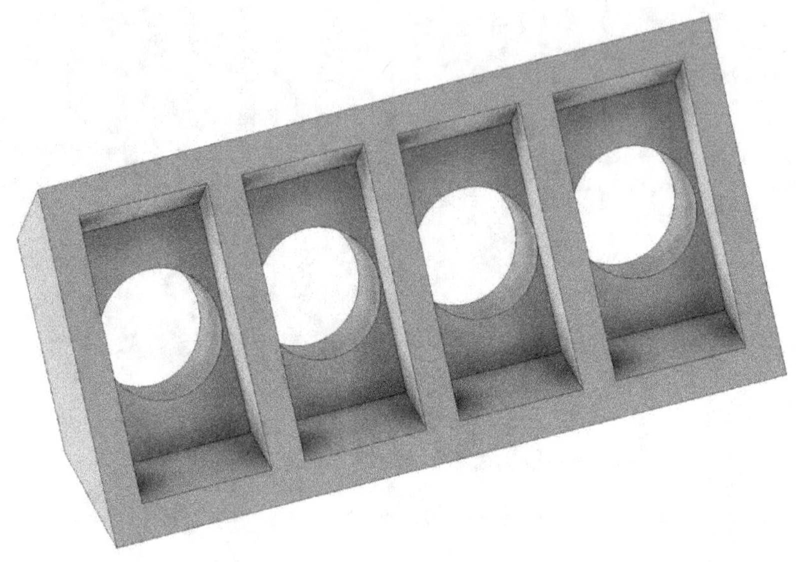

Figura 189: Las tres barras; ya extruidas

En el siguiente paso creamos un recorte circular para las superficies de apoyo del cigüeñal. Para ello, dibujamos un círculo con un diámetro de 70 mm y una distancia de 125 mm desde el punto de la esquina en la pared lateral de la carcasa. El centro del círculo debe ser congruente con la línea inferior.

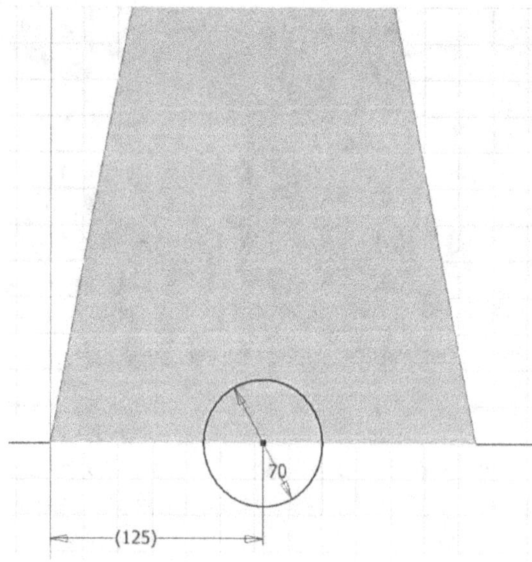

Figura 190: Trazado del círculo que se muestra en la superficie lateral del recinto

A continuación, lo extruimos completamente a través de todo el recinto utilizando la opción "Cut". Por supuesto, también podríamos haber dibujado sólo un semicírculo o utilizar la función "Trim".

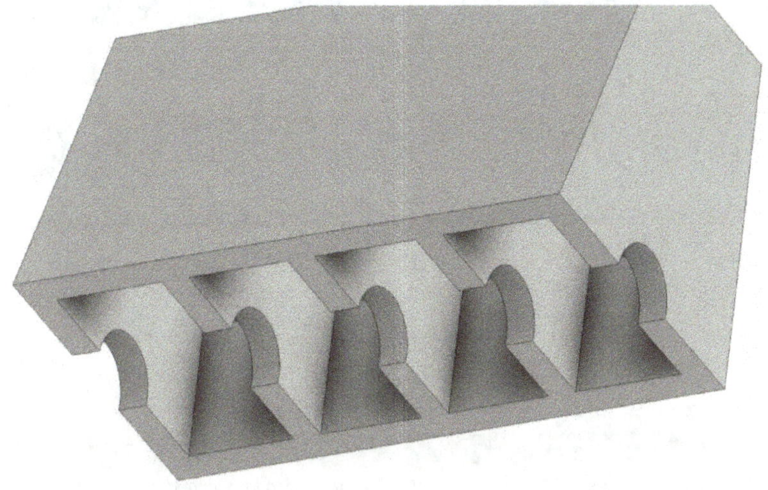

Figura 191: La envolvente tras la extrusión del perfil circular con la opción "Cut"

En el penúltimo paso, nos gustaría crear agujeros roscados para montar la culata y el cárter de aceite en nuestro muy primitivo cárter. Primero creamos los agujeros para la culata. Para ello, utilizamos la función "Hole" en modo 3D. Sin embargo, para poder colocar los agujeros correctamente, primero iniciamos un boceto en 2D en la superficie superior de la carcasa. Necesitamos diez agujeros para la culata. Para crearlos de forma rápida y sencilla, utilizamos el comando "Pattern" del área "Create". En este caso necesitamos de nuevo el "Rectangular Pattern". Primero creamos un punto con una distancia de 20 mm desde cada una de las líneas laterales de la superficie de apoyo de la culata. Luego seleccionamos el punto y el comando "Pattern".

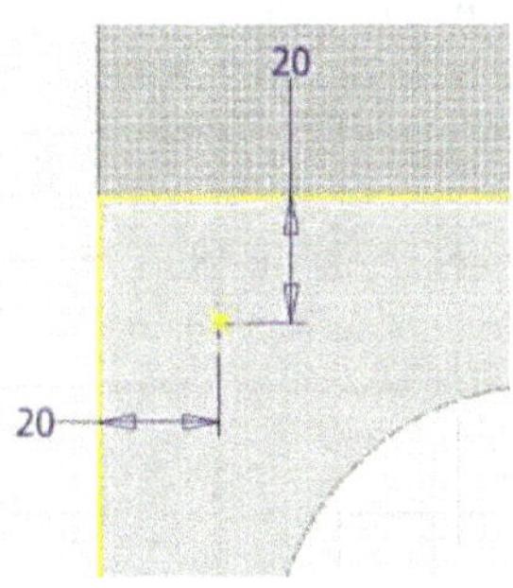

Figura 192: Primero dibuje un punto en la superficie superior en un croquis

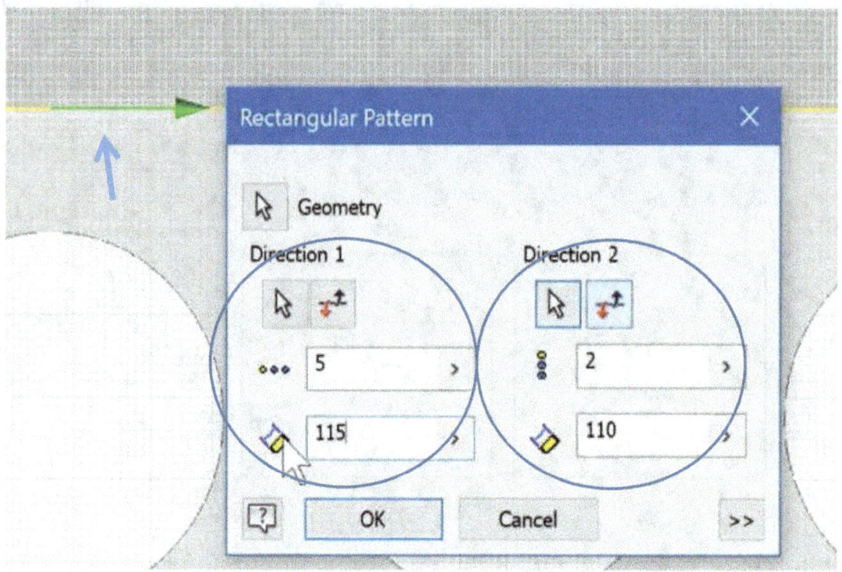

Figura 193: Seleccione el comando "Rectangular Pattern" e introduzca los valores; la flecha verde debe apuntar a la derecha

Se nos muestran dos campos de selección para las direcciones, así como opciones de entrada para la distancia y el número del arreglo o patrón. Si seleccionamos "Direction 1" y seleccionamos la línea superior de la culata, se nos mostrará una flecha verde que debe apuntar a la derecha. Si no es así, déle la vuelta con "Flip" en las opciones del patrón. A continuación, seleccionamos "Direction 2" y seleccionamos la línea vertical izquierda de la culata. La dirección debe apuntar hacia abajo en este caso, si no es así déle la vuelta con "Flip". Ahora podemos establecer los valores de número y distancia en las opciones. Piense en ello como en una mesa. En la dirección z necesitamos 2 filas si queremos. En la dirección x 5 líneas. 2 x 5 es igual a 10 puntos para los agujeros.

Los puntos de esquina deben tener cada uno una distancia de 20 mm hasta el borde, es decir, necesitamos una distancia de 115 mm para el patrón en la dirección x y de 110 mm en la dirección z. A continuación, confirmamos con Ok y obtenemos el patrón deseado.

A continuación, seleccionamos el comando "Hole" en modo 3D y creamos los agujeros introduciendo las especificaciones y seleccionando los puntos.

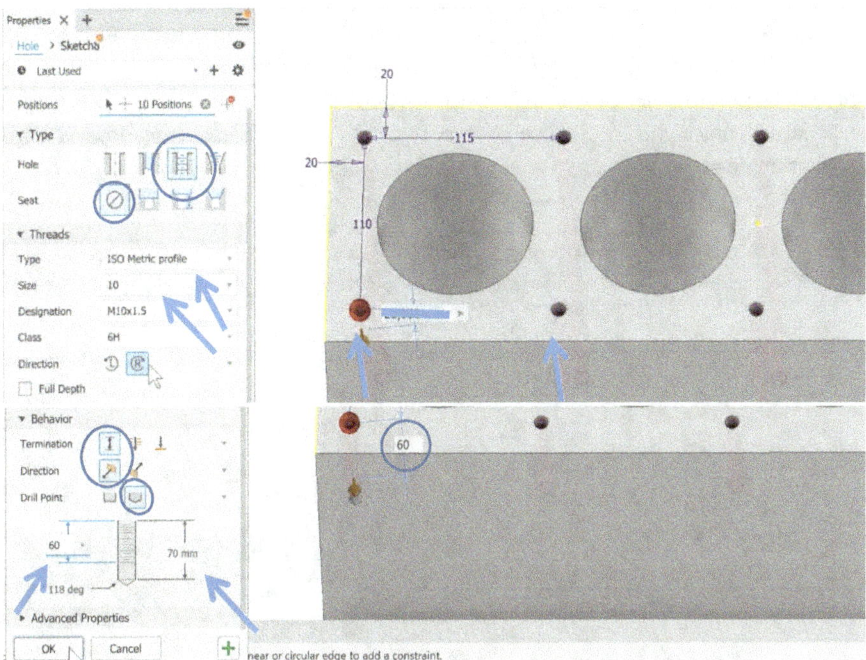

Figura 194: Seleccione el comando "Hole" en el modo 3D, seleccione los puntos del agujero y cambie las opciones

Despúes de seleccionar los puntos, seleccionamos el tipo de agujero "Tapped Hole", ya que queremos crear un agujero roscado. En los campos de selección inferiores podemos entonces elegir qué dimensión debe tener el agujero roscado. Por ejemplo, nuestros agujeros deben tener una longitud de 70 mm y un diámetro de 10 mm para una rosca métrica M10. Además, se confirma un paso de rosca de 1,5. y se crean los agujeros roscados.

Una pista más: Como ya se ha mencionado muchas veces, hay varios métodos de construcción, a veces más rápidos, a veces más lentos, pero básicamente todos llevan a la meta. Así que, si es posible, piense junto a ellos para poder reconocer también otras formas.

Con los taladros, por ejemplo, también es posible crear primero un taladro en el modo 3D y, a continuación, utilizar la función "Pattern" del modo 3D y colocar los taladros del mismo modo que los puntos de boceto.

Veamos esto para los agujeros para el montaje del cárter de aceite.
Seleccionamos "Hole" y a continuación la superficie de perforación, es decir, la parte inferior de la caja. A continuación, determinamos la posición de este agujero en la dirección x y z. Simplemente haga clic primero en el borde superior, introduzca un valor,

en este caso 12,5 mm y luego haga clic en el borde lateral e introduzca también 12,5 mm. Es importante que no pulse "Enter" entre medias, sino que seleccione directamente el siguiente borde. A continuación, seleccione el tipo de agujero y las especificaciones como antes. Sin embargo, sólo queremos agujeros roscados M8 y una dimensión de 40 mm.

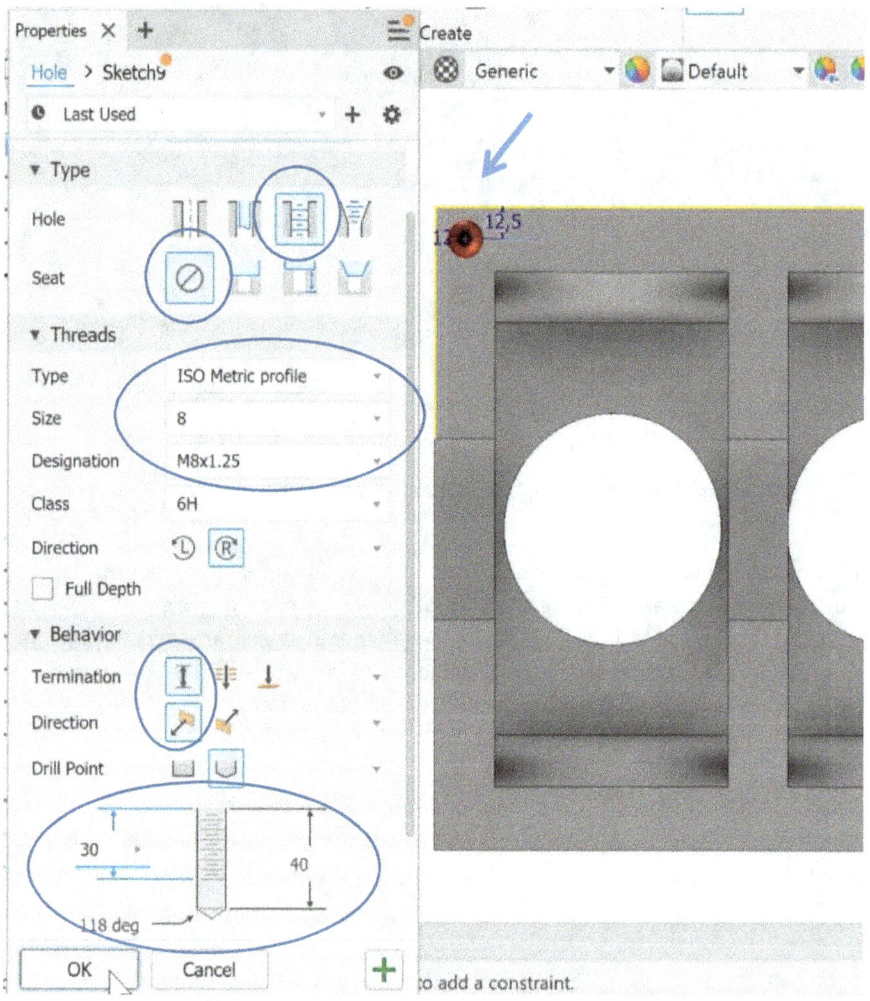

Figura 195: Utilice el "Hole" para perforar el primer orificio en el lado inferior; 12,5 mm de distancia desde cada borde; rosca M8 x 1,25 30 mm para un orificio de 40 mm

Ahora confirme con "OK" y el agujero estará creado. A continuación, seleccionamos el agujero y utilizamos el comando "Pattern". En el siguiente paso cambiamos a "Directions" en las opciones y luego hacemos clic en el eje x para especificar la primera dirección, posiblemente giramos la dirección de la flecha con "Flip" y podemos proceder para la segunda dirección análogamente como con el croquis 2D anterior. En la dirección x queremos 8 agujeros con una distancia de 67,5 mm entre ellos y en la dirección z 2 agujeros con una distancia de 225 mm; en total 16 agujeros.

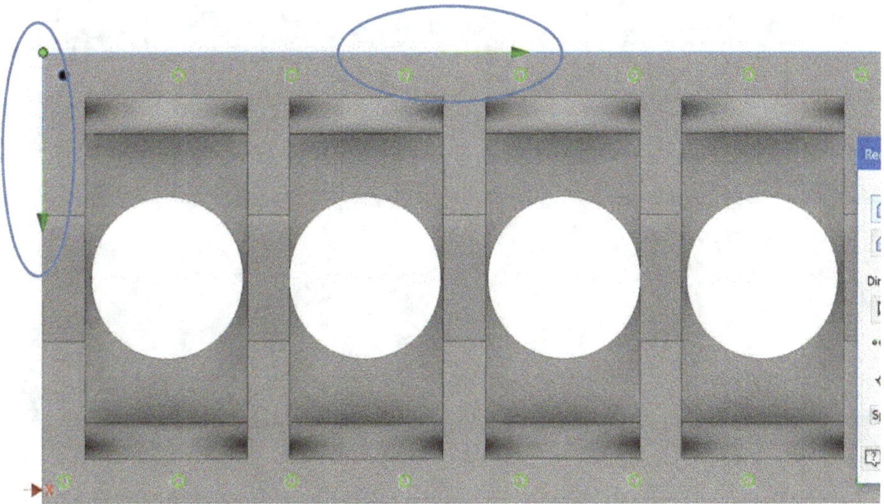

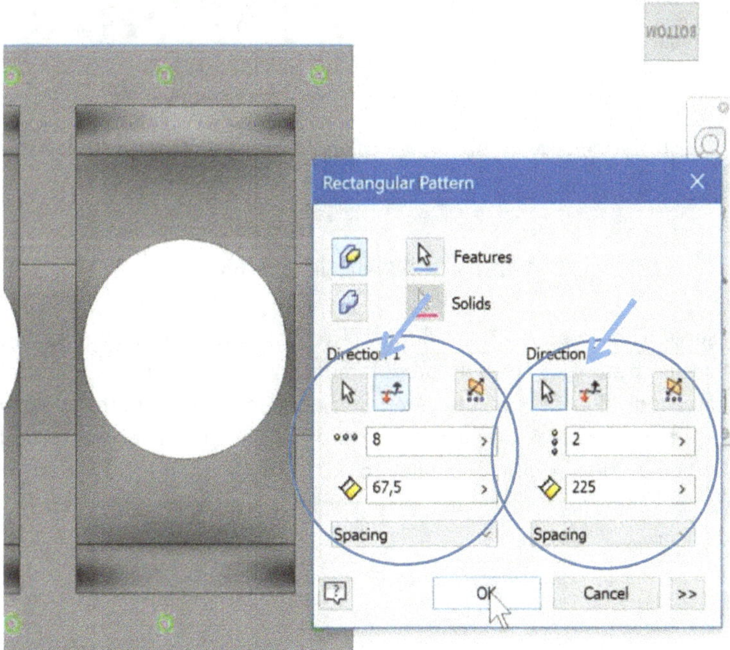

Figura 196: Seleccione el borde izquierdo y el superior para que aparezcan las flechas verdes (imagen superior); invierta la dirección de las flechas con "Flip" si es necesario; introduzca los valores (imagen inferior)

En el último paso para el cárter y en esta lección utilizamos el comando "Fillet" para redondear las esquinas. Seleccione el comando, seleccione las aristas deseadas e introduzca un radio de redondeo de, por ejemplo, 10 mm.

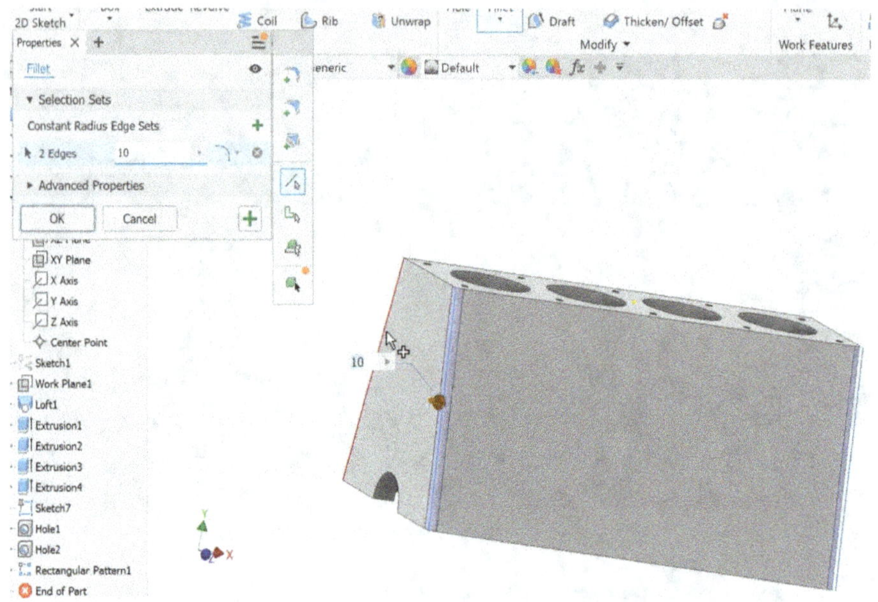

Figura 197: Por ejemplo, redondeando las esquinas con 10 mm.

¡El cárter está terminado! La próxima lección continuará con el pistón, la biela y el bulón.

4.4.2 Parte 2: Biela, pistón y bulón

En esta sección nos interesan las bielas, los pistones y los bulones. Comenzamos con la creación de los pistones. Para ello, comenzamos con un nuevo archivo, ya que el pistón es una pieza individual del conjunto: "motor". A continuación, iniciamos un croquis en el plano x-z y dibujamos primero un círculo de 85 mm de diámetro. Entonces, terminamos el boceto. Ahora nos queda por Extrude la superficie del círculo, elegimos por ejemplo 70 mm. En el siguiente paso ahuecamos el matraz y le damos un grosor de pared de 5 mm.

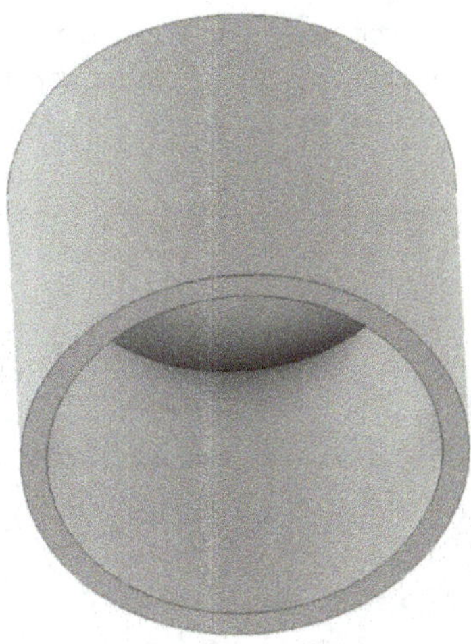

Figura 198: El cuerpo básico del pistón creado con "Sketch", "Extrusion" y "Shell"

A continuación, iniciamos un croquis en el plano y-z del pistón para hacer un recorte para el bulón del pistón, que posteriormente conecta el pistón y la biela. Por ejemplo, elegimos un diámetro de 30 mm y dimensionamos el círculo con 35 mm hasta el borde inferior para que quede centrado. También dibujamos el círculo para que esté en línea con el eje y.

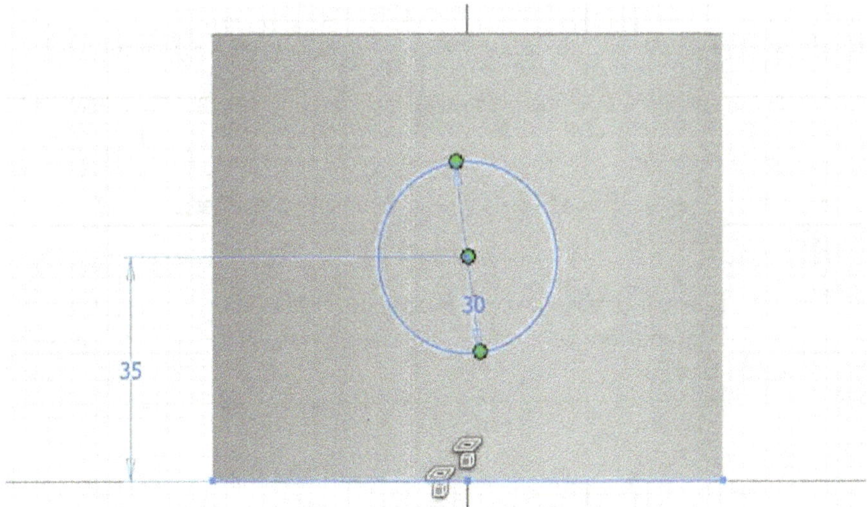

Figura 199: El croquis en el plano y-z para la sección

A continuación, extruimos el recorte en modo 3D y creamos una abertura. Por último, redondeamos los bordes superior e inferior del matraz con 2 mm cada uno.

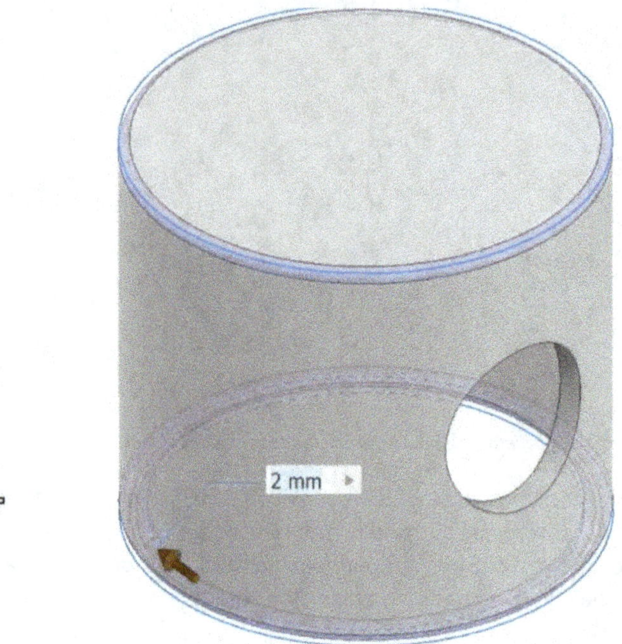

Figura 200: El recorte debe atravesar toda la pieza; redondee los bordes en la parte superior e ínferior

Los anillos del pistón y otros detalles no se incluyen por razones de complejidad y tiempo.

A continuación, seguimos con la biela y el bulón del pistón primero, antes de montar los pistones en el cárter.

Para la biela volvemos a crear una nueva pieza única, ya que este componente también es una parte independiente del conjunto. Esbozamos el siguiente perfil transversal de la biela en el plano y-z.

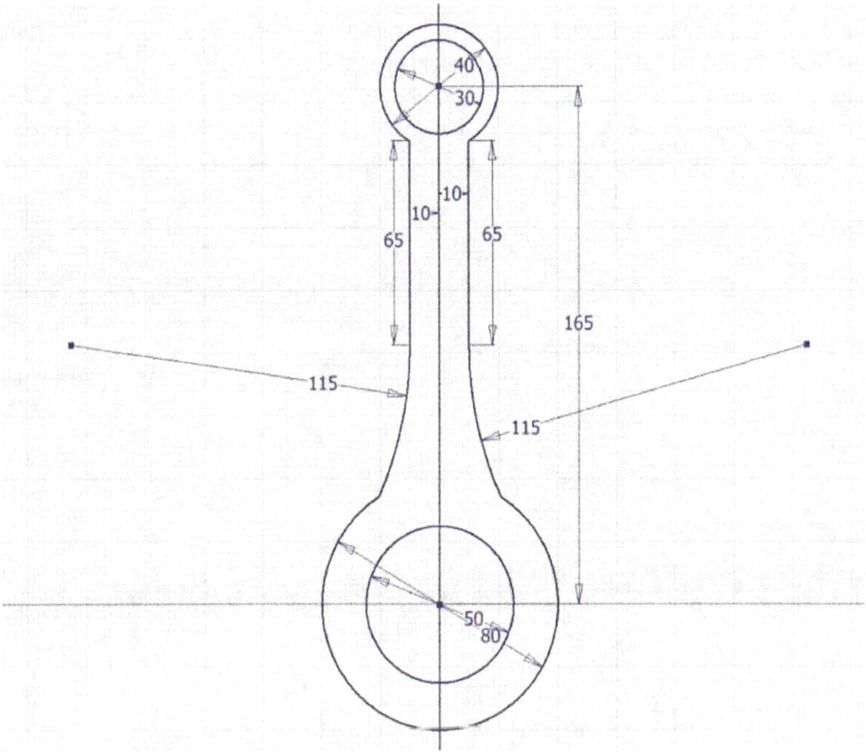

Figura 201: La sección transversal de la biela; también puede intentar dibujar el perfil usted mismo; como alternativa, siga los pasos individuales.

Comenzamos con los dos "ojos". El ojo de la biela superior debe tener un diámetro de 30 mm en el interior y 40 mm en el exterior.

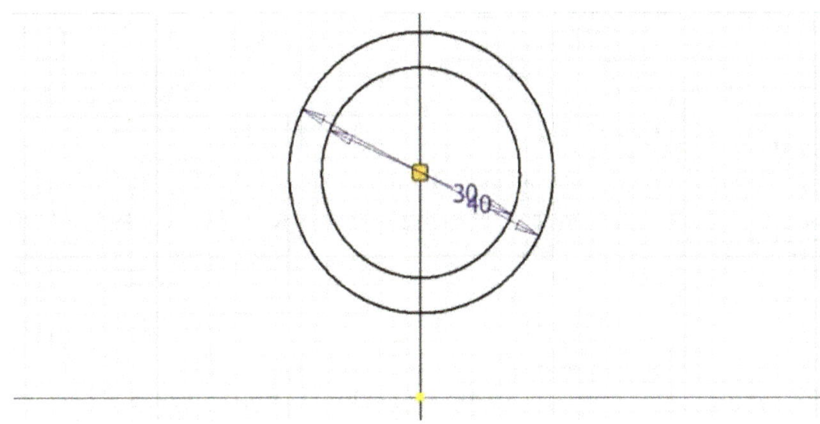

Figura 202: Empezamos con dos círculos concéntricos (30 mm y 40 mm de diámetro)

El ojo de biela inferior 50 mm en el interior y 80 mm en el exterior. A continuación, dimensionamos la distancia entre los centros de los círculos como 165 mm y fijamos los dos centros verticalmente entre sí. También fijamos el centro de los dos círculos inferiores congruente con el origen para definir y posicionar completamente el croquis anterior.

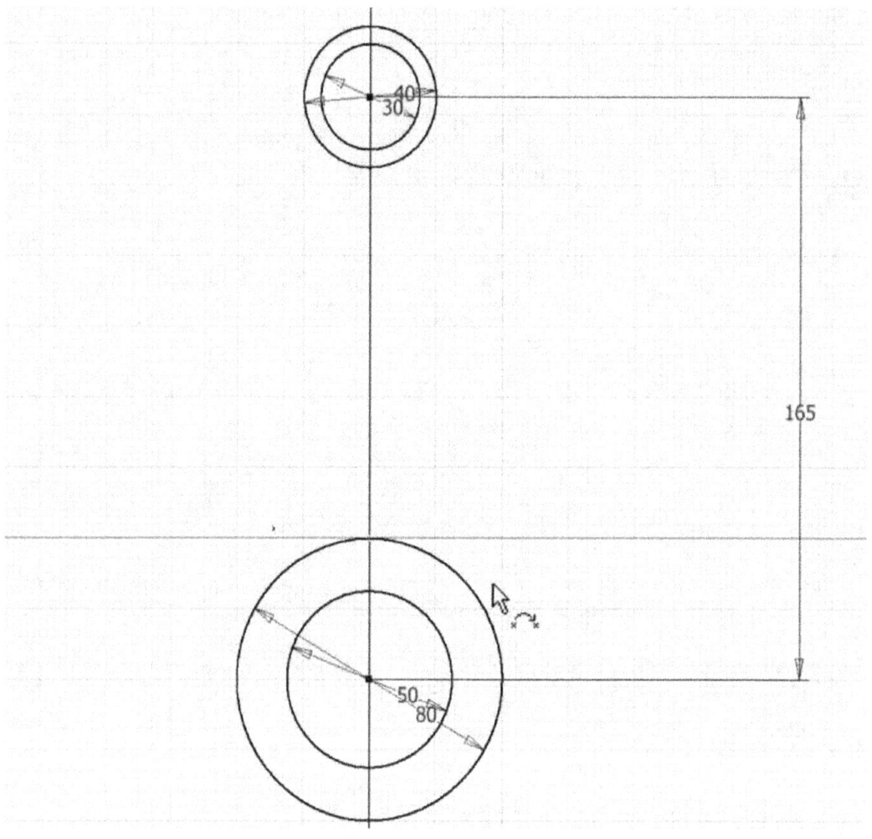

Figura 203: Añada dos círculos más (50 mm y 80 mm) y acote 165 mm de distancia

A continuación, trazamos dos líneas verticales de 65 mm de longitud, cada una de las cuales debe tener una distancia horizontal de 10 mm desde el centro del ojo de la biela superior.

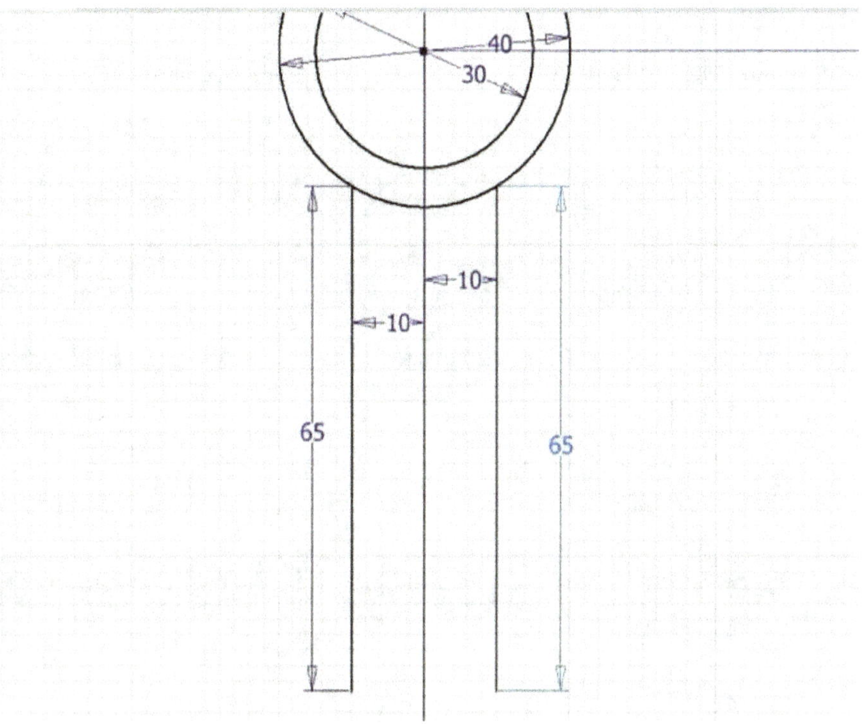

Figura 204: Dibuje dos líneas verticales de 65 mm de longitud a una distancia de 10 mm de la línea central.

Completamos el perfil con dos curvas tangenciales, cada una de las cuales debe tener un radio de R=115 mm.

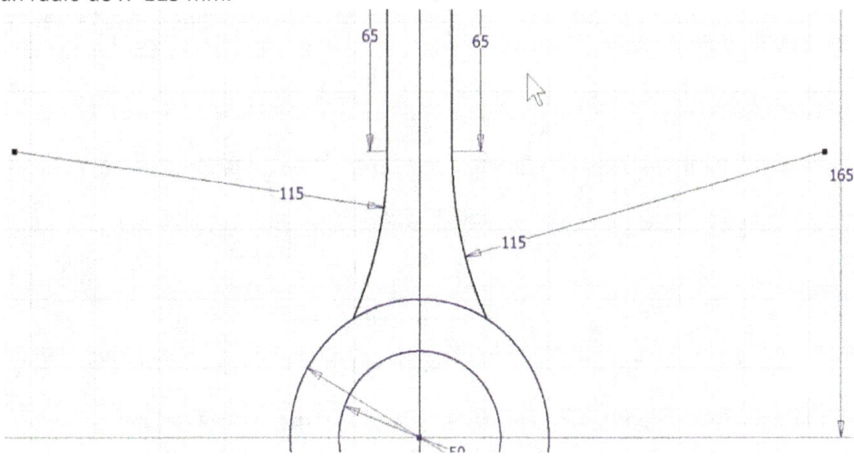

Figura 205: Conecte los extremos superior e inferior con dos codos de 115 mm

Por último, utilizamos la función "Trim" y eliminamos las líneas sobrantes.

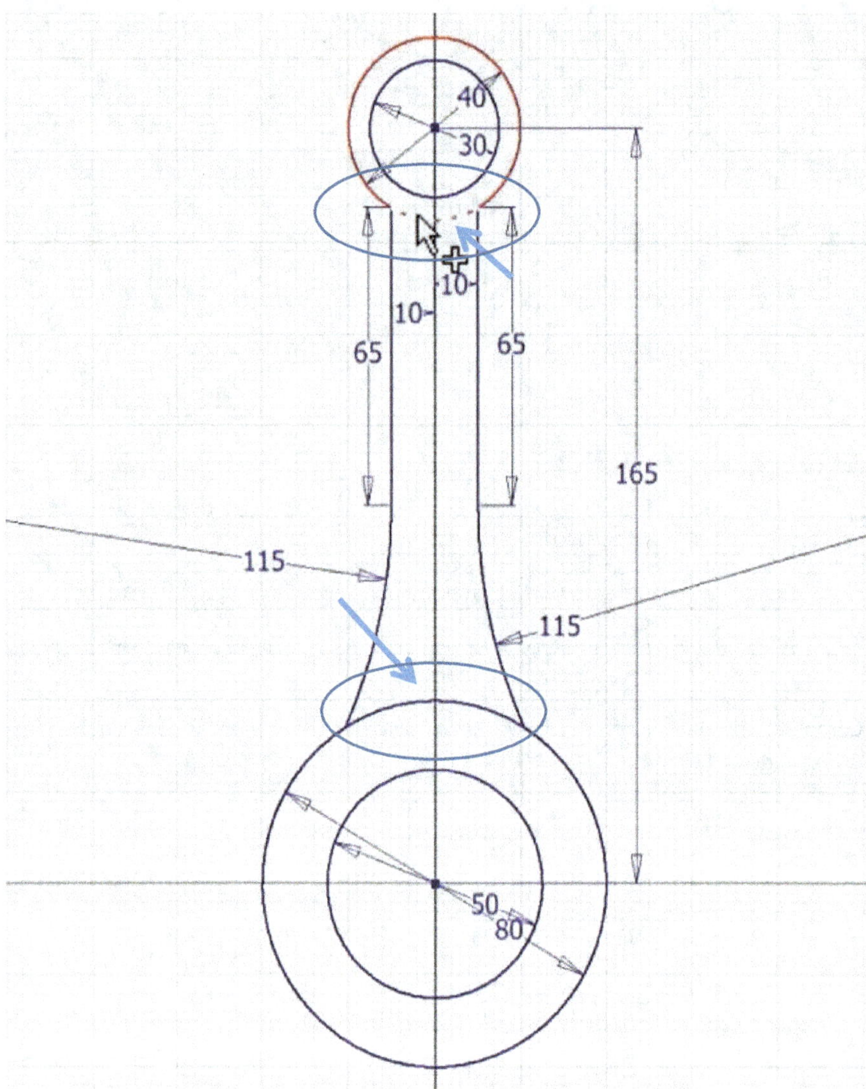

Figura 206: Retire las secciones circulares sobrantes (ver flechas) con "Trim"

Una vez hecho esto, podemos terminar el boceto y extrudir la biela 20 mm.

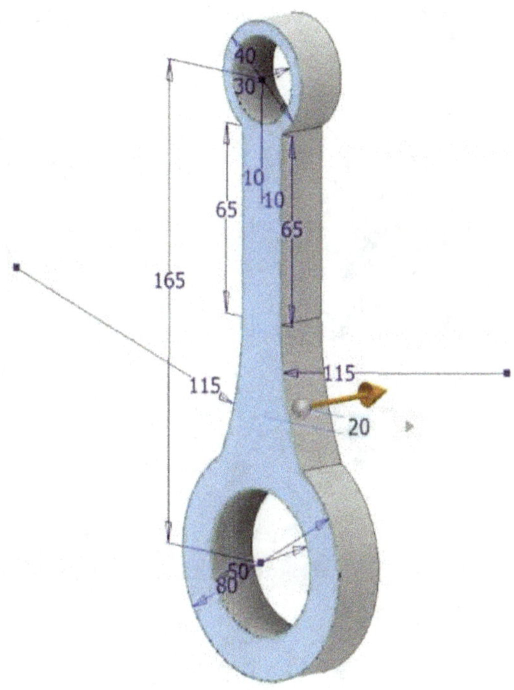

Figura 207: extrusión de 20 mm del perfil de la biela

Para que las transiciones no sean demasiado extremas, podemos redondear la transición en la parte inferior y superior con 20 mm en la zona de la biela.

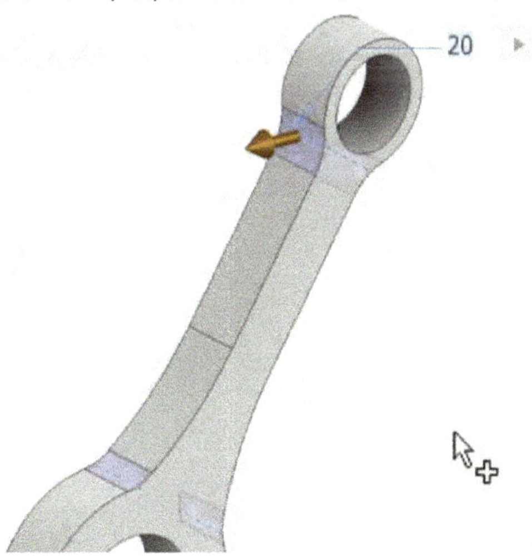

Figura 208: Redondeo de las transiciones superior e inferior en los laterales con 20 mm cada una

Redondee también los bordes de las dos superficies con 1 mm cada una.

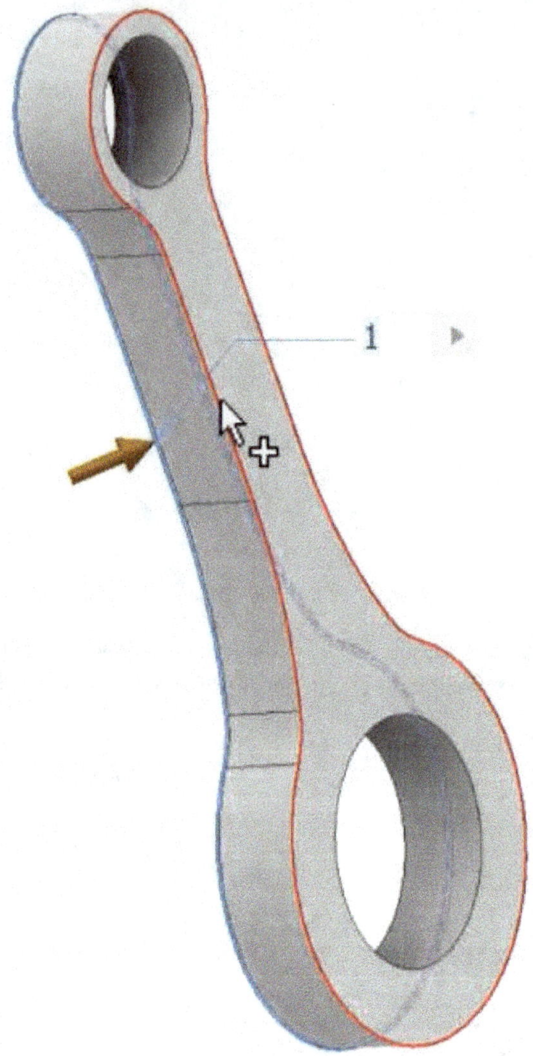

Figura 209: Redondee los bordes exteriores de la biela con 1 mm.

En este caso, la biela también es un modelo muy simplificado.

Entonces, dibujemos primero el bulón del pistón antes de empezar a ensamblar los componentes. Para ello, volvemos a crear una nueva pieza y dibujamos un círculo de 30 mm de diámetro en el plano y-z, que luego extruimos 76 mm de forma simétrica y ahuecamos hasta conseguir un grosor de pared de 3 mm.

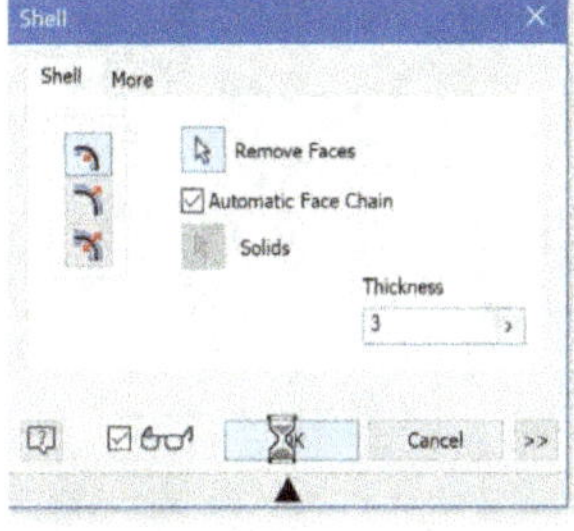
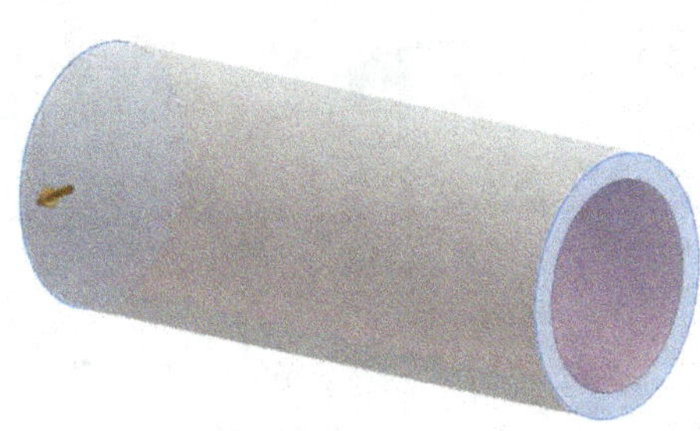

Figura 210: Extrude un perfil de 30 mm y Extrude 76 mm; para la "Direction": seleccionar "Symmetric"; ahuecar hasta 3 mm de grosor de pared con "Shell", seleccionar ambas caras laterales para ello

Para el ensamblaje creamos un nuevo archivo de ensamblaje, es decir, un archivo de "Assembly". El cárter va a ser nuestro cuerpo básico, así que simplemente lo arrastramos al montaje primero. Para ello, abra primero todas las partes del motor y, a continuación, haga clic en el pequeño símbolo de "ventana" situado en la parte superior derecha para que se muestren todas las ventanas abiertas al lado.

Figura 211: Pulse el símbolo de la pequeña ventana en la parte superior derecha para que aparezcan todos los archivos abiertos al lado (si es necesario, abra primero todos los archivos necesarios).

Ahora puede hacer clic en la ventana deseada y, a continuación, arrastrar y soltar la pieza en el árbol de estructura a la ventana correcta con el botón del ratón pulsado.

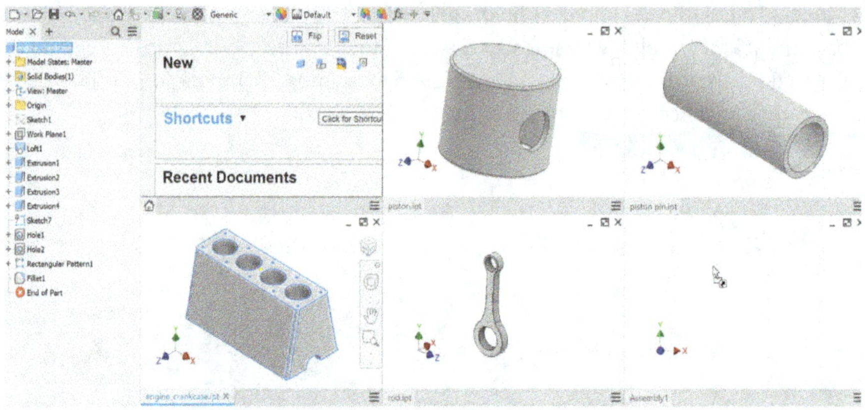

Figura 212: Todos los archivos abiertos se muestran ahora uno al lado del otro

A continuación, el cárter se alinea y fija automáticamente en función del origen. A continuación, introducimos todas las demás piezas en el conjunto. Una vez hecho esto, finalmente copiamos los pistones, las bielas y los bulones cuatro veces cada uno, ya que tenemos cuatro cilindros.

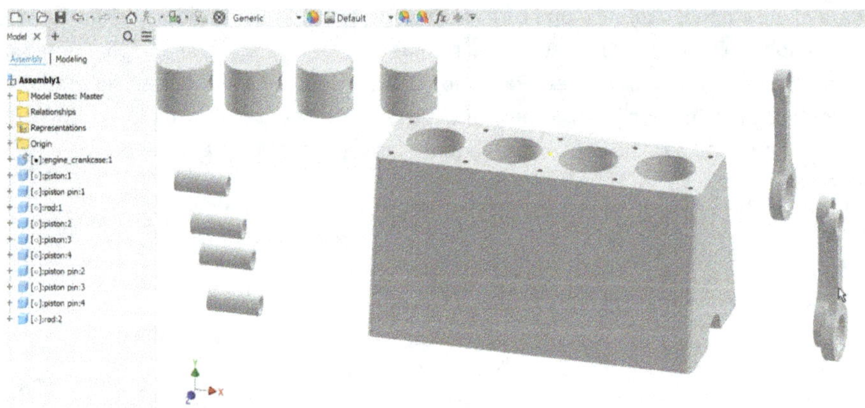

Figura 213: Arrastre el pistón, el muñón del cigüeñal y la biela al conjunto y luego cópielos y péguelos

A continuación, montamos primero la biela en el bulón del pistón eligiendo los siguientes puntos como orígenes de la junta y seleccionando el tipo de junta "Rotational".

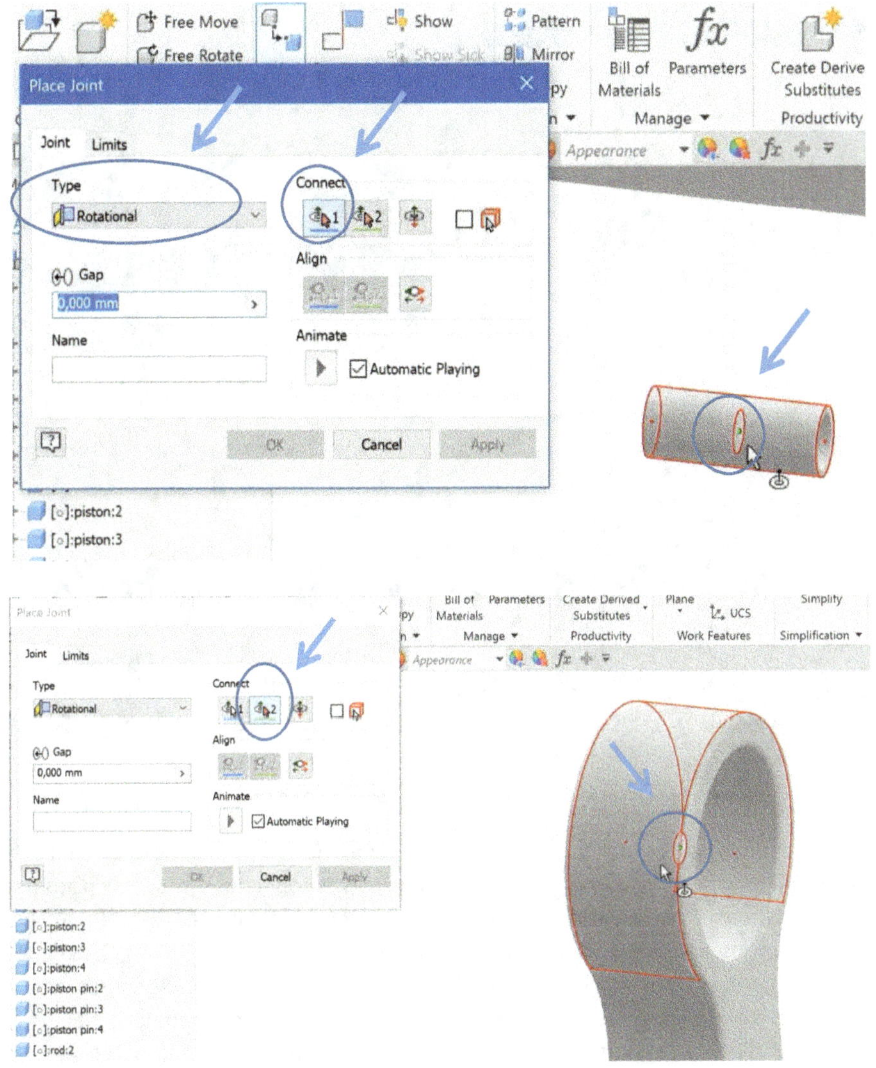

Figura 214: Seleccione el comando "Joint", seleccione "Type": "Rotational" y defina los orígenes de la articulación como se muestra, primero en uno de los pernos del pistón y luego en una de las bielas.

A continuación, montamos el paquete de bulón y biela en el pistón, utilizando un origen de junta lateral en el bulón y en el centro de la abertura del bulón en el pistón. El tipo de articulación es de nuevo "Rotational". Aquí se necesita un poco de paciencia hasta que se seleccionen o se encuentren los dos orígenes de unión correctos. Preste especial atención a la correcta alineación de los ejes en los orígenes de las articulaciones.

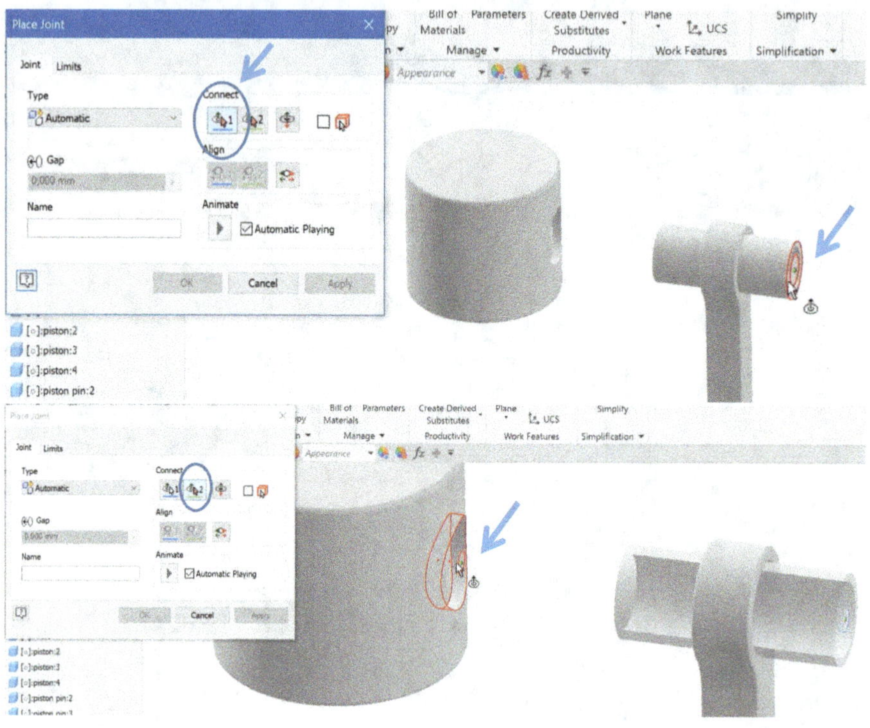

Figura 215: "Montaje" de la biela con el bulón en el pistón

Ahora tendríamos que unir todos los demás pistones, bulones y bielas exactamente de la misma manera. Para facilitarnos la vida, simplemente copiamos el grupo de pistones, bielas y bulones ya enlazados tres veces más en el siguiente paso. Para ello, seleccionamos los tres componentes y los copiamos con CTRL-C. Con CTRL-V los pegamos en el entorno de diseño. Lo mejor de esto es que los enlaces se conservan! Lo notamos cuando movemos las piezas pegadas. Hemos ahorrado mucho tiempo y podemos eliminar las partes insertadas anteriormente que ya no son necesarias. Lo hacemos de forma rápida y sencilla seleccionándolas y pulsando la tecla "Eliminar" del teclado. Así se copian y eliminan las piezas y las partes vinculadas dentro de un conjunto.

Ahora tenemos que unir los pistones con los cilindros. Para ello seleccionamos el tipo de junta "Cylindrical" y los orígenes de la junta mostrados.

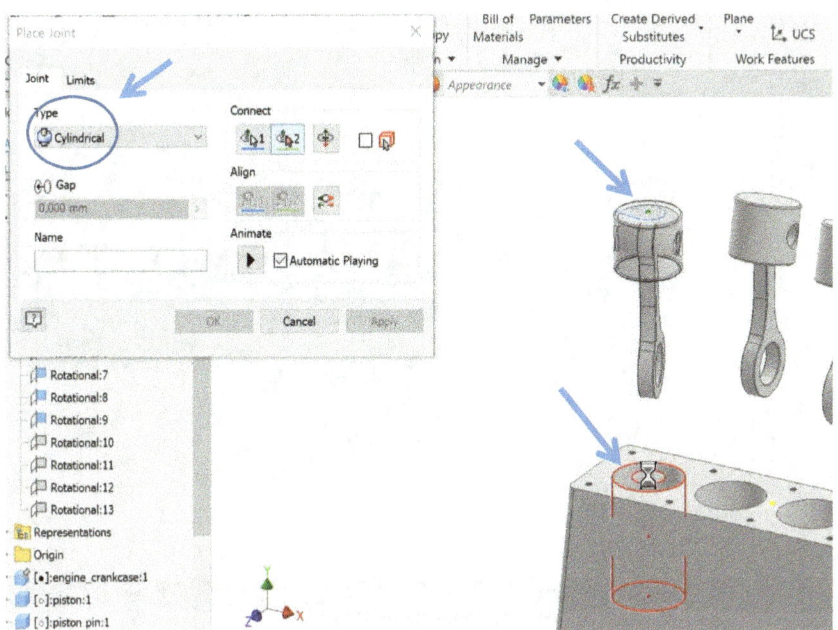

Figura 216: Unión del conjunto de pistón, biela y bulón al cárter del cigüeñal

Ahora ya casi hemos terminado con nuestro modelo de motor de 4 cilindros muy sencillo. En la próxima lección dibujaremos el cigüeñal. ¡Vamos!

4.4.3 Parte 3: Cigüeñal

Para el cigüeñal, la última parte de nuestro motor, volvemos a empezar una nueva pieza única.

Por supuesto, volveremos a proceder de forma algo simplificada. Iniciamos un nuevo croquis en el plano y-z en la vista lateral. A continuación, dibujamos el primer cojinete principal del cigüeñal o su muñón del eje con un círculo simple de 65 mm de diámetro con el origen como punto de partida. En el modo 3D extruimos esta superficie circular y seleccionamos una distancia de 20 mm en una dirección y confirmamos con "Ok".

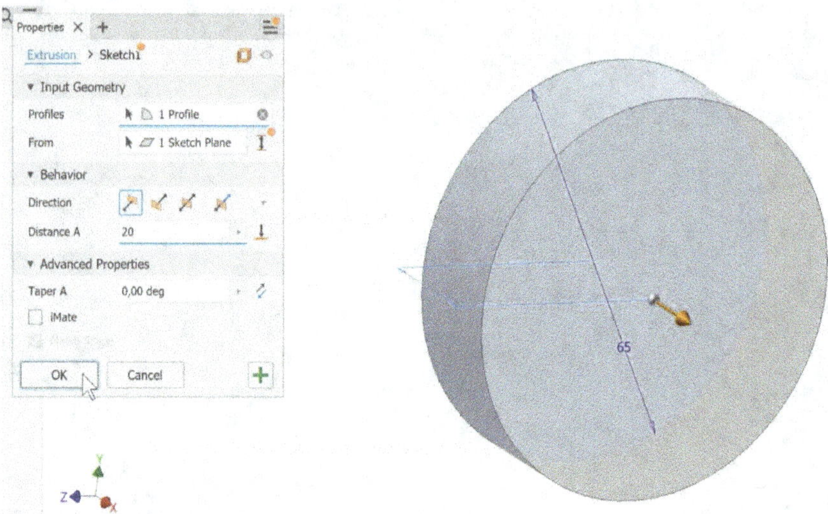

Figura 217: Trace un círculo en el plano y-z y extrúyalo 65 mm

Como nuestro cigüeñal va a ser simétrico, dibujaremos por el momento sólo una mitad del mismo y más tarde simplemente lo reflejaremos en el plano y-z. Ahora construimos el cigüeñal sección por sección utilizando la extrusión. También le invitamos a considerar cómo podría construir el cigüeñal con la función "Revolve", es decir, como una pieza rotativa, y si esto es posible en absoluto.

Comenzamos por la siguiente sección de la primera mejilla del cigüeñal, un boceto sobre el gorrón del eje creado previamente. Para ello creamos dos círculos, uno con un diámetro de 70 mm y otro con un diámetro de 160 mm a una distancia de 45 mm uno del otro incluyendo una condición vertical entre sus dos centros. El centro del círculo superior también debe estar a 40 mm en vertical del centro del gorrón del eje y asentarse en línea con él, es decir, estar conectado verticalmente.

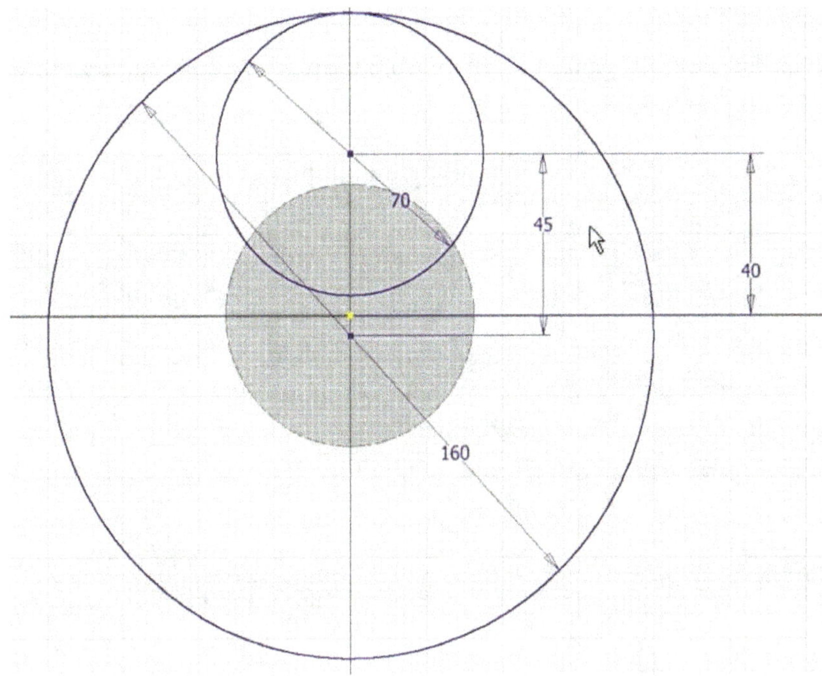

Figura 218: Trazar dos círculos como se muestra en un lado del cuerpo

A continuación, trazamos dos líneas de conexión y las acotamos verticalmente con una longitud de 60 mm y con una cota paralela de 30 mm al centro superior del círculo.

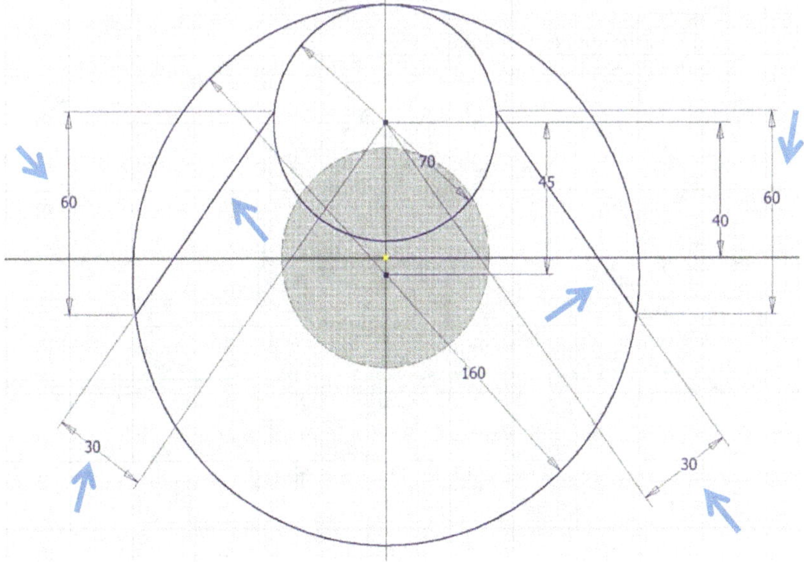

Figura 219: Creación y acotación de dos líneas de unión entre los círculos

En el último paso utilizamos la función "Trim" para cortar todas las líneas y secciones superfluas.

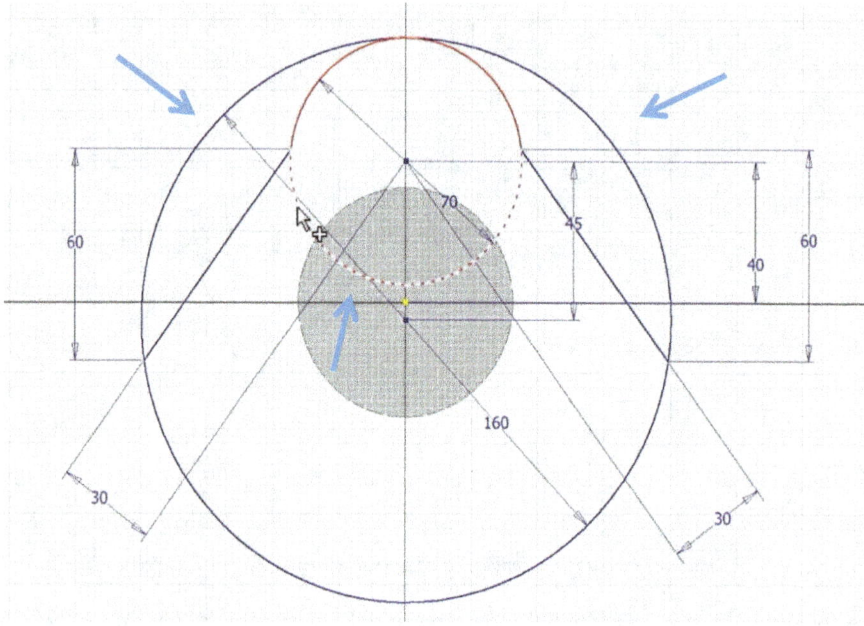

Figura 220: Elimine las secciones circulares superfluas (ver flechas) con "Trim"

A continuación, extruimos esta mejilla 22 mm.

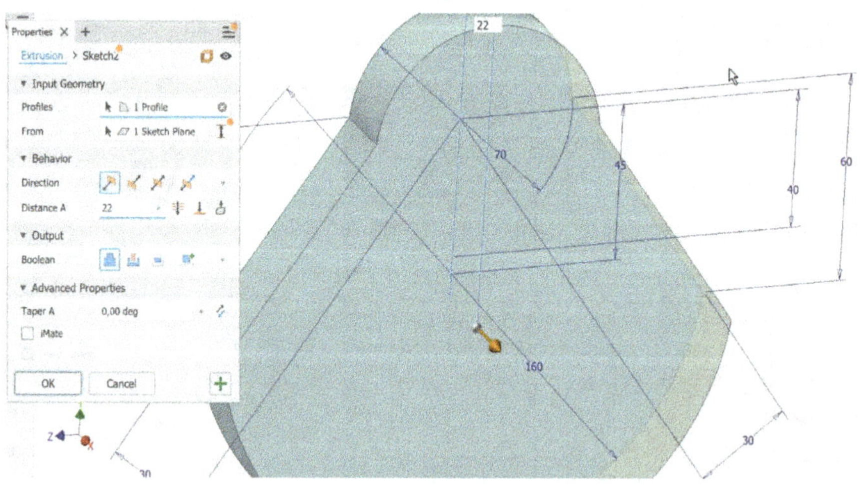

Figura 221: Extrude la mejilla del cigüeñal 22 mm

En el siguiente paso, dibujamos el gorrón del eje para la biela en esta mejilla. Para ello dibujamos un círculo de 50 mm que debe asentarse concéntricamente a la curva superior de la mejilla del cigüeñal. Necesitamos una dimensión de 16 mm para la extrusión.

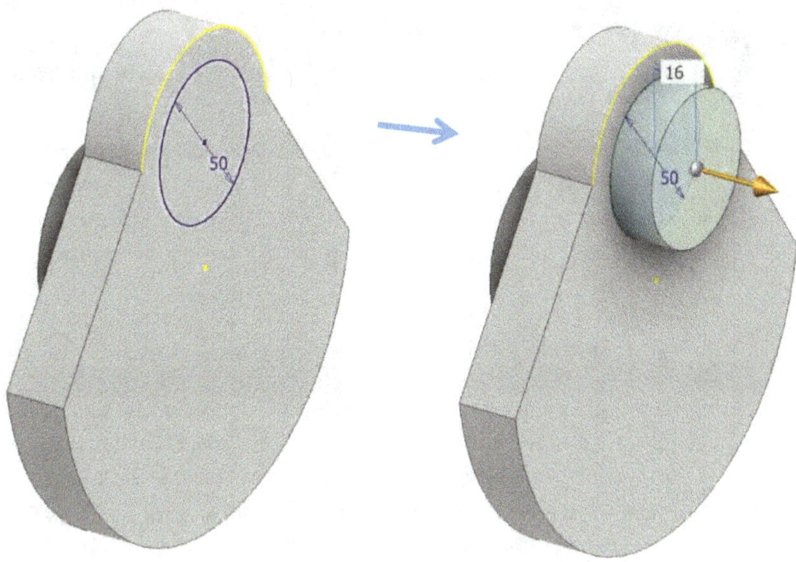

Figura 222: Dibujo de un círculo de 50 mm en un croquis 2D y luego extrusión de 16 mm

Si tomáramos un camino más tortuoso, ahora podríamos dibujar mejilla por mejilla y gajo de eje por gajo de eje uno encima del otro como un boceto en 2D y extruirlos, tal y como hemos hecho hasta ahora. Pero es mucho más fácil utilizar sólo esta mitad para la primera biela. Este cuerpo representa más o menos 1/8 de todo el cigüeñal.

A continuación utilizaremos hábilmente la función "Mirror" para ahorrarnos algo de trabajo. Así, para la segunda mejilla del cigüeñal y las secciones adyacentes del gorrón del eje, simplemente reflejamos el primer cuerpo.

Para ello, seleccionamos el comando "Mirror" y luego cambiamos a "Mirror Solids" en la pequeña ventana de opciones que se abre. Como sólo tenemos un cuerpo, éste se selecciona automáticamente. En el siguiente paso, cambiamos a "Mirror Plane" en la ventana de opciones y seleccionamos la superficie lateral de la mitad del eje de la biela como plano de espejo.

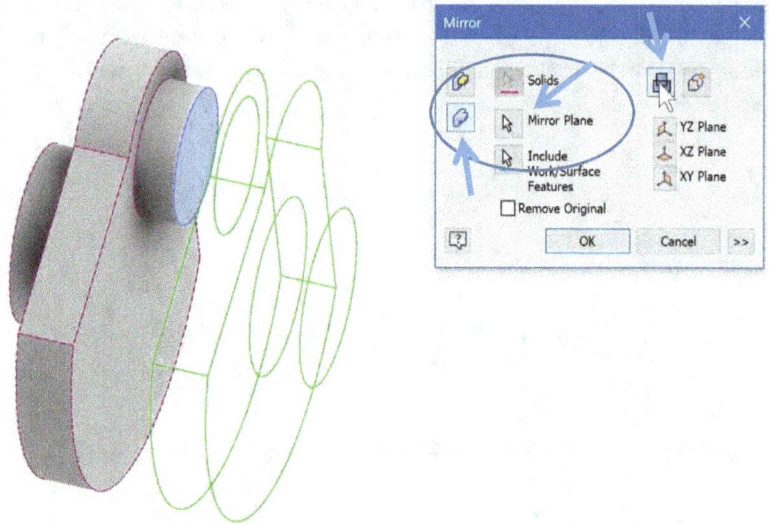

Figura 223: Refleje el primer octavo del cigüeñal en la superficie azul

Podemos dejar "Join" en la ventana de opciones para este paso, ya que sólo queremos obtener un cuerpo y la mejilla ya está correctamente alineada. El segundo octavo del cigüeñal está terminado. Para los siguientes 2/8 reflejamos la pieza del cigüeñal creada anteriormente en este paso. Seleccione el cuerpo, elija "Mirror Plane". En este caso, el lado del gorrón del eje que descansará en el cárter. Ahora, sin embargo, tenemos que cambiar un poco nuestro procedimiento, porque queremos crear un nuevo cuerpo por el momento. Así que tenemos que seleccionar "New Solid" en la ventana de opciones del comando de reflejo.

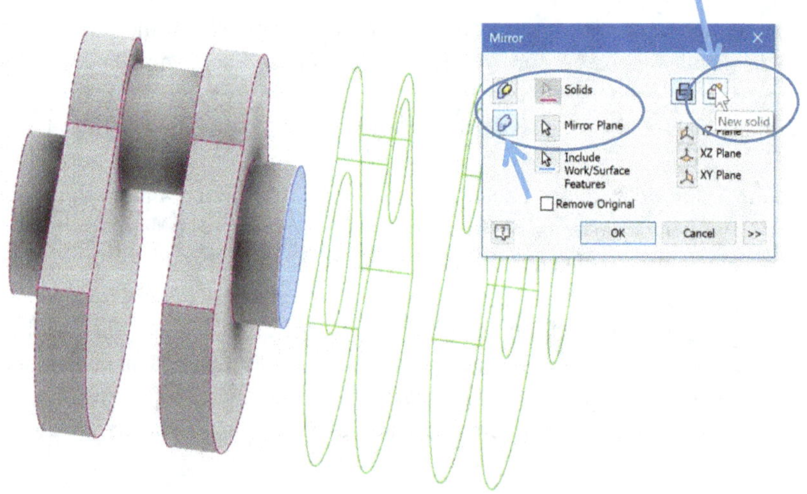

Figura 224: Refleje el segundo octavo del cigüeñal de nuevo en la superficie azul

¿Por qué un nuevo cuerpo? Porque, como podemos ver ahora, este cuarto del cigüeñal todavía tiene que girar 180 grados alrededor -en este caso- del eje x para que esté en oposición al otro cuarto. De lo contrario, todos los pistones funcionarían de la misma manera, pero sólo dos de los cuatro pistones deben estar siempre en la misma posición. Por eso creamos el nuevo cuerpo, porque de otro modo no podríamos girar este cuarto del eje independientemente del otro cuarto.

Para la rotación simplemente utilizamos el comando "Move Bodies" del menú "Modify".

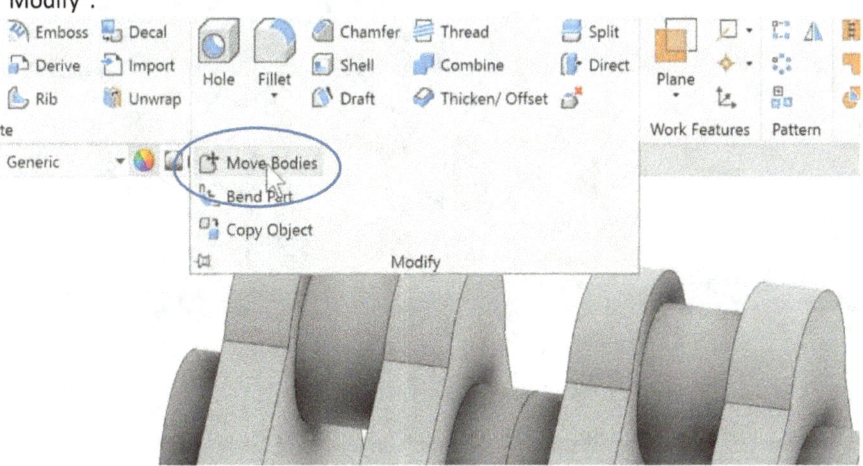

Figura 225: El comando "Move Bodies" en el menú desplegable "Modify"

A continuación, seleccione primero el cuerpo, en la ventana de opciones de la zona izquierda utilice el menú desplegable para cambiar a "Rotate about Line".

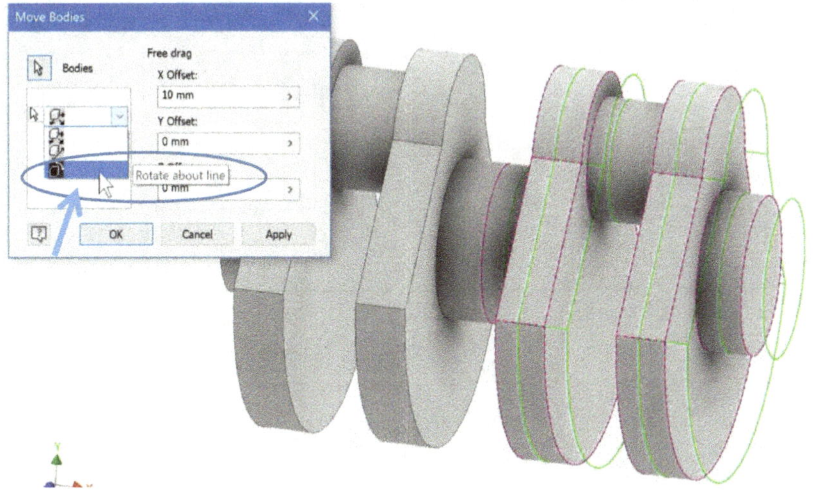

Figura 226: Seleccione el segundo octavo del cigüeñal y luego "Rotate about Line"

A continuación, seleccione el eje de rotación, en nuestro caso el eje x, e introduzca un ángulo. Necesitamos media rotación, es decir, 180°.

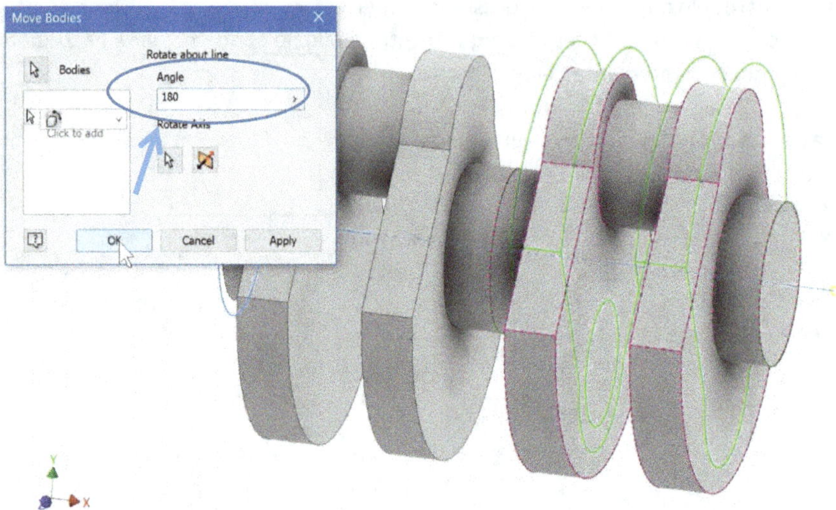

Figura 227: Introduzca un ángulo de 180°; seleccione primero el eje x en el árbol de estructura

Confirme con "OK". Vemos que los muñones del eje para las bielas están ahora en la posición correcta.

Antes de continuar, ampliamos el gorrón del eje del cigüeñal, que se ha quedado un poco corto debido al reflejo. Sólo tiene que seleccionar "Extrude" y determinar una superficie para el boceto 2D. Dibuje un círculo concéntrico alrededor del gorrón del eje y extrúyalo 30 mm.

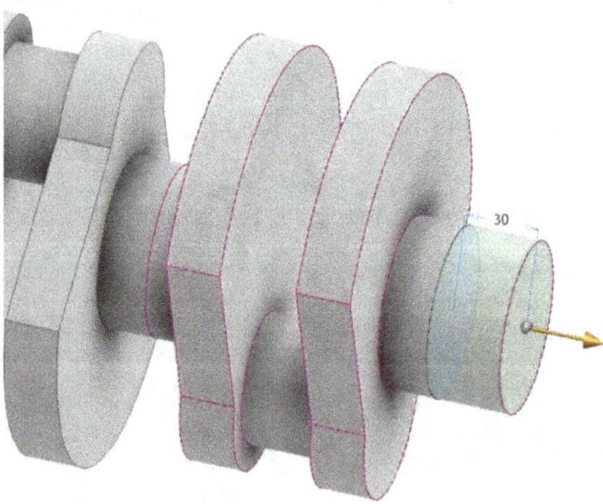

Figura 228: Prolongue 30 mm la pieza final del cigüeñal anterior

Ahora queremos volver a unir las dos partes existentes del ahora medio cigüeñal para reunir los dos cuerpos. Para ello, utilizamos la función "Combine" del menú "Modify". Seleccione el cuerpo y el mando, en las opciones de "Output": seleccione "Join" y pulse "OK".

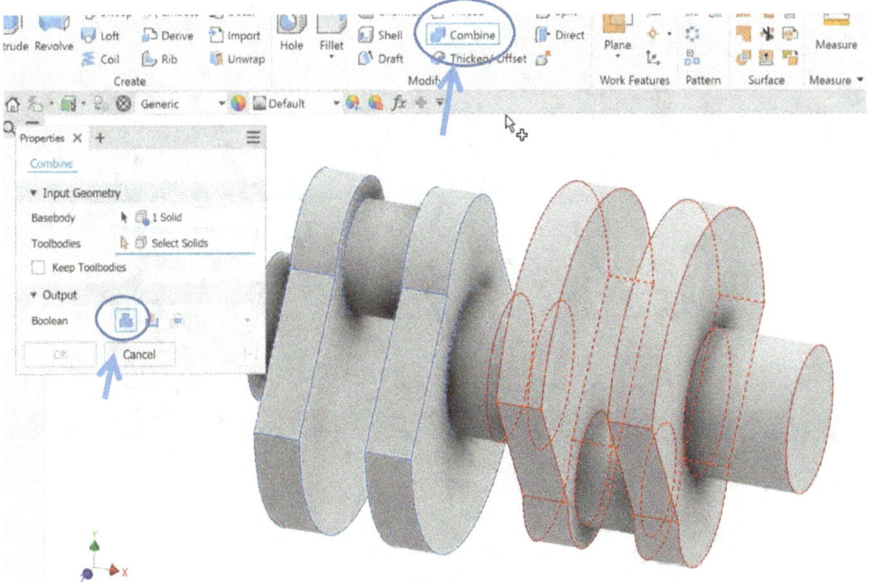

Figura 229: Vuelva a conectar los dos cuerpos aún individuales del cigüeñal con "Combine"

Este enfoque ya nos ha ahorrado bastante trabajo. Para continuar con la velocidad exponencial, doblamos nuestro cigüeñal a medio terminar una última vez. Esta vez podemos volver a dejar "Join" en lugar de "New Body" como tipo de conexión, ya que la alineación es correcta.

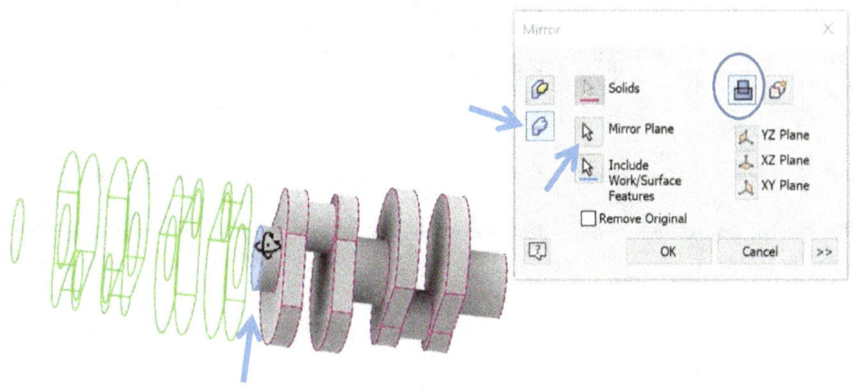

Figura 230: Crear la última parte del cigüeñal con "Mirror"; espejo en la superficie azul

Con un clic, el cigüeñal está por fin casi terminado. ¿Qué falta todavía? Por un lado, unos filetes, que nos gustaría hacer de la siguiente manera: 10 mm en los bordes de las transiciones en las zonas inferiores de los largueros y 5 mm en los bordes de las transiciones en las zonas superiores.

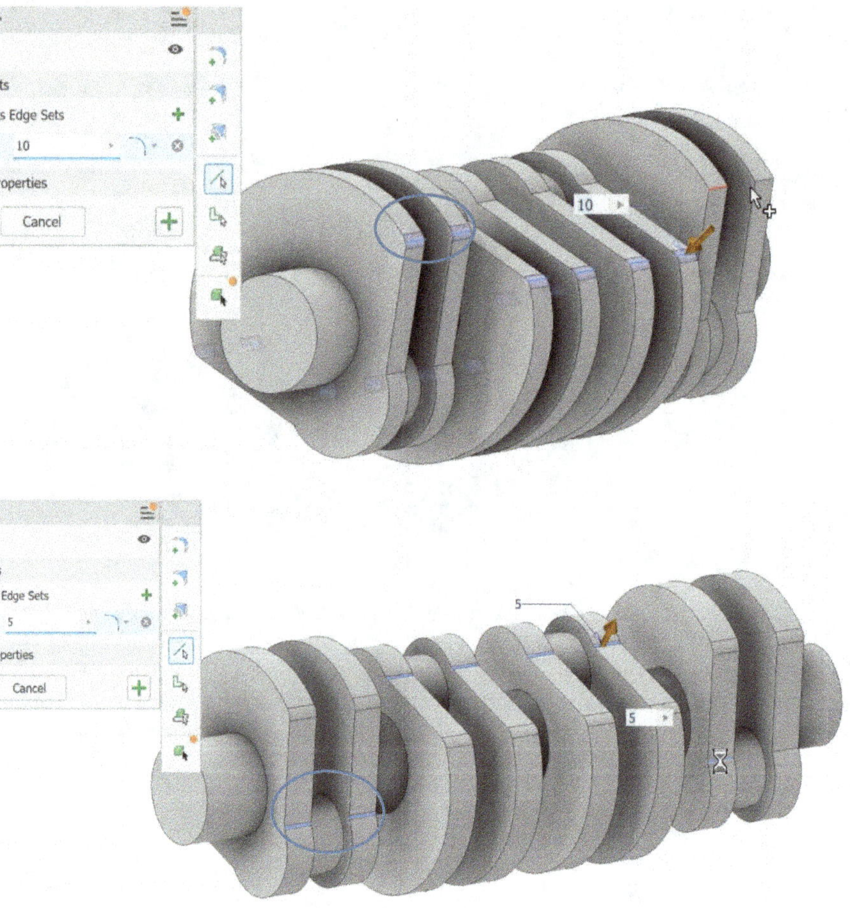

Figura 231: Haga filetes; en la imagen superior de 10 mm y en la inferior de 5 mm

Por cierto, podríamos haber integrado estos filetes en el boceto de los largueros de inmediato.

Y luego filetes de 3 mm para los bordes en las caras laterales de los largueros y los muñones del eje.

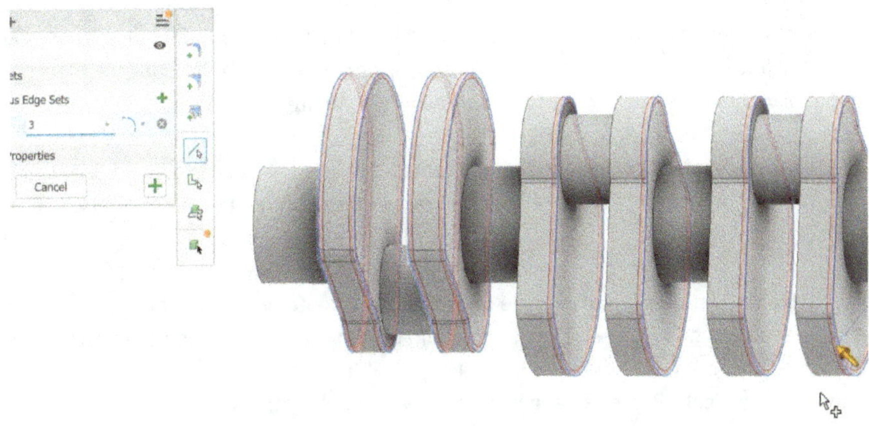

Figura 232: filetes de 3 mm para los bordes laterales de las mejillas del cigüeñal

Además, ahora tenemos que insertar nuestro cigüeñal en el conjunto del motor y luego crear la unión con el alojamiento del cigüeñal. Para ello, simplemente seleccionamos el origen de la articulación, por ejemplo, centrado en el gorrón del eje con el que empezamos y seleccionamos el segundo origen de la articulación centrado en el cojinete principal del alojamiento del cigüeñal. Seleccionamos "Rotational" como tipo de articulación.

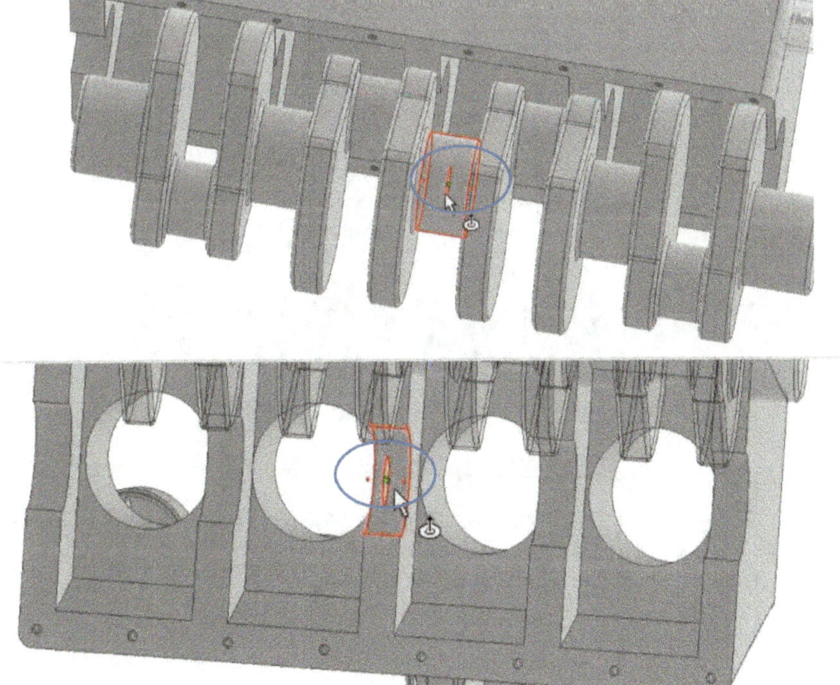

Figura 233: Aplique el comando "Joint" y seleccione estos dos orígenes de articulación

Perfecto, por fin están listos todos los componentes de nuestro modelo de motor muy simplificado. Al final del capítulo, nos gustaría, por supuesto, unir todas las bielas al cigüeñal y dejar que nuestro motor funcione virtualmente. ¡Rápido final!

Para los enlaces de biela y cigüeñal, ocultamos de momento el cárter para tener una mejor visión de conjunto (haga clic con el botón derecho del ratón sobre el cárter y seleccione "Visibility").

La creación de enlaces o juntas es de nuevo relativamente poco espectacular. Coloque el primer origen de la junta centrado en el ojo inferior de la biela y coloque el segundo origen centrado en el muñón del eje del cigüeñal. El tipo de junta en este caso es de nuevo "Cylindrical". Proceda de la misma manera con las otras bielas.

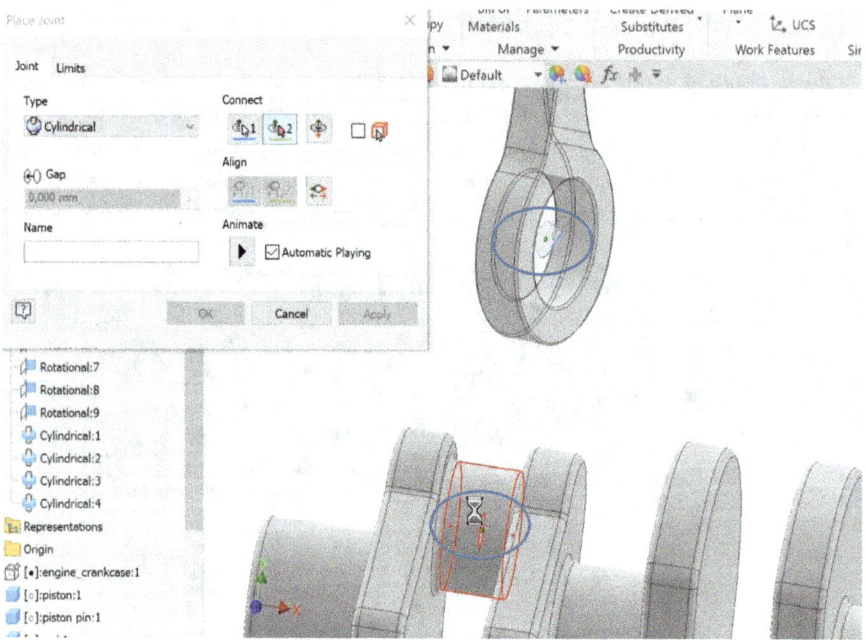

Figura 234: Enlace de la biela con el cigüeñal

Cuando todo esté enlazado, podemos volver a mostrar el cárter haciendo clic con el botón derecho del ratón sobre su cuerpo y seleccionando "Visibility" y, al mismo tiempo, hacerlo transparente seleccionando "Transparent".

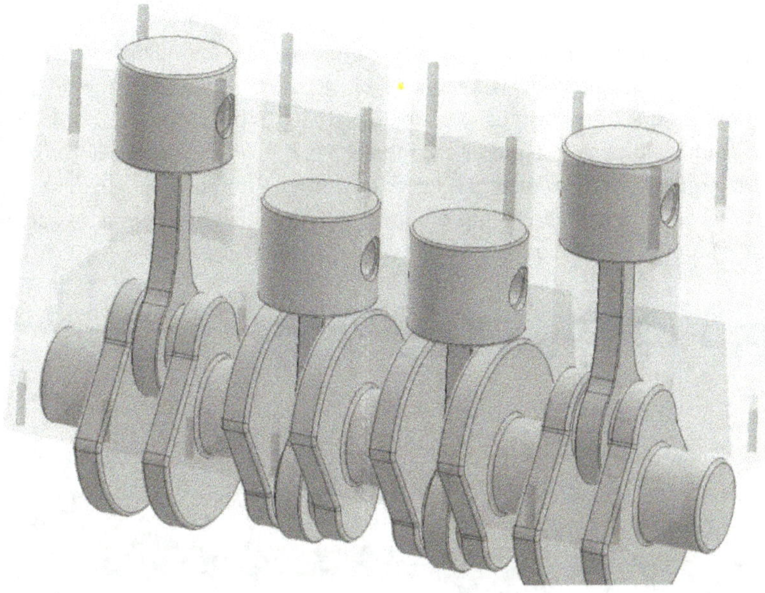

Figura 235: Todas las juntas están creadas y el alojamiento del cigüeñal es ahora transparente

Para concluir el capítulo, ahora queremos hacer funcionar nuestro motor virtualmente. Si hemos colocado correctamente todas las juntas, esto no debería ser un problema. Para ello, buscamos la unión del cigüeñal con el cárter y hacemos clic con el botón derecho del ratón sobre ella. Seleccionamos "Drive" y a continuación tenemos que introducir un punto inicial y otro final, en este caso dos ángulos.

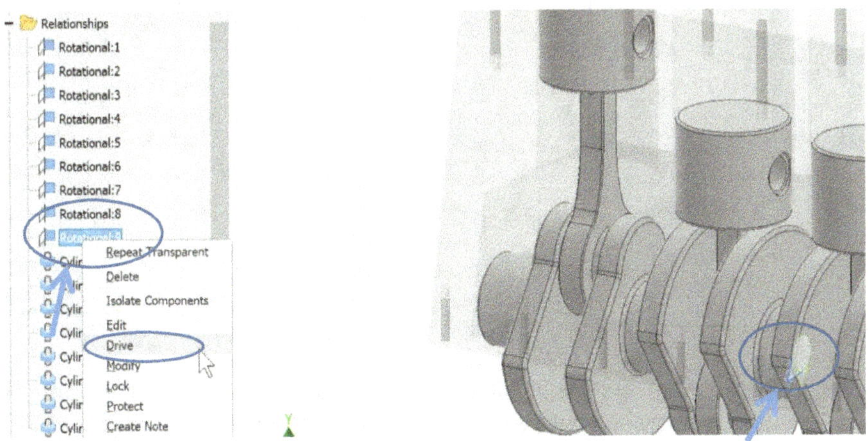

Figura 236: Seleccione la articulación derecha y haga clic con el botón derecho del ratón sobre ella; seleccione "Drive"

Por ejemplo, podemos introducir 0° como ángulo inicial y un múltiplo de 360° como ángulo final, ya que queremos ver varias revoluciones. 360° es, lógicamente, toda una revolución. Así que introducimos, por ejemplo, 1080°, ¡que corresponde a 3 x 360°! A continuación, sólo tiene que pulsar el símbolo "Play" y, abróchese los cinturones, por favor, ¡el motor está en marcha! Por cierto, ahora también puede grabar esta animación con la función de grabación integrada. Pero hay otra forma de hacerlo en "Inventor Studio" más adelante.

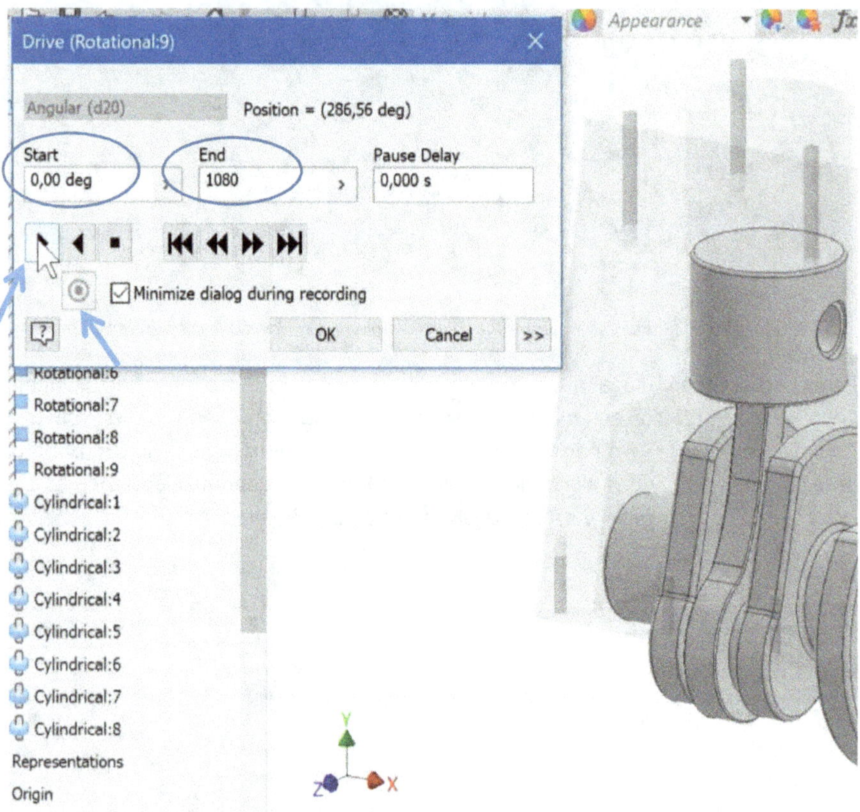

Figura 237: Control de la animación de la articulación con las opciones

Respeto, si ha llegado hasta aquí, ¡puede estar realmente orgulloso de sí mismo! Por cierto, puede terminar la animación de la junta simplemente pulsando la tecla "ESC".

5 Introducción al diseño de chapa metálica con "Inventor"

¡Bienvenido de nuevo! Pasemos ahora a la construcción de chapas en este capítulo. El área especialmente designada "Sheet Metal" es de gran importancia si quiere construir chapa. Los comandos y funciones de esta pestaña están bien diseñados para ello.

Si quiere diseñar una carrocería de chapa, necesita sobre todo facilidad para tratar las curvas, las lengüetas, los desenrollados y otros elementos y características específicas de la chapa.

Si quiere construir un elemento de chapa curvada, como este elemento,

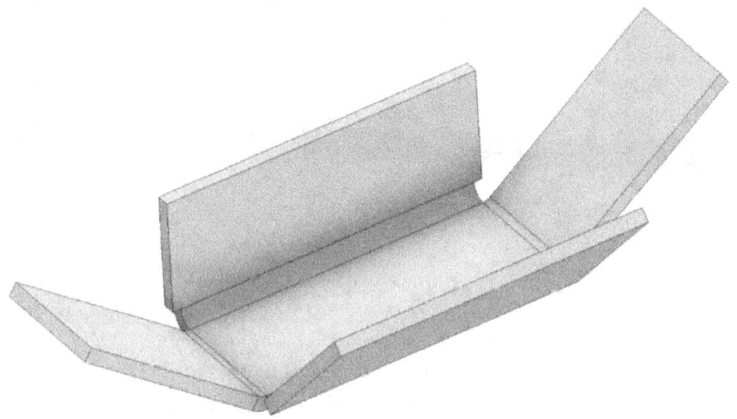

Figura 238: Una hoja de ejemplo que construiremos en esta lección

En la práctica, es decir, en el taller de artesanía, se necesita una pieza de chapa cortada en forma básica, que luego se dobla o se mecaniza para darle forma.

Esta forma básica, también llamada desenrollado, se puede crear fácilmente en "Inventor" en esta sección. Para ello, basta con construir la chapa terminada y ya doblada y aplicar un comando.

Esto significa que usted diseña la carrocería de chapa deseada y terminada y luego simplemente hace que el programa genere el desenrollado, es decir, las dimensiones y geometrías para los documentos de producción.

Veamos esto con el ejemplo mostrado. El procedimiento para la construcción es ahora muy similar, pero todavía un poco diferente, como si estuviera construyendo un sólido.

¡Vamos! Comenzamos una nueva pieza en el entorno "Part" como es habitual. Antes de iniciar la construcción, seleccionamos el botón "Convert to Sheet Metal" en la zona superior derecha.

Figura 239: Conversión de una sola pieza en chapa metálica con "Convert to Sheet Metal"

El programa nos lleva ahora al campo de la construcción de chapa.

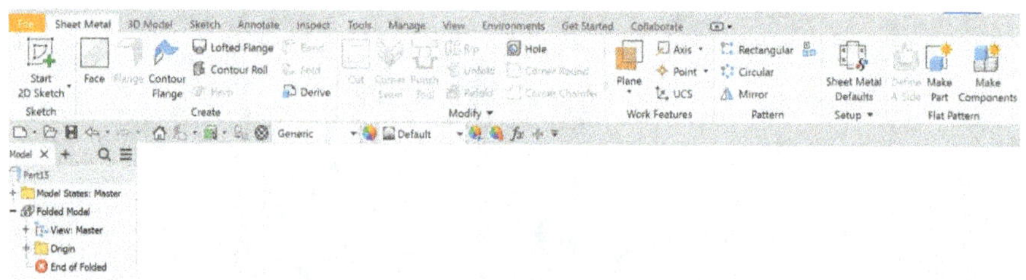

Figura 240: La pestaña "Sheet Metal" se abre con las características específicas de la chapa

Para el elemento suelo o base creamos entonces una hoja iniciando un nuevo croquis en un plano. A continuación, dibujamos, por ejemplo, un perfil rectangular en un croquis 2D para nuestro elemento base, como es habitual.

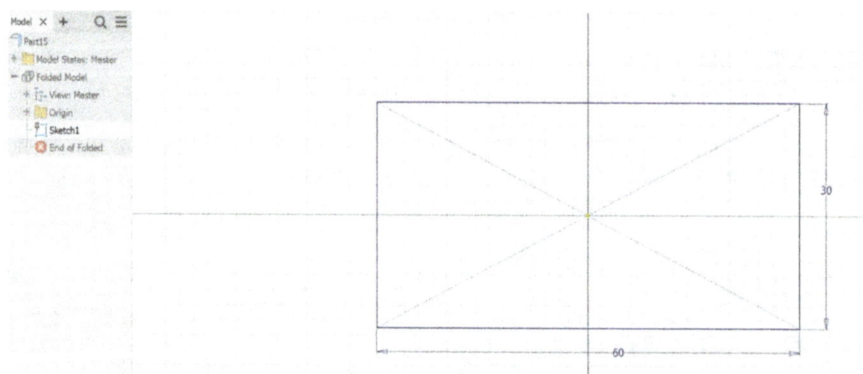

Figura 241: El perfil de base rectangular de nuestra chapa de ejemplo (60 x 30 mm) en el plano x-z

Ahora bien, normalmente utilizaríamos el comando "Extrude" en el modo 3D, pero aquí no lo hacemos. Esta es una de las mayores diferencias en el ámbito de la construcción de chapa. Ahora construimos nuestra carrocería de chapa con los dos comandos "Face" y "Flange". Para el elemento básico, seleccione primero el comando "Face" y el perfil dibujado. Sólo tiene que hacer clic en él, el grosor ya está seleccionado. Veremos por qué es así y cómo puede cambiar el grosor en un momento.

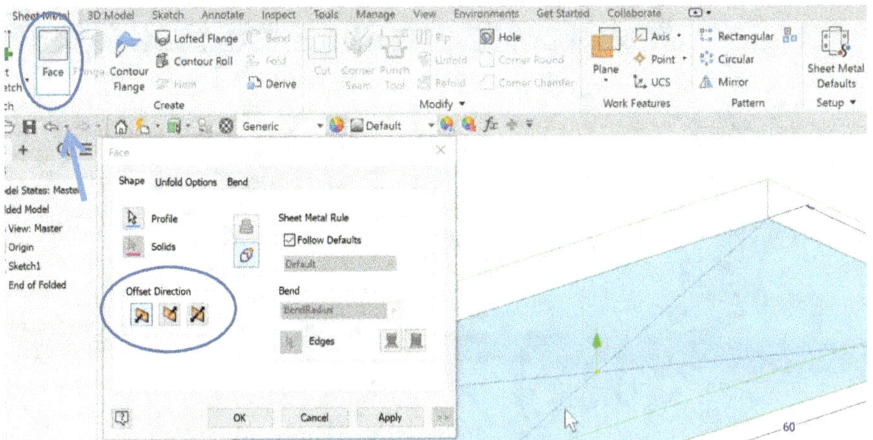

Figura 242: El comando "Face" en el área "Create" de la pestaña "Sheet Metal"

Con el botón "Sheet Metal Defaults", que se encuentra en la barra de menú de la parte superior, en "Setup", en la pestaña "Sheet Metal", se puede seleccionar y editar la llamada "Sheet Metal Rule" con un clic en el símbolo del lápiz.

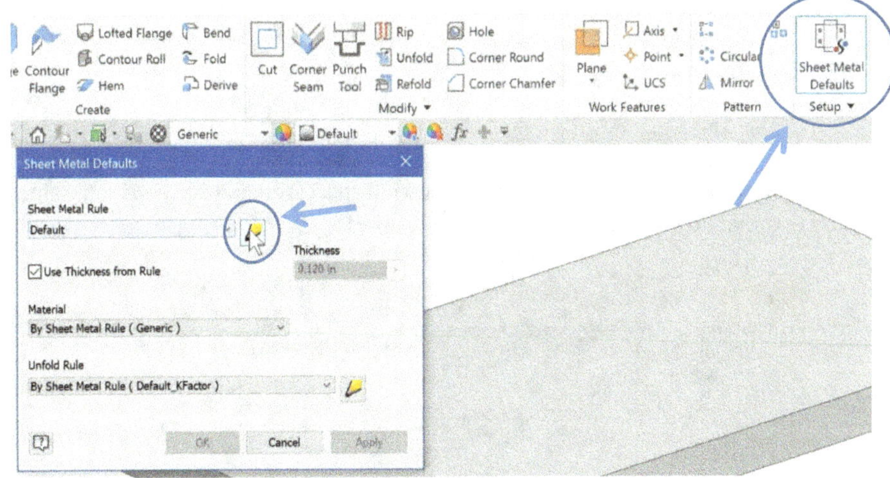

Figura 243: Edición de los "Sheet Metal Defaults"; haga clic en el icono del lápiz

Aquí también se puede seleccionar el material. Si editamos la "Sheet Metal Rule", podemos establecer el grosor de nuestra chapa y cambiar todos los parámetros importantes específicos de las construcciones de chapa, como el "K-Factor" o las propiedades de flexión ("Bend conditions"). Si es necesario, aquí puede cambiar a otro material. Sin embargo, se recomienda que sólo ajuste el grosor de la chapa y pida a su proveedor de chapa los parámetros o los deje con los valores por defecto.

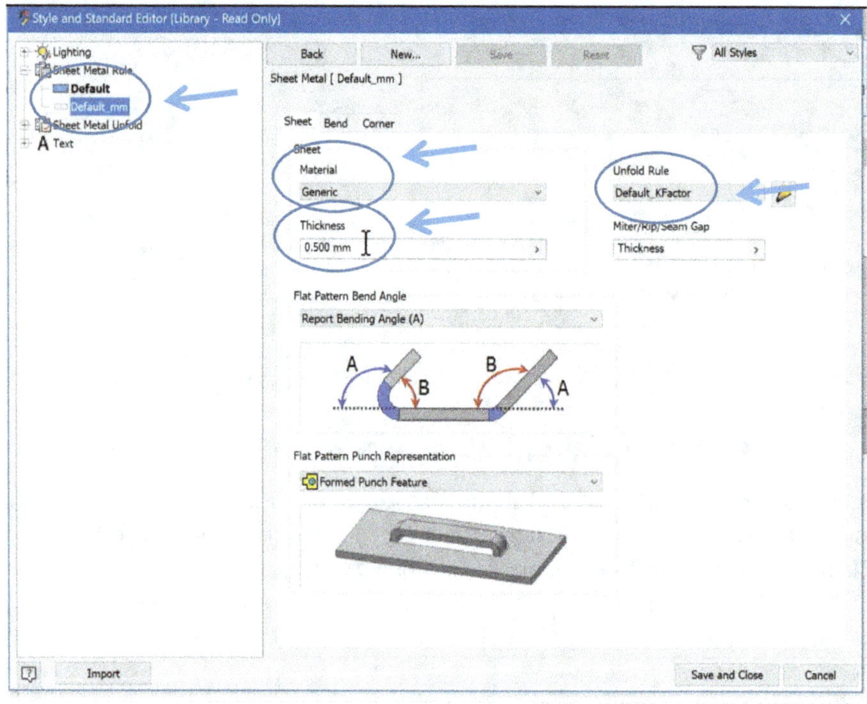

Figura 244: Espesor de la chapa, factor K y otros ajustes específicos de la chapa

¿Qué pasa después? Para seguir construyendo nuestra carrocería de chapa, utilizamos ahora el comando "Flange".

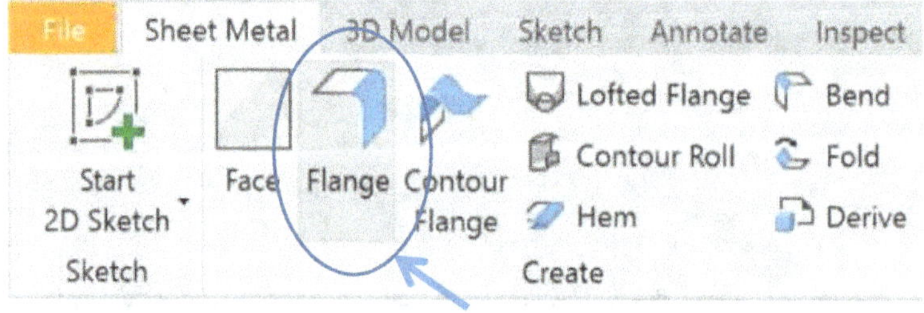

Figura 245: El comando "Flange" en la sección "Create" de la pestaña "Sheet Metal"

Para ello, siempre seleccionamos las aristas o los bocetos de la siguiente manera. Como nuestra hoja se mantiene relativamente simple, simplemente seleccionamos el borde lateral del elemento básico. Como puede ver, el programa crea ahora inmediatamente el material con la curvatura correcta.

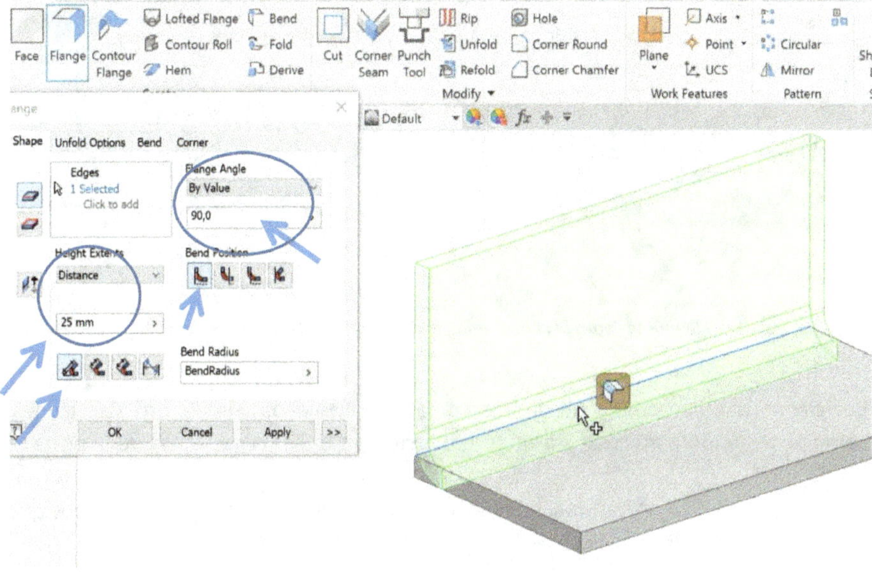

Figura 246: Seleccione el comando "Flange", seleccione una arista y establezca los parámetros; ángulo de flexión de 90° y altura de 25 mm

En la ventana de opciones puede cambiar todos los parámetros importantes, por ejemplo, el ángulo de curvatura o la posición de curvatura. Construyamos también los otros elementos que faltan en nuestra hoja de ejemplo.

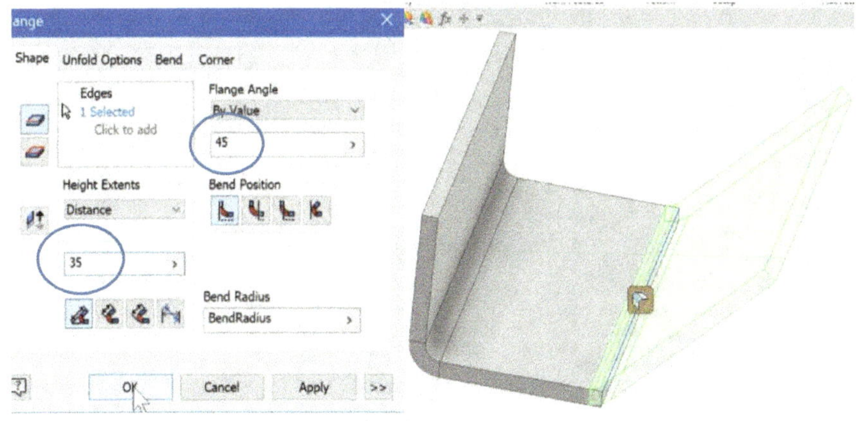

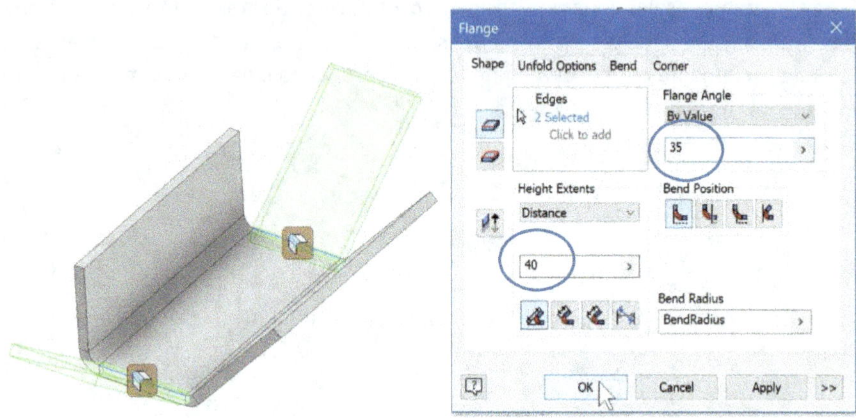

Figura 247: Otras lengüetas para la chapa; imagen superior: 45° y 35 mm; imagen inferior 35° y 40 mm

Por cierto, también puede utilizar los comandos adecuados de las otras secciones, como el comando para crear un agujero o chaflanes o filetes de aristas de la pestaña "3D Model".

En la sección "Sheet Metal" hay dos funciones importantes para los principiantes que nos gustaría ver. Uno es el comando "Unfold" y el otro es "Create Flat Pattern". Para seguir procesando una sección de chapa en forma no doblada o para crear soportes para la producción, podemos por un lado utilizar el comando "Unfold" de la sección "Modify". Para ello, seleccione primero la sección de la hoja que debe permanecer inmóvil, es decir, en torno a la cual debe desplegarse una parte de la hoja, por ejemplo, ésta:

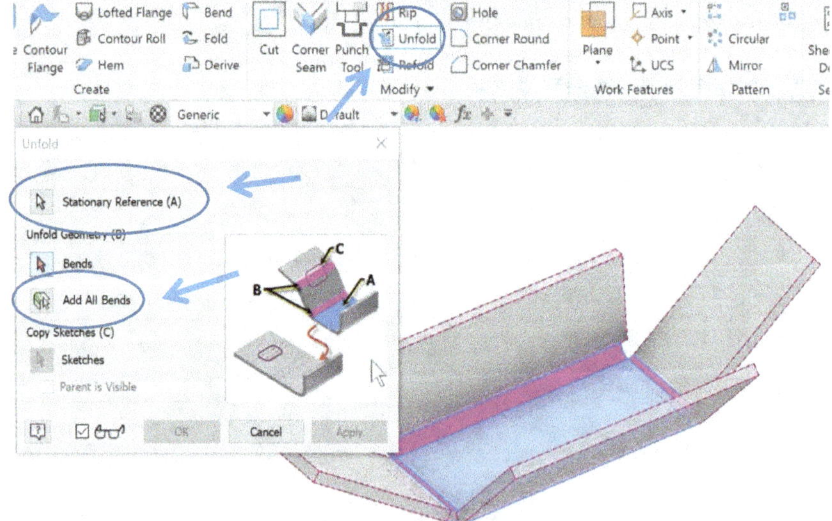

Figura 248: Utilice el comando "Unfold"; seleccione la zona azul como referencia estacionaria

En la barra de opciones, seleccione "Add all bends", por ejemplo, para seleccionar todos los codos, o seleccione sólo los codos individuales.

Sin embargo, para los documentos de producción real, es mejor utilizar el comando "Create Flat Pattern" de la sección "Flat Pattern". Para ello, sólo tiene que seleccionar el comando y pasará al espacio de trabajo "Flat Pattern". La hoja se desenrollará automáticamente.

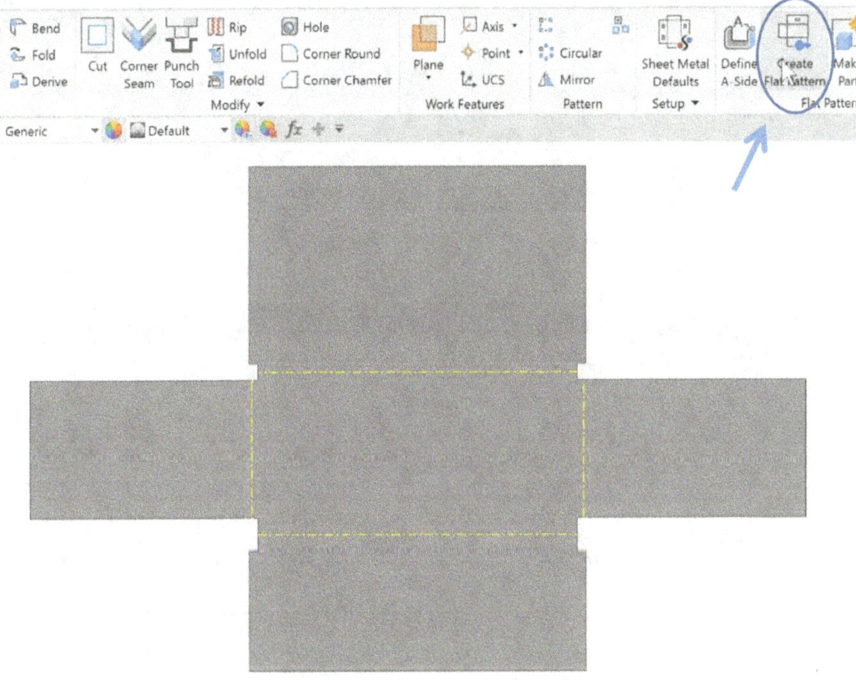

Figura 249: Cree el desdoblamiento de la hoja mediante "Create Flat Pattern"
(deshaga antes el "Unfold")

Si todo encaja, puede volver a salir de este espacio de trabajo con "Go to Folded Part" y entonces verá el "despliegue" creado en el árbol de estructura de la izquierda.

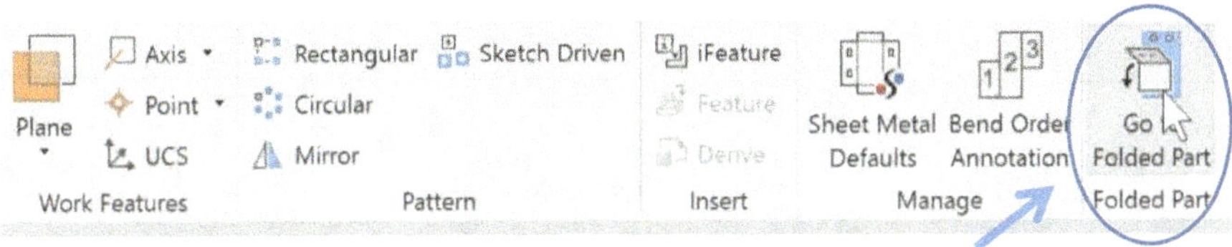

Figura 250: Salida del espacio de trabajo "Flat Pattern" con "Go to Folded Part"

A continuación, puede exportar el desarrollo generado para la producción o crear un dibujo técnico a partir de él.

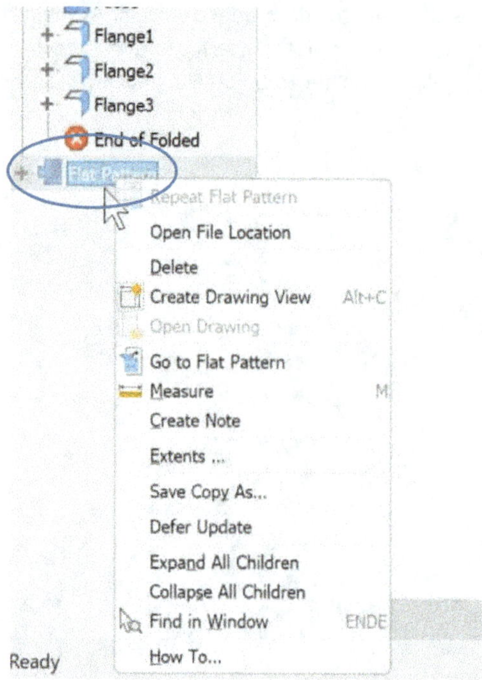

Figura 251: El "Flat Pattern" creado aparece en el árbol de la estructura y puede ser editado

Hasta aquí la sección "Design" y la construcción CAD! Gran trabajo hasta ahora!

Asegúrese de continuar para conocer o utilizar todo el potencial de "Inventor". En la siguiente sección veremos primero brevemente las áreas de "Render" y "Animation" antes de pasar a la "Simulation" y a los dibujos técnicos.

Sección II: Renderización y animación

En esta parte del curso nos ocuparemos de las dos funciones "Render" y "Animation". Estas dos funciones se encuentran en el llamado "Inventor Studio" en "Environments".

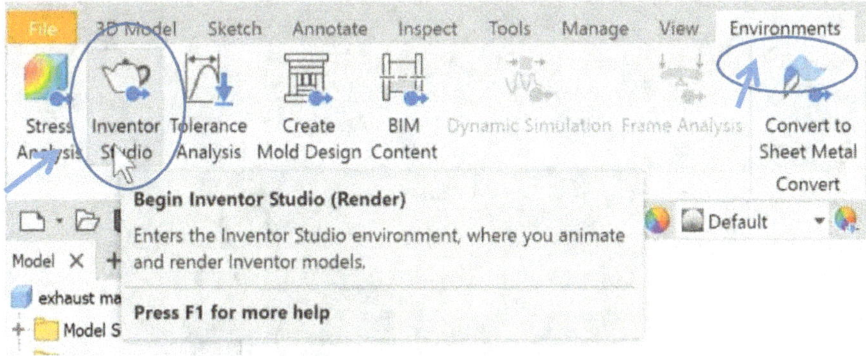

Figura 252: Cambio al área "Inventor Studio"; pestaña "Environment"

Lo necesitará siempre que quiera presentar piezas individuales o conjuntos ya diseñados de forma estática, es decir, en forma de fotos, o de forma dinámica, es decir, en forma de vídeo para la presentación de un producto, para una página web, para una reunión o simplemente para su círculo de amigos. Es, por así decirlo, un estudio fotográfico y cinematográfico integrado para los objetos construidos.

6 Renderización y animación

En esta lección comenzaremos primero con la función "Render". Utilizamos como objeto uno de nuestros proyectos de construcción, el colector de escape. Como puede ver, el entorno del programa apenas ha cambiado. A la izquierda está el árbol de la estructura y en la parte superior está la pestaña "Render" con las funciones y comandos individuales.

Por cierto, renderizar aquí significa simplemente que se genera un gráfico o una imagen a partir de la información geométrica del componente CAD. Por supuesto, también puede simplemente hacer una captura de pantalla si tiene prisa. Sin embargo, un gráfico renderizado diferirá significativamente en resolución y realismo, pero también llevará más tiempo crearlo.

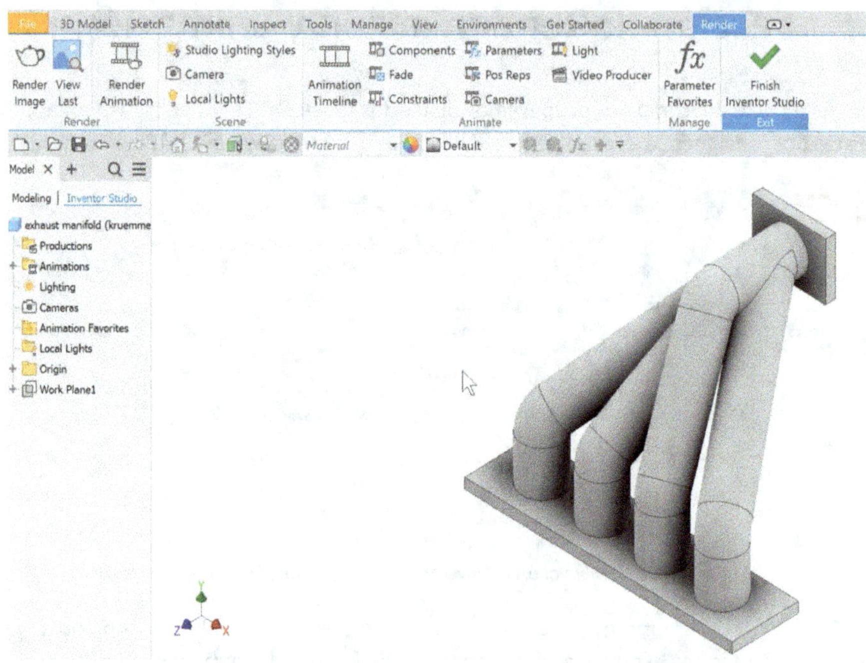

Figura 253: El área "Inventor Studio"

Vamos a probarlo todo paso a paso. En primer lugar, por supuesto, puede ocultar todos los elementos no deseados en el árbol de estructura haciendo clic con el botón derecho del ratón en un objeto y seleccionando "Visibility", pero esto no es necesario en nuestro caso porque sólo tenemos el colector de escape como pieza individual. En el segundo paso podemos cambiar la apariencia ("Appearance") de nuestro objeto. Podemos utilizarlo para transferir el aspecto y la textura de ciertos materiales a todo nuestro objeto de construcción o sólo a superficies individuales. Hay un gran número de materiales disponibles para la selección. Sin embargo, esta función es independiente de la pestaña "Render". Tenemos que cambiar a la conocida pestaña "Tools".

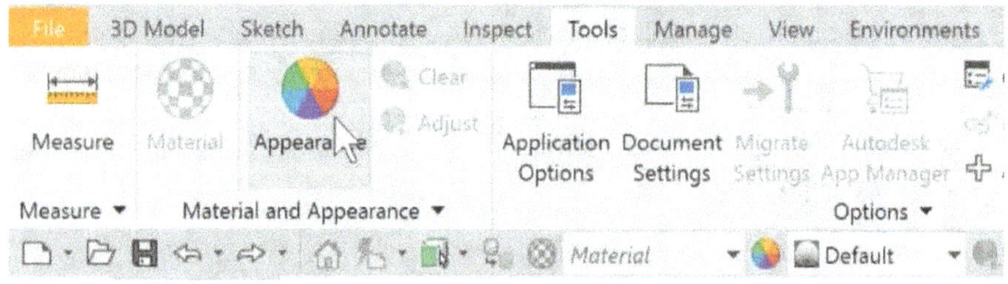

Figura 254: El comando "Appearance" de la pestaña "Tools"

Por ejemplo, podríamos tener simplemente el colector de escape expuesto en cobre. Para ello, marque primero la pieza individual con el ratón, pulse el botón "Appearance", luego busque el material en la biblioteca de materiales y añádalo al documento haciendo clic en la pequeña flecha de la zona derecha.

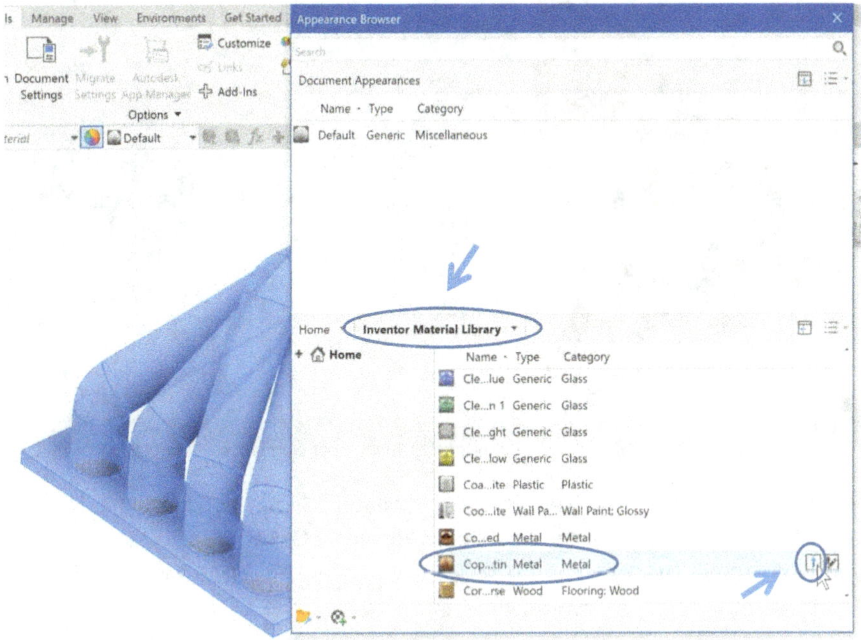

Figura 255: Visualización del colector de escape en cobre u otro material

Perfecto, por cierto, el resultado final sólo es visible cuando todo ha sido renderizado. En el área "Scene", encontramos entonces unos cuantos comandos con los que podemos editar nuestra escenografía, por así decirlo, es decir, el fondo y los alrededores.

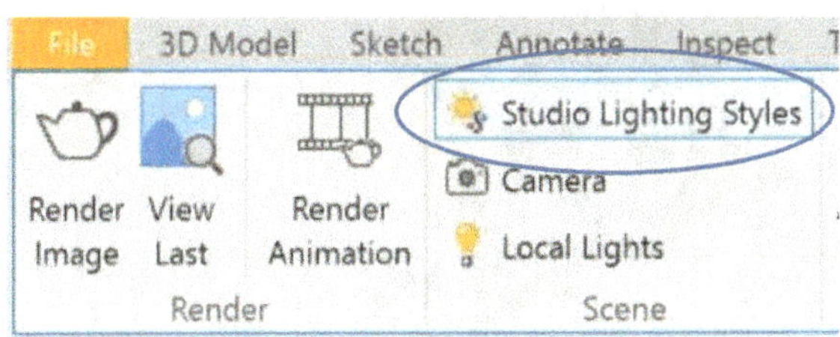

Figura 256: El área de la escena en Inventor Studio

Aquí puede seleccionar un ajuste predefinido con "Studio Lighting Styles", por ejemplo, "Warm Light". Se aplica con un clic derecho y "Activate".

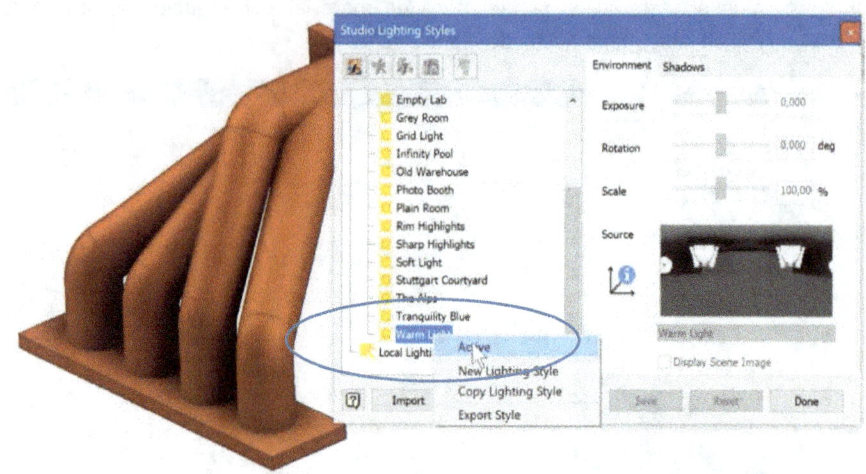

Figura 257: Cambio de los "Studio Lighting Styles"; por ejemplo, a "Warm Light"

Con las "Local Lights", también se pueden colocar "Spots" de más luz en lugares específicos. Para ello, basta con seleccionar Posición y Objetivo y se coloca un "Spot" que ilumine mejor el lugar.

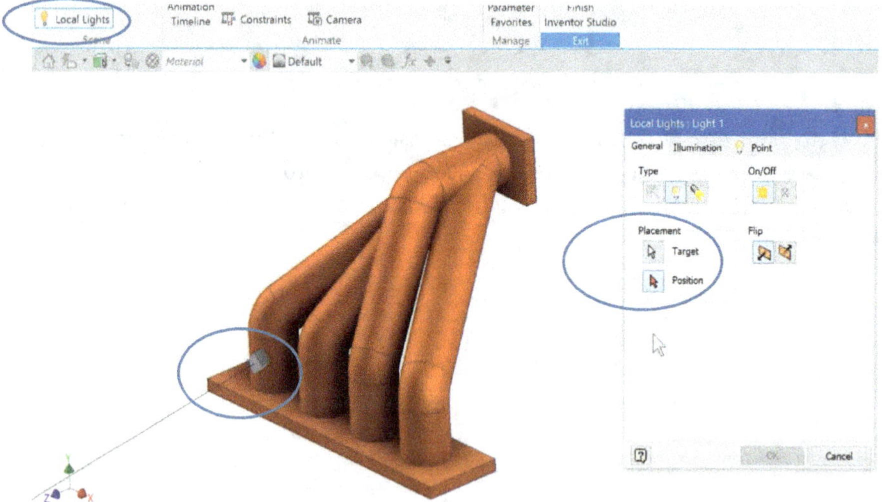

Figura 258: Colocación de un punto (rectángulo gris) para aumentar la iluminación de un lugar

El mismo procedimiento se puede utilizar para colocar una cámara, que luego se puede seleccionar durante el proceso de renderizado. Lo mejor es que pruebe muchas configuraciones diferentes para que encuentre la que más le convenga individualmente. El renderizado real se inicia ahora con el comando "Render Image". Sólo tiene que hacer clic en el símbolo de la "tetera" y luego realizar los ajustes deseados.

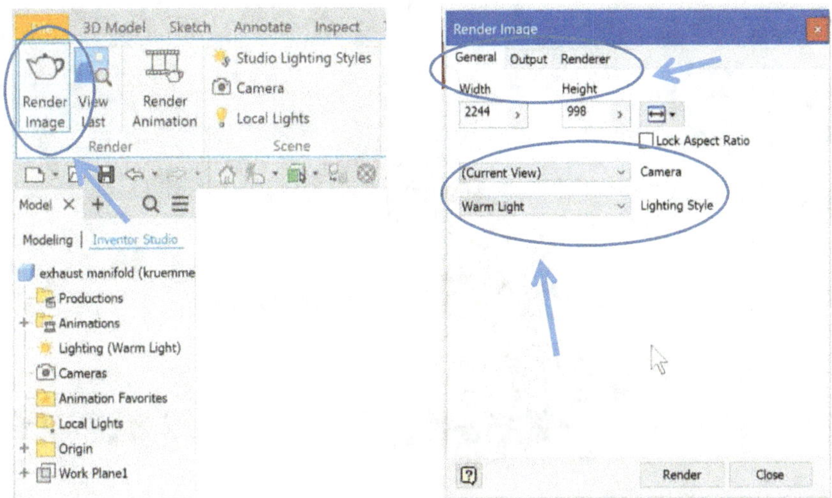

Figura 259: Inicio del proceso de renderizado con "Render Image" (izquierda); ajustes (derecha)

Aquí se puede establecer el tamaño deseado de la representación y, en "Camera", se puede seleccionar la vista o perspectiva que se muestra actualmente o, como se ha mencionado anteriormente, una cámara creada. También se puede volver a cambiar el "Lighting Style". En la opción de menú "Output" se puede establecer un directorio para que la imagen se guarde inmediatamente después de la renderización y en la pestaña de menú "Renderer" se pueden realizar ajustes para la duración / calidad de la renderización. Sin embargo, también puede dejar los valores por defecto.

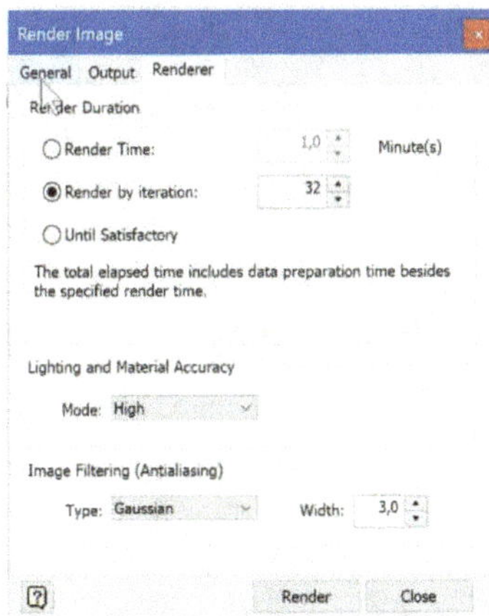

Figura 260: Pestaña "Renderer" de los ajustes de renderizado con los valores por defecto

Cuanto mayor sea la resolución y la calidad del renderizado, más tiempo tardará. A continuación, simplemente inicie el renderizado y espere. A continuación, se muestra el archivo y el progreso. A continuación, puede guardar la imagen renderizada haciendo clic en "Save rendered image" en la parte superior derecha.

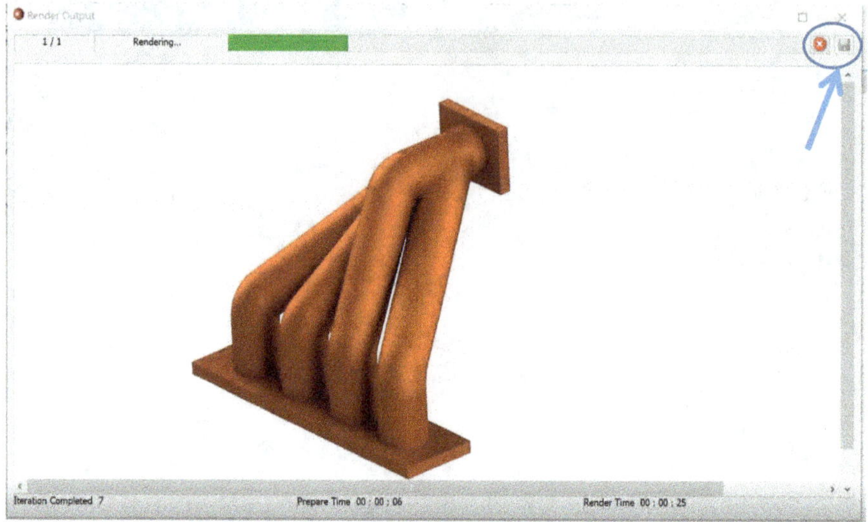

Figura 261: El proceso de renderizado aún no terminado

Eso es todo para el renderizado, no hay mucho más que discutir en este entorno. Ahora continuaremos con el entorno de la "animación" y luego volveremos a temas más apasionantes.

Para la función "Animation", que también se encuentra en "Inventor Studio", utilizamos el modelo construido de nuestro motor de 4 cilindros.

Con un clic en el botón "Animation Timeline" mostramos primero la línea de tiempo que se abre en la zona inferior.

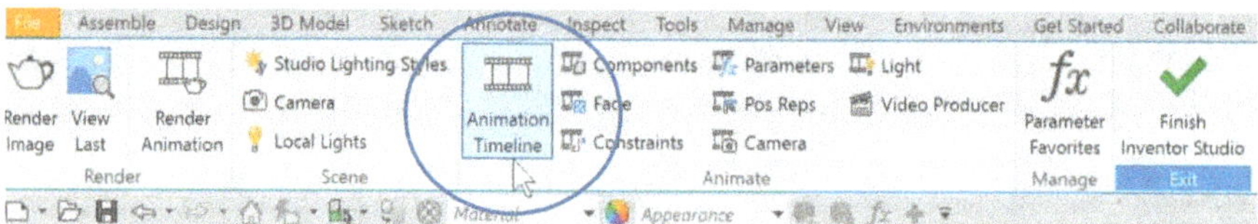

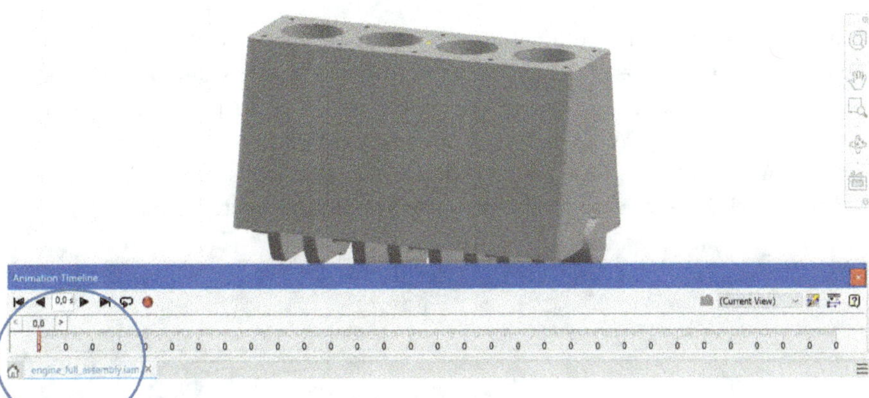

Figura 262: Al hacer clic en "Animation Timeline" (imagen superior) se abre la línea de tiempo (imagen inferior).

Ahora queremos crear una especie de vídeo en el que los pistones se mueven hacia arriba y hacia abajo en los cilindros. Lamentablemente, la articulación existente del cigüeñal no puede ser animada en este entorno porque las articulaciones no se muestran en "Animation". Por otro lado, las "Constraints" se muestran y también pueden ser animadas. Ya lo había mencionado al principio. Por lo tanto, si está planificando una animación, tiene sentido utilizar "Constraints" en la construcción o, al menos, aplicarlas específicamente para la animación. Esto es lo que haremos a continuación. La animación es entonces muy sencilla. Para ello tenemos que sustituir la articulación del cigüeñal por dos "Constraints". Cerramos "Inventor Studio" por el momento y buscamos la unión del cigüeñal en el entorno de montaje. Como queremos sustituir esta junta, la suprimimos haciendo clic con el botón derecho y seleccionando "Suppress".

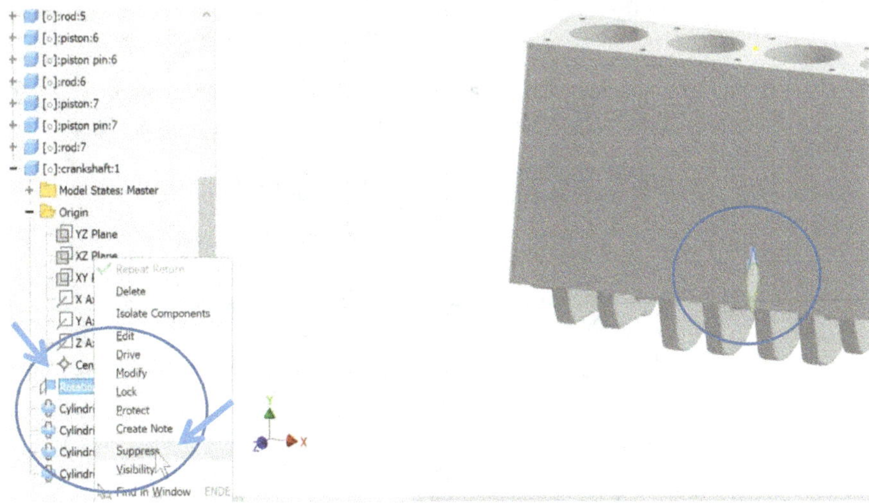

Figura 263: Búsqueda y supresión de la junta del cigüeñal ("Rotational") en el árbol de la estructura

También puede borrarlo, pero entonces desaparecerá permanentemente. Entonces podremos volver a mover el cigüeñal libremente. Ahora tenemos que volver a conectar el cigüeñal con el cárter del cigüeñal con "Constraints". Para ello, primero utilizamos la "Constrain": "Insert" para vincular los ejes del cigüeñal y los receptáculos de la carcasa. A continuación, haga clic en el borde izquierdo de la superficie central del soporte del cigüeñal y seleccione la contraparte en el alojamiento.

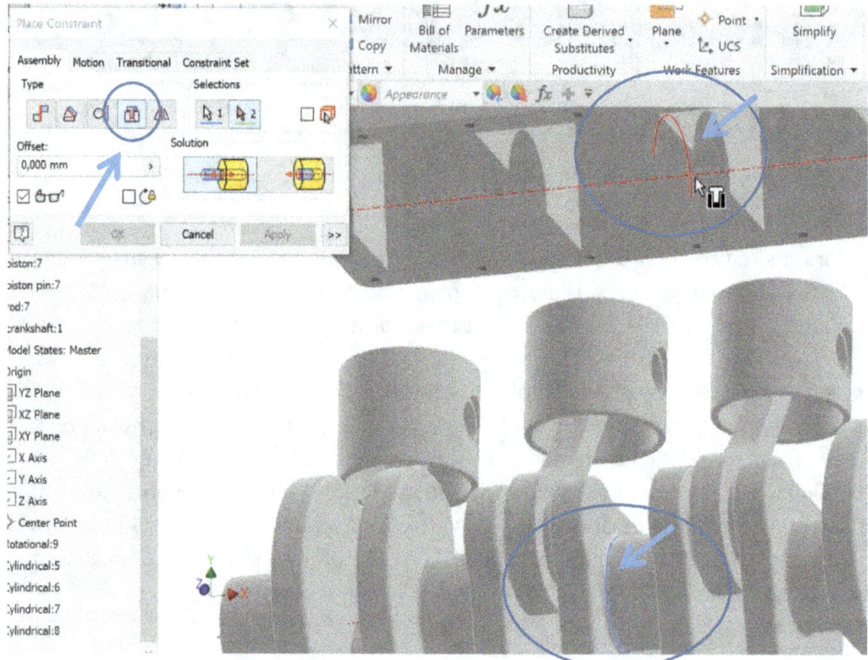

Figura 264: La "Constrain": Utilice "Insert" y vincule el cigüeñal con la carcasa

En las opciones tenemos que corregir la alineación. Para ello, seleccionamos "Aligned" para la "Solution" y un desplazamiento de -5 mm.

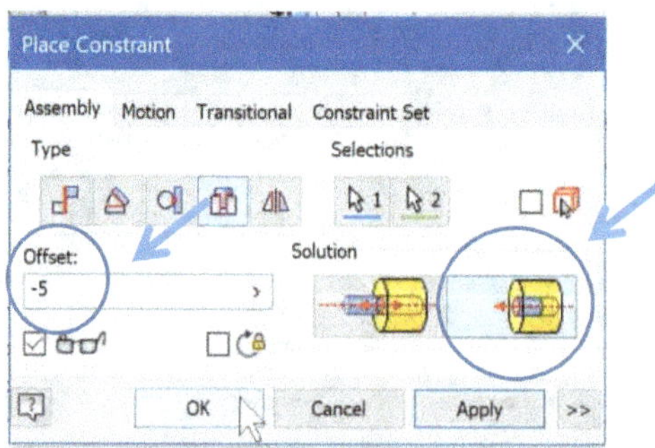

Figura 265: Cambie "Solution" por "Aligned" e introduzca un desplazamiento de -5 mm

Entonces el cigüeñal está correctamente centrado. El cigüeñal está ahora montado de forma rotativa en el alojamiento del cigüeñal. Para obtener una definición completa, creamos otra dependencia de ángulo con la "Constrain": "Angle". También lo necesitamos para la animación. Para ello, unimos el plano x-z del cigüeñal con el plano x-y de la carcasa del cigüeñal.

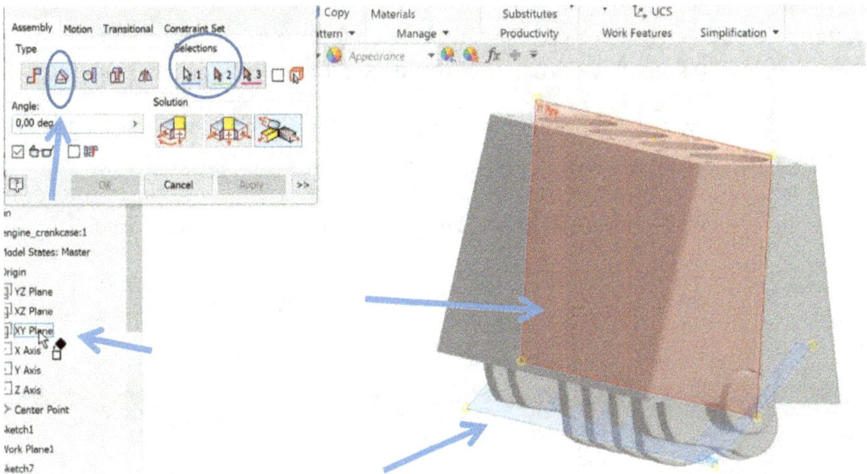

Figura 266: Seleccione "Constrain" y elija "Angle" como "Type"; a continuación, seleccione el plano x-z del cigüeñal y el plano x-y del cárter del cigüeñal en el árbol de estructura uno tras otro.

En "Solution" seleccionamos "Directed Angle" e introducimos un ángulo de 90 grados para que los pistones se alineen como se muestra.

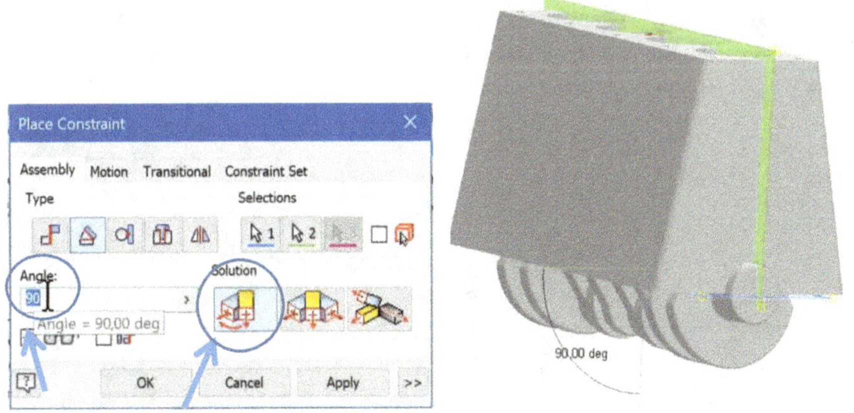

Figura 267: Para la "Solution": seleccione "Directed Angle" e introduzca 90° como ángulo

¡Perfecto! Ahora hemos definido el cigüeñal con "Constraints" en lugar de una articulación y podemos volver a la zona de "Inventor Studio".

Otro consejo: Para animaciones muy sencillas y rápidas, también puede prescindir simplemente de la animación en "Inventor Studio" y animar en su lugar la articulación del cigüeñal en el entorno "Design", como ya habíamos hecho, y crear un vídeo de screencasting de la misma, es decir, una grabación de pantalla, con la función de grabación integrada -quizá lo recuerde- o también con un software externo.

Antes de empezar, tenemos que fijar el cursor en la línea de tiempo a una duración, por ejemplo a 10 segundos, porque es lo que debe durar nuestra animación.

A continuación, nos gustaría animar algunas revoluciones del motor en estos 10 segundos, así como hacer que el cárter del cigüeñal sea transparente en el curso. Para la primera parte, el movimiento, seleccionamos el comando "Constraints" en el área "Animate" y luego la relación de ángulos del árbol de estructuras para el cigüeñal.

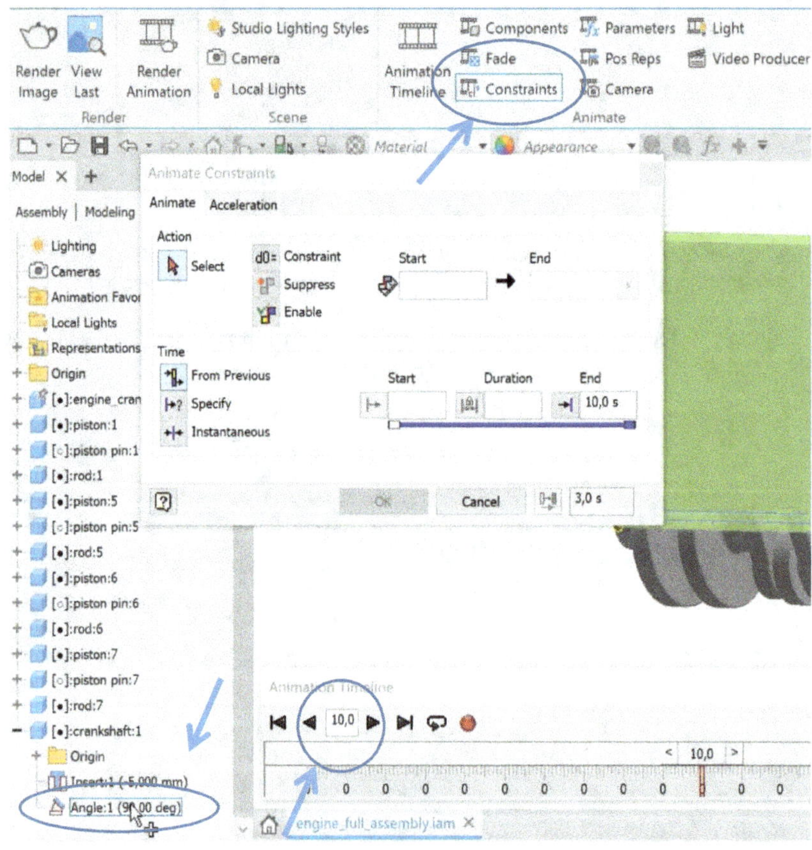

Figura 268: Utilización de "Animate Constrain" en el área "Animate"

Ahora tenemos que determinar las posiciones de "Start" y "End". Hemos introducido 90° como inicio y lo dejamos como está. Para la posición final seleccionamos, por ejemplo, 1170°. ¿Por qué este número? Porque queremos, por ejemplo, 3 revoluciones completas. Una revolución completa tiene 360°. 3 x 360° para tres revoluciones da 1080°. Entonces tenemos que añadir nuestro punto de partida, es decir, los 90°, y obtenemos 1170°. Las horas de inicio y finalización ya están introducidas porque hemos fijado la línea de tiempo en 10 segundos. Podríamos cambiarlo aquí, si lo deseamos. A continuación, simplemente haga clic en "Ok".

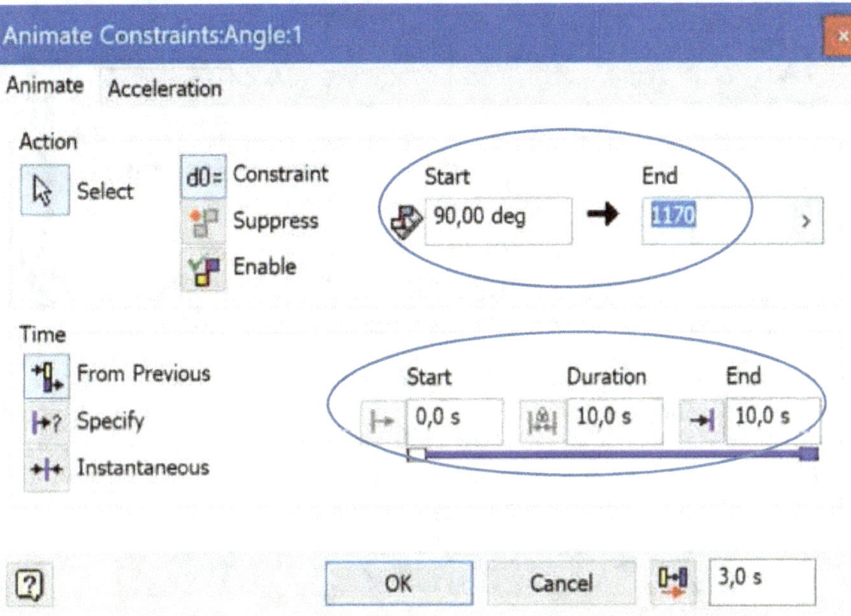

Figura 269: Introducir el punto de inicio y de finalización y, en su caso, la hora de inicio y de finalización

Para la segunda parte de la animación, es decir, para hacer transparente el cárter del cigüeñal, seleccionamos el comando "Fade".

Seleccionamos el cárter del cigüeñal como componente y dejamos que la transparencia comience al 100 %, es decir, sin transparencia, y la aumentamos, por ejemplo, al 50 % hasta el final del proceso.

Por ejemplo, queremos que este proceso comience en el primer segundo y termine a los tres segundos, es decir, que dure dos segundos. Para ello, seleccionamos "Specify" para "Time" e introducimos los valores de inicio y fin. Finalmente, confirme con "Ok".

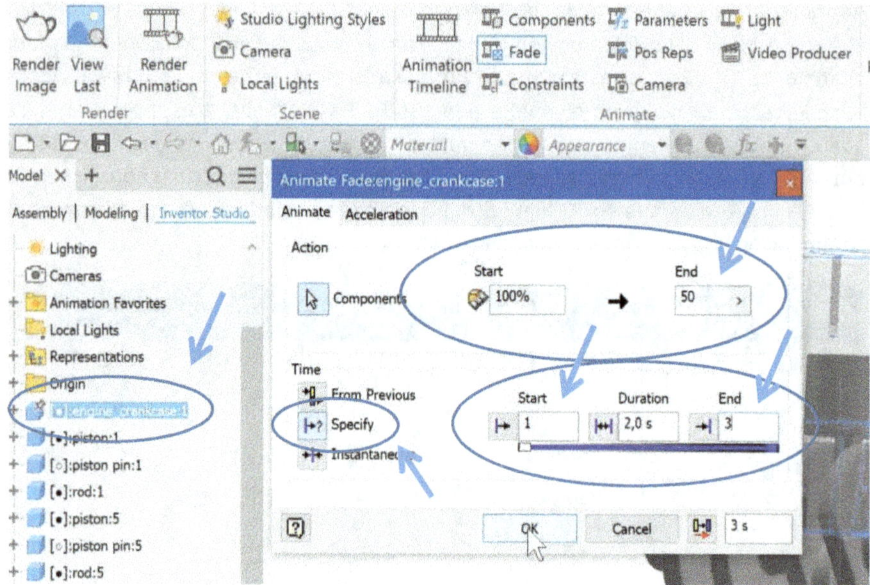

Figura 270: Aplicación del comando "Fade" con los ajustes mostrados

al final de la animación podríamos volver a hacer opaca la carcasa del cigüeñal. Lo hacemos exactamente al revés con el mismo comando. Primero ajuste el tiempo de inicio a, por ejemplo, siete segundos y el tiempo de finalización a nueve segundos, entonces el programa adopta automáticamente el valor 50 % para el inicio de la transparencia. Introducimos el 100 % como valor final.

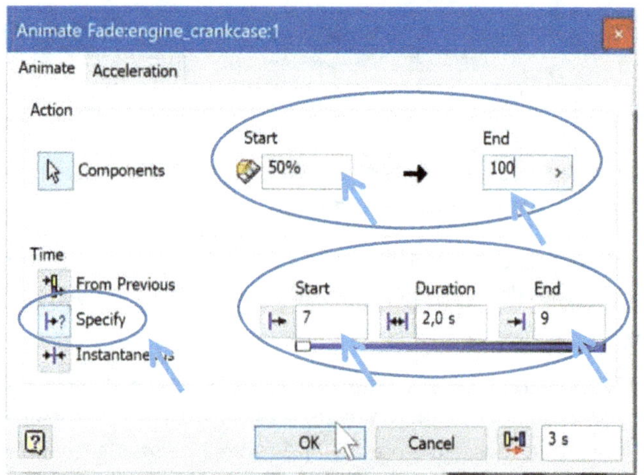

Figura 271: Utilizando de nuevo el comando "Fade" con los nuevos ajustes mostrados

Muy bien. Con un clic en Play en la línea de tiempo podemos reproducir la animación, el cursor debe estar al principio. Por cierto, con el botón "Expand Action Editor" en la parte superior derecha de la línea de tiempo podemos ver todos los comandos de animación creados y editarlos de nuevo.

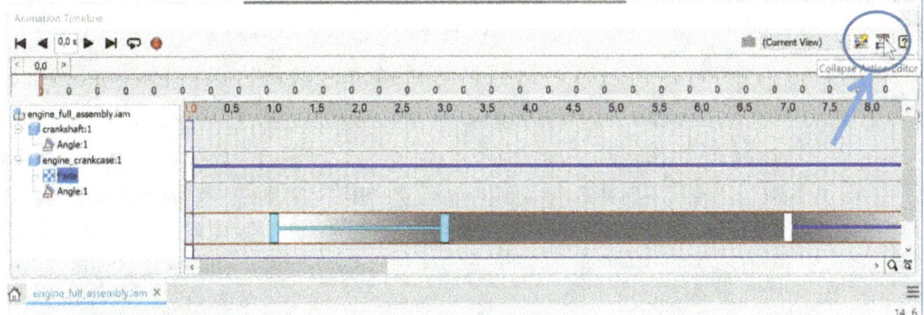

Figura 272: Maximizar / minimizar la "Animation Timeline" con el botón de la esquina superior derecha

Haciendo clic en "Render Animation" o en el pequeño botón rojo de la línea de tiempo de la animación, tenemos que renderizar nuestra animación en un vídeo con los ajustes deseados y podemos guardarla.

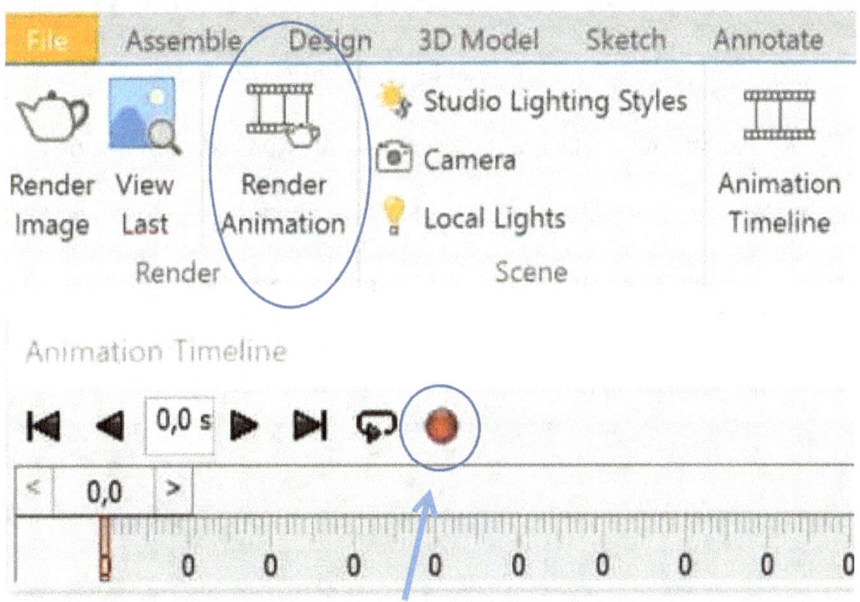

Figura 273: Inicio de la renderización de la animación o de la grabación de dos maneras

Magníficamente hecho! Eso es todo para el área de animación / renderizado y el "Inventor Studio". Seguimos con un área muy emocionante de "Inventor". A continuación nos ocuparemos de las simulaciones por MEF en el ámbito del "Stress Analysis". Asegúrese de continuar!

Sección III: Simulaciones FEM y dibujos técnicos

En esta última parte del curso, las cosas se ponen realmente interesantes, porque tratamos el entorno "Stress Analysis", y la creación de dibujos técnicos. Con la sección "Stress Analysis" puede simular las cargas y el comportamiento de los materiales. Es posible que ya esté familiarizado con el término MEF, es decir, el "Método de los Elementos Finitos". Sin entrar en detalles sobre este complejo principio matemático, al menos debería haber oído su nombre y saber que el software MEF puede utilizarse para simular las cargas y el comportamiento de los materiales de un componente. En este curso práctico, nos ocuparemos exclusivamente de la aplicación de la metodología. A continuación, echamos un vistazo a la creación de dibujos técnicos. Los necesita para la transmisión de información a la producción de la máquina y para la documentación.

7 simulaciones FEM con "Inventor"

7.1 Introducción a la simulación y primer estudio de simulación

Nos gustaría utilizar el mosquetón creado en uno de los proyectos de diseño como muestra para conocer el entorno de "Stress Analysis" de "Inventor". En este entorno podemos simular cargas y obtener como resultado, por ejemplo, las tensiones resultantes en el componente o los desplazamientos resultantes, así que en términos sencillos, por ejemplo, la flexión de un componente bajo una carga aplicada. Primero tenemos que crear un estudio de carga con "Create Study".

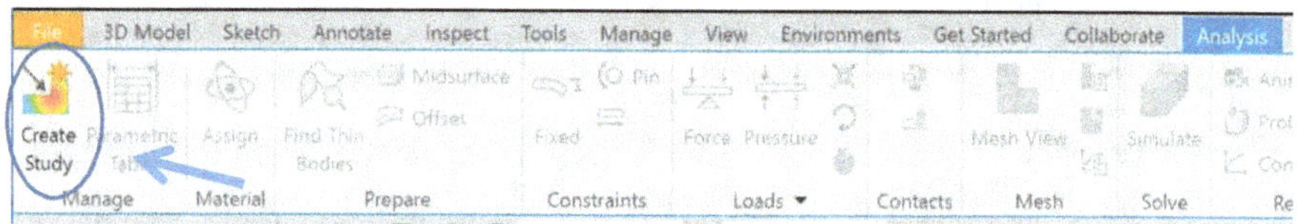

Figura 274: Cree un estudio de tensiones con "Create Study"; primero abra el mosquetón y seleccione "Stress Analysis" en "Environments"

Se abre una ventana en la que podemos seleccionar la simulación que queremos realizar. En este curso para principiantes, nos ocuparemos exclusivamente de la que probablemente sea la aplicación más común: la carga estática. Por eso lo seleccionamos. Podemos dejar los valores establecidos como están.

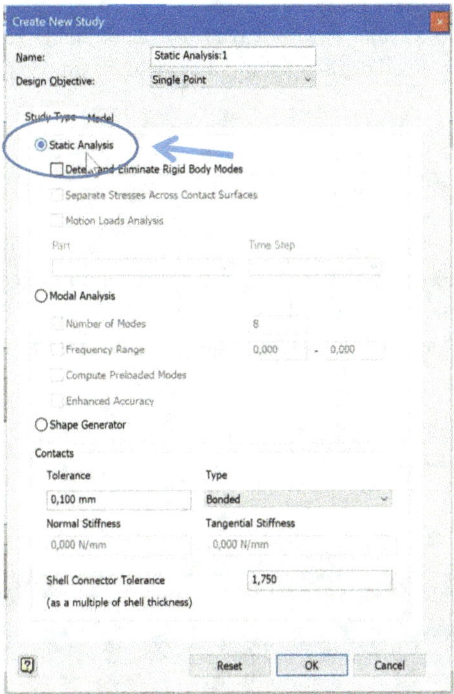

Figura 275: Se abre una ventana; seleccione "Static Analysis" y deje los ajustes como están

Este estudio de carga se nos muestra entonces con todas las opciones y ajustes relevantes a la izquierda en el árbol de la estructura.

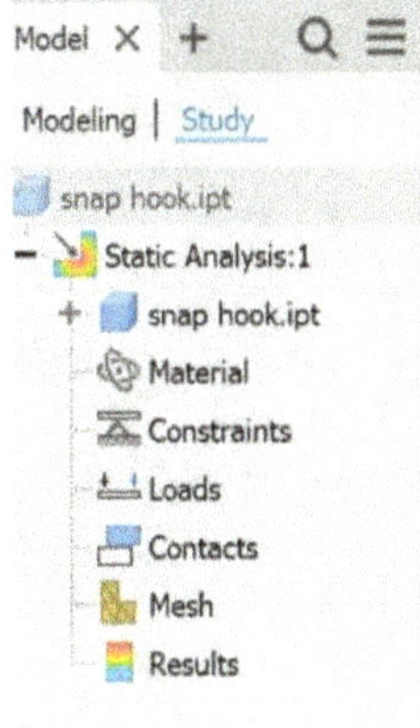

Figura 276: El estudio creado se muestra en la estructura de árbol

En el área de "Analysis" se encuentran todos los ajustes en la barra de menú superior que necesitamos para la simulación. Si queremos que se calculen diferentes situaciones de carga, por ejemplo, simular dos puntos de aplicación de fuerza diferentes, también podemos crear varios estudios de este tipo. Para ello, basta con hacer clic de nuevo en "Create Study".

Para la simulación de una carga sobre un componente, se procede sucesivamente en cuatro pasos. Este procedimiento es relativamente idéntico para cada estudio, sólo difiere el contenido.

El primer paso es comprobar si se ha asignado el material correcto para nuestro componente. Para ello utilizamos el menú "Materials" con el comando "Assign". Al hacer clic en "Assign" se abre una ventana que nos muestra los materiales respectivos de todos los componentes.

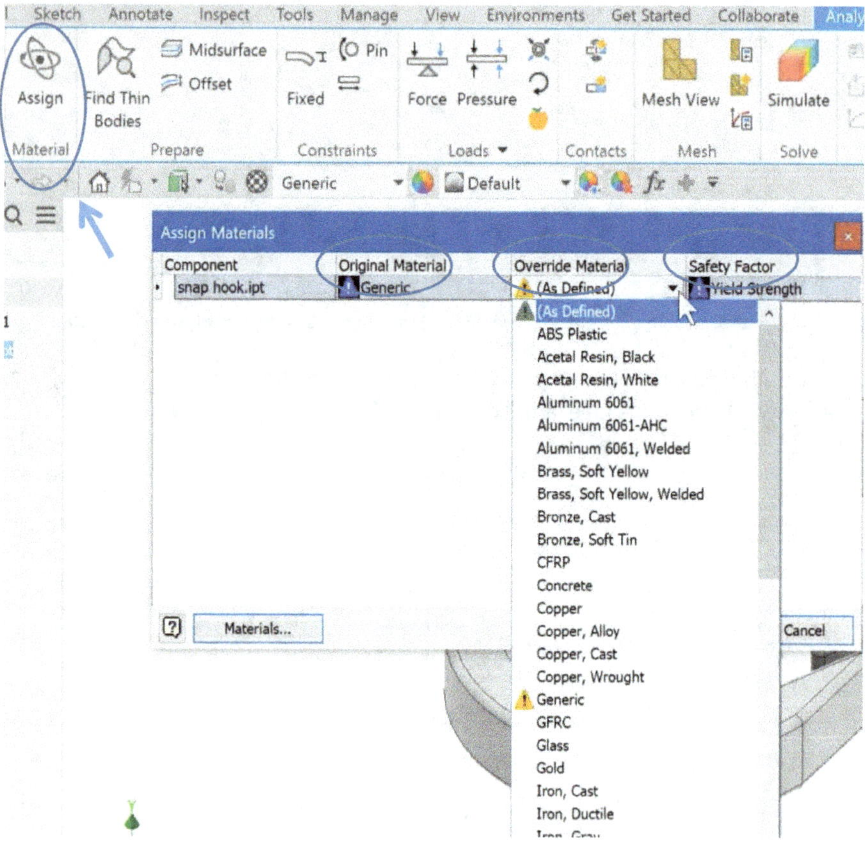

Figura 277: Ajuste el material del componente para el estudio de carga con "Assign"

En este caso sólo tenemos una, porque es una sola pieza. Dependiendo de lo que hayamos seleccionado como material en la construcción, se nos muestra el material en "Original Material". En el campo "Override Material" podemos ahora seleccionar el material del componente para este estudio. En este momento está configurado como "As defined", por lo que se utiliza el material real del objeto para nuestro estudio de carga. Si queremos seleccionar un material diferente para, por ejemplo, otro estudio de carga, simplemente lo seleccionamos en el menú desplegable. Como alternativa, podemos cambiar el material en el entorno de diseño, pero esto llevará más tiempo para los estudios múltiples. Para este sencillo mosquetón, por ejemplo, seleccionamos ahora el "Aluminium" como material para el cálculo, ya que el acero tendría un módulo de elasticidad demasiado alto para abrir el mosquetón en este caso, es decir, tendría una resistencia a la deformación demasiado elevada. Para el cálculo del factor de seguridad, debe utilizarse el límite elástico del material ("Yield Strength"), es decir, el punto a partir del cual se produce la deformación plástica en el material debido a la carga. Si fuera necesario, también podríamos seleccionar la resistencia a la tracción, la "Ultimate Tensile Strength", es decir, el esfuerzo máximo que puede soportar el material.

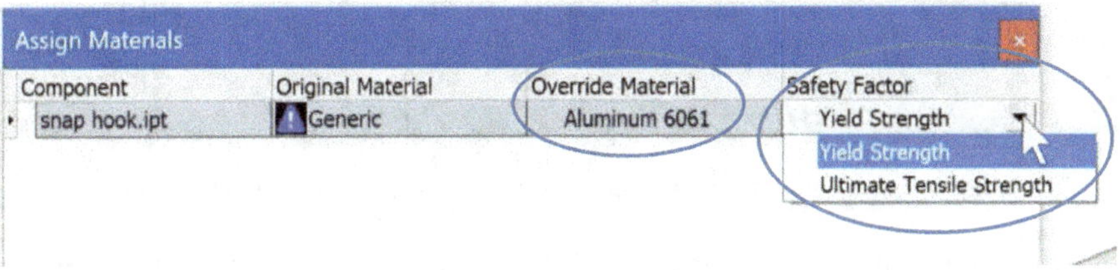

Figura 278: Seleccione, por ejemplo, "Aluminium 6061" como material; "Yield Strength" como factor de seguridad

El segundo paso antes de poder iniciar el cálculo de la simulación es seleccionar "Constraints" y "Contacts" para el cálculo. Sólo necesitamos "Contacts" para un conjunto con varios componentes, porque con "Contacts" definimos la transferencia de carga entre los componentes individuales, es decir, los puntos de conexión entre los componentes. Lo veremos con más detalle en el segundo ejemplo.

Así que aquí sólo tenemos que definir las "Constraints". Las "Constraints" en el área de "Simulation" simplemente representan limitaciones. Es decir, en qué puntos o superficies se fija nuestro componente en el espacio o cómo o dónde se apoya. Imagínelo de forma muy práctica: Usted tomaría el mosquetón en una mano y lo sujetaría con la palma de la mano contra el dorso o presionaría el dorso contra la palma de la mano, por lo que seleccionamos la superficie posterior del mosquetón como cojinete. Para ello creamos una restricción con el comando "Fixed" de la sección de menú "Constraints".

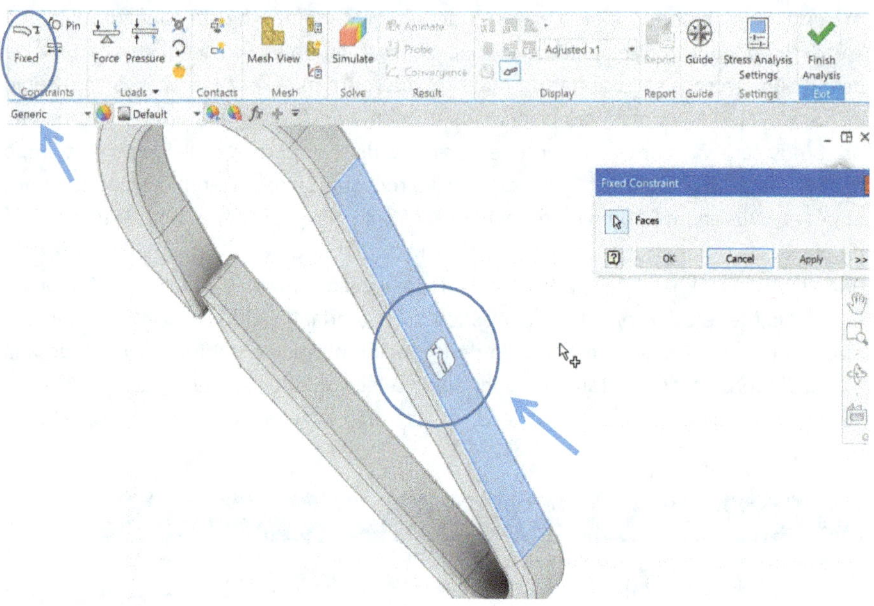

Figura 279: Para la creación simplemente seleccione el comando "Fixed" y el área deseada

Aquí podemos elegir entre "Fixed", "Pin", "Frictionless". Para el mosquetón elegimos "Fixed" como la restricción más sencilla y asumimos como simplificación que esto se aplica en todas las direcciones, es decir, que el mosquetón no se mueve ni un poco en la palma de la mano.

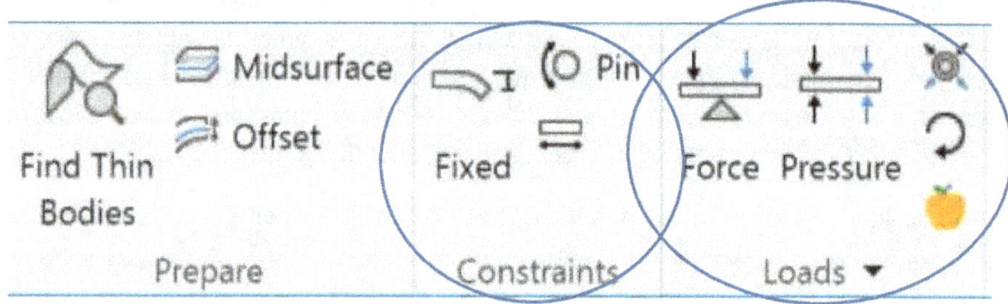

Figura 280: Las "Constraints" disponibles (centro) y los tipos de carga (derecha)

Luego, en el tercer paso, necesitamos una carga, por supuesto. Consideramos cómo se carga realmente el mosquetón. En la presente geometría, el elemento frontal del mosquetón se carga presionando para ampliar la abertura del mosquetón, por ejemplo, para enhebrar una cuerda. Por ejemplo, se presionará con el dedo índice y/o medio contra el borde superior del mosquetón, es decir, justo antes de la apertura. Para la simulación de esta carga seleccionamos el comando "Loads" y como tipo una fuerza, es decir, "Force". También podríamos aplicar aquí una "carga de presión", un "momento" u otra carga, dependiendo de la situación.

A continuación, seleccionamos el redondeo superior delantero del mosquetón, justo antes de la apertura, e introducimos un valor para la fuerza de, por ejemplo, 100 N. Esto corresponde a una carga de aproximadamente 10 kg.

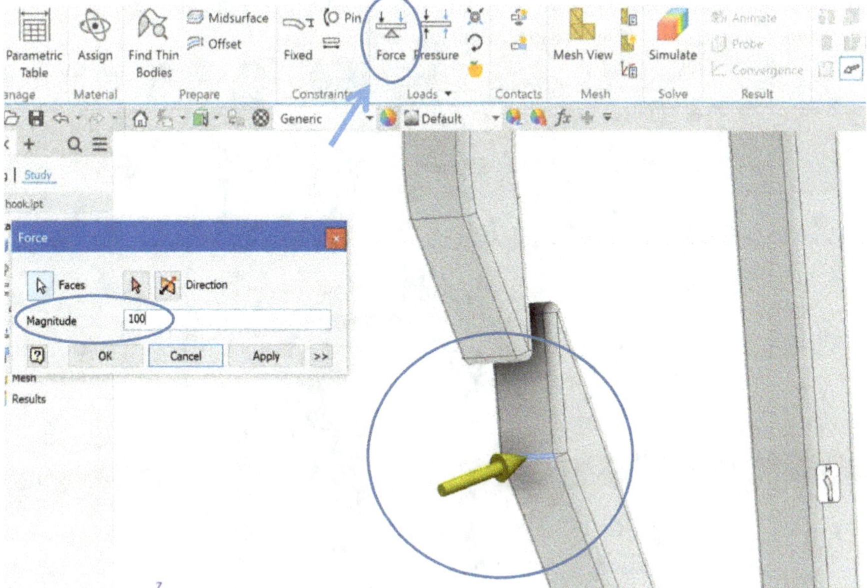

Figura 281: Seleccione "Force", seleccione el borde de la abertura e introduzca 100 N como tamaño

Por cierto, un hombre puede ejercer hasta 500 N de fuerza de agarre de serie, es decir, unos 50 kg, si se esfuerza más. Asumimos aquí una dirección perpendicular de la fuerza sobre la superficie. Sin embargo, aquí también podríamos cambiar la dirección del vector de fuerza.

Entonces tenemos casi todo lo que necesitamos. En el cuarto y último paso, antes de iniciar el cálculo de la simulación y de que se muestren los resultados, tenemos que generar una malla. En el método MEF, el cálculo se realiza mediante una malla con nodos que se coloca sobre el cuerpo sólido. Para ello, basta con hacer clic en "Mesh View" en la barra de menú superior, bajo "Mesh". A continuación se muestra la malla generada.

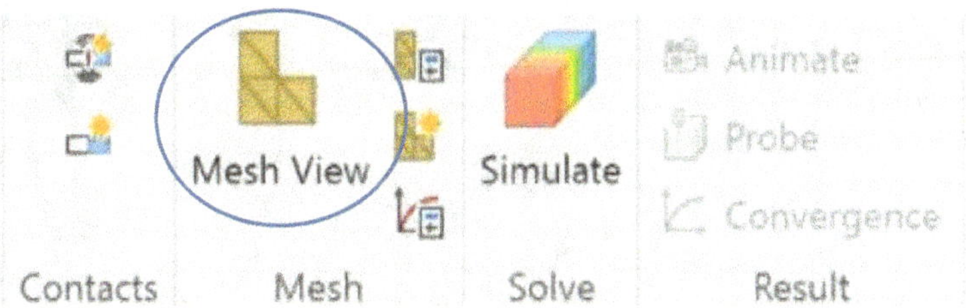

Figura 282: Seleccionar "Mesh View" para crear o visualizar la malla

En realidad, podría saltarse este paso, ya que el software crea automáticamente la malla durante un cálculo de todos modos.

A continuación, hacemos que se calculen los resultados pulsando el botón "Simulate" de la parte superior e iniciando la simulación con "Run".

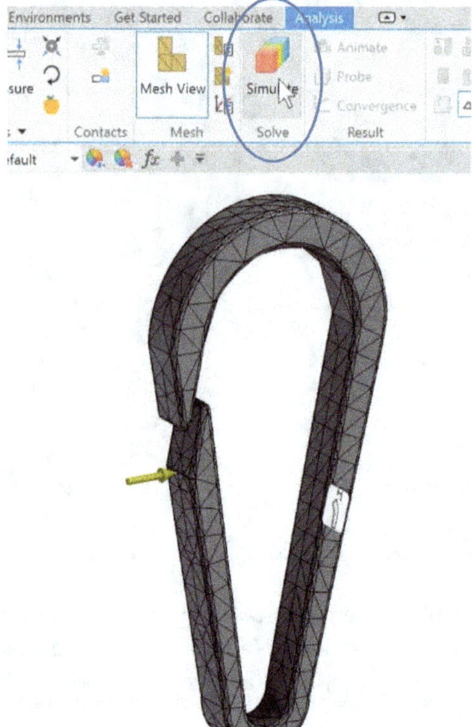

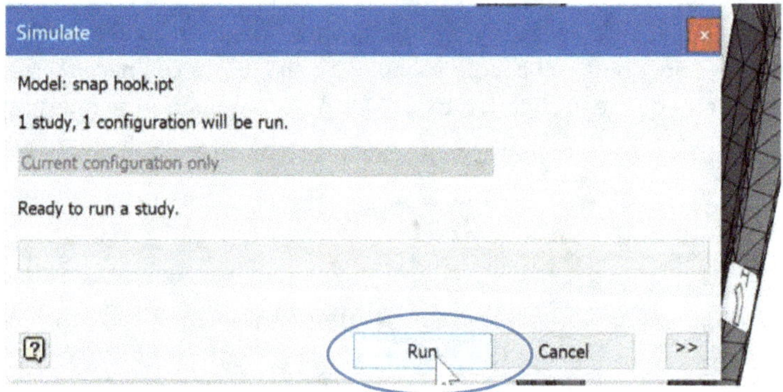

Figura 283: Se ha creado la red y se puede iniciar la simulación

Tras el cálculo, los resultados se muestran gráficamente mediante un gradiente de color. El gradiente de color del componente indica qué valor está presente en cada zona.

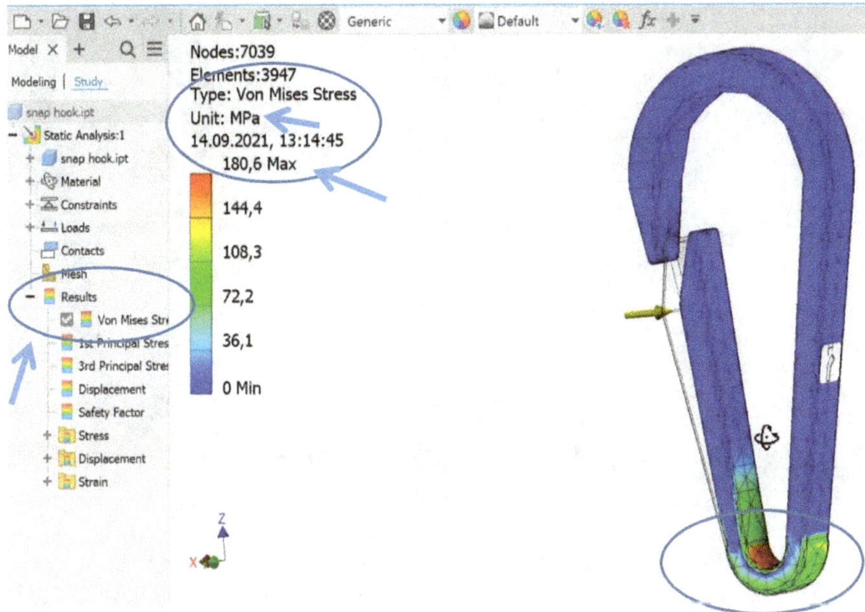

Figura 284: El resultado de la simulación (tensión de Von Mises; la mayor en la parte inferior)

Actualmente, se selecciona la "tensión de von Mises" en el árbol de la estructura, es decir, la tensión equivalente según la hipótesis de cambio de forma. En la zona de la curvatura inferior del componente, se observa que prevalece una tensión de probablemente unos 180 MPa. Esto era de esperar con esta carga de flexión, y la tensión en el componente real también será más alta aquí. Si el mosquetón se rompe al abrirlo, primero se romperá en alguna parte de esta zona.

Para visualizar los desplazamientos o el factor de seguridad, pasamos al resultado respectivo en la zona del árbol de la estructura.

Al visualizar el desplazamiento, vemos que con la fuerza aplicada podríamos abrir el mosquetón unos 1,8 mm en la dirección x negativa. Por un lado, esto es gráficamente exagerado, por otro lado, es por supuesto demasiado poco para abrir el mosquetón. Por lo tanto, tendríamos que aplicar más fuerza y, si fuera necesario, reforzar nuestro mosquetón en la zona inferior si el factor de seguridad ya no fuera suficiente.

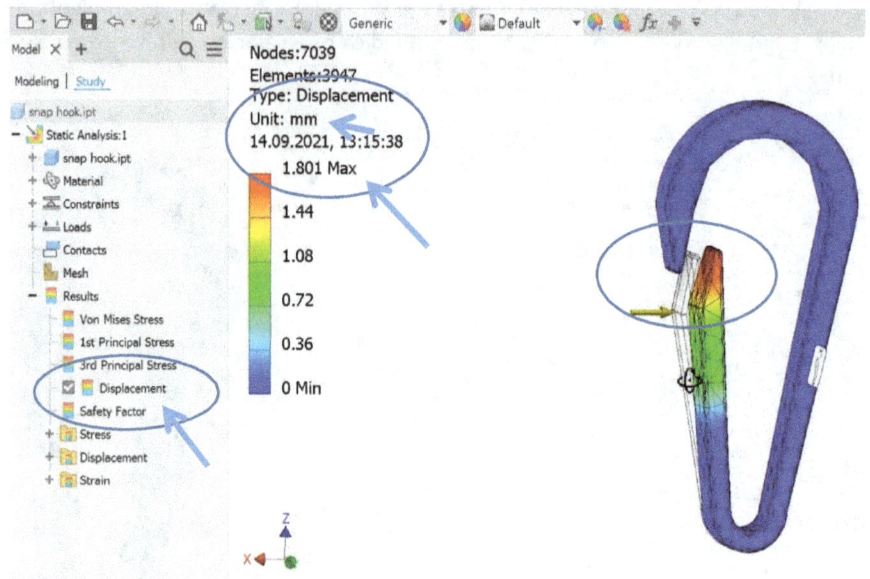

Figura 285: Visualización de los desplazamientos en el componente

¡Perfecto! Esa fue la primera parte de la sección "Simulation". Con estos conocimientos, ya podemos simular un componente sencillo para una situación de carga. En la segunda parte, echaremos otro vistazo a nuestro modelo de motor. Permanezca atento, ¡continúa de forma emocionante!

7.2 Realizar un estudio de simulación con un montaje

En este capítulo queremos profundizar en nuestros conocimientos y habilidades de simulación mediante un montaje. Hay que tener en cuenta algunas pequeñas diferencias en las piezas individuales. Elegimos como modelo nuestro ejemplar motor de 4 cilindros. Iniciamos un nuevo estudio en el modelo de motor.

Antes de empezar, simplificaremos primero el modelo para nuestros fines. Queremos simular las fuerzas que actúan sobre un pistón y para ello sólo consideraremos un pistón, con bulón, biela y el cigüeñal. Por lo tanto, eliminamos todos los demás componentes. Puede hacerlo fácilmente haciendo clic con el botón derecho del ratón en los componentes que no necesita en el árbol de estructuras y seleccionando "Exclude from Study". Para una mejor visualización, también suprimimos la visibilidad de estos componentes.

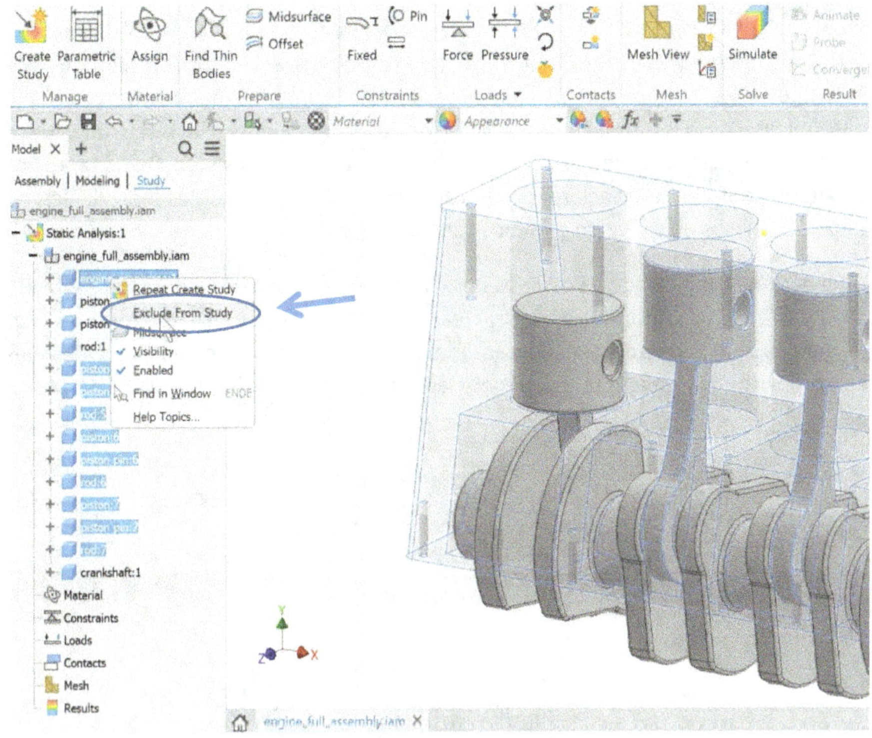

Figura 286: Excluir componentes del estudio de carga con "Exclude from Study"

La simulación en un conjunto se ejecuta de forma relativamente idéntica a la simulación de una pieza individual, es decir, primero debemos seleccionar el material correcto. En nuestro caso elegimos para todos los componentes: el acero.

Figura 287: Seleccione "Steel" para todos o sólo los tres componentes restantes

En el siguiente paso tenemos que definir las "Constraints" y los "Contacts". Lo que son las "Constraints" y cómo las definimos, ya lo tratamos en el capítulo anterior. Sin embargo, en este capítulo también necesitamos "Contacts" porque tenemos que determinar cómo se transfiere a través de los componentes la carga que luego queremos aplicar verticalmente desde arriba a la superficie del pistón. Por lo tanto, los "Contacts" definen la transferencia de carga entre los componentes individuales, es decir, los puntos de conexión entre los componentes.

Aquí hay dos posibilidades. Podemos dejar que el software cree "automatic contacts" o utilizar "manual contacts", es decir, crear nosotros mismos todos los contactos. Por lo general, ha resultado útil utilizar primero los "automatic contacts" y después comprobarlos manualmente y, si es necesario, cambiarlos según los propios deseos.

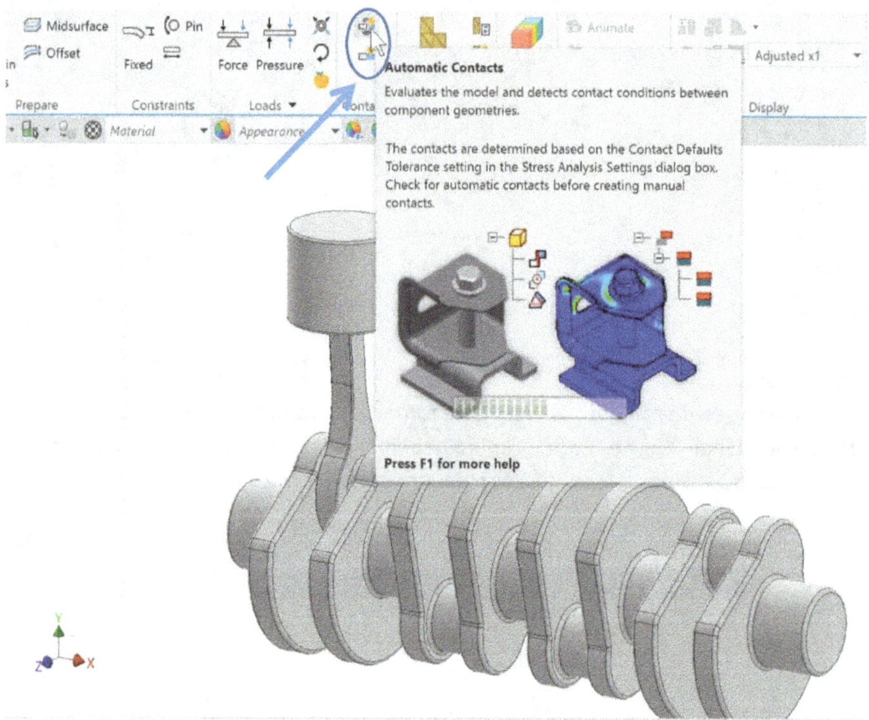

Figura 288: Crear "Automatic contacts" con un clic en el comando

Si hemos activado el comando "Automatic" en "Contacts", veremos los contactos creados en el árbol de estructura de la carpeta "Contacts". En nuestro caso necesitamos: conexiones entre el pistón y el bulón, entre el bulón y la biela, y entre la biela y el cigüeñal. Con un clic derecho sobre un contacto y "Edit" podemos editarlo.

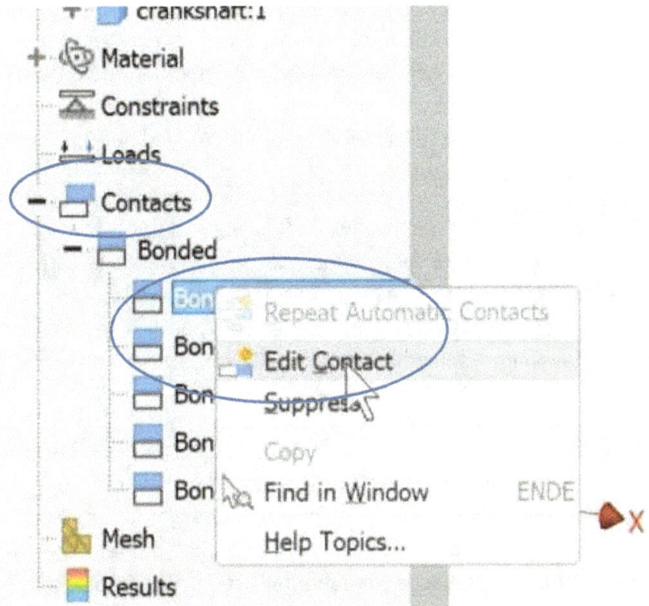

Figura 289: Los contactos creados automáticamente en el árbol de la estructura; editar con el clic derecho

A continuación, podemos seleccionar el "Contact Type". Disponemos de seis "Contact Types" básicos como tipos.

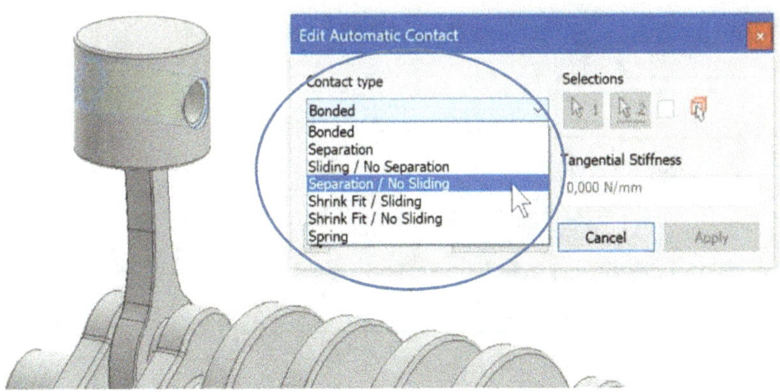

Figura 290: Los diferentes "Contact Types" que se pueden seleccionar

"Automatic contacts" tiene seleccionado por defecto el tipo "Bonded", que corresponde a un estado de conexión fijo o bonded. En nuestro caso, dejamos todos los "Contact Types" ajustados a "Bonded" para realizar un cálculo simplificado en nuestro modelo ya simplificado. Sin embargo, vamos a ver brevemente cómo seleccionaríamos el "Contact Type" correcto en una creación manual de contactos. Para ello, es importante conocer los "Contact Types" individuales. Los más importantes son "Bonded", "Separation" y "Sliding". También hay "Shrink Fit" y "Spring" y combinaciones con y sin "Sliding / Separation".

"Bonded", como ya se ha mencionado, da una conexión fija, pegada, por así decirlo. La "Separation" permite que los cuerpos se alejen unos de otros durante la carga. El "Sliding" no permite que los componentes se alejen unos de otros, pero las superficies pueden moverse tangencialmente hacia o desde el otro, es decir, deslizarse una sobre otra. En nuestro modelo, sin embargo, sólo utilizamos los "Automatic Contacts" en este curso para principiantes.

¿Qué nos falta por calcular? Exactamente! "Constraints", es decir, la fijación en el espacio, así como una carga que se aplica. Como "Constraints" seleccionamos todas las superficies del cigüeñal con las que éste se monta en el cárter. Los fijamos en todas las direcciones y seleccionamos como "Type": "Fixed", lo que significa que en este caso simulamos que el cigüeñal no se mueve, normalmente giraría. Sin embargo, sólo queremos simular un caso estático y no uno dinámico.

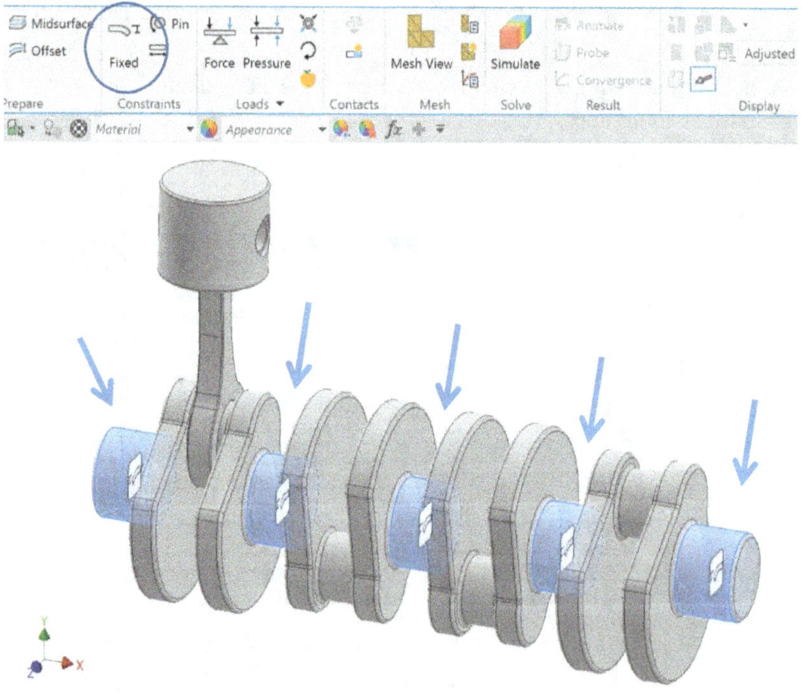

Figura 291: Fijación del cigüeñal a los muñones de los cojinetes principales

Por último, definimos una carga, perpendicular a la superficie del pistón, por ejemplo, 1000 N.

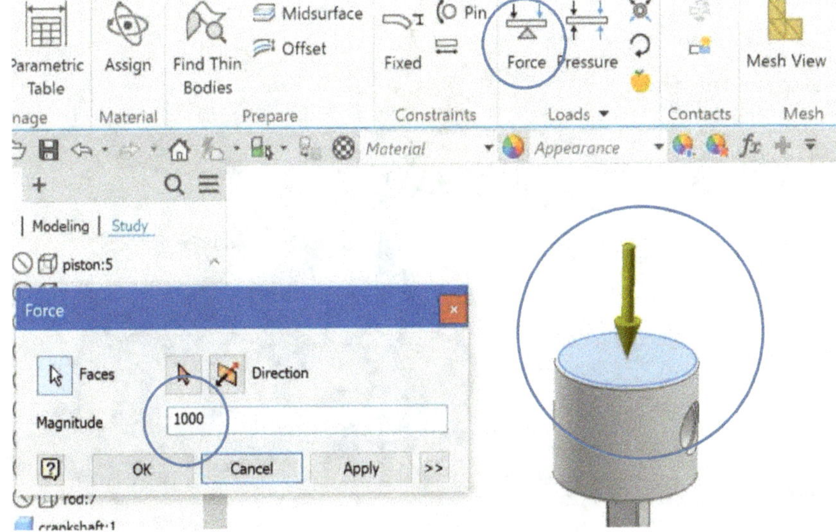

Figura 292: El último paso es aplicar una fuerza de 1000 N con "Force"

Ahora podríamos crear la malla, pero con un clic en "Simulate" el software lo hará por nosotros automáticamente. Una vez calculado el modelo con éxito, podemos volver a mostrar los resultados deseados, como la tensión, la deformación o el factor de seguridad. En nuestro caso, podemos ver cómo se deformaría la biela bajo carga. Por supuesto, esto es de nuevo muy exagerado aquí.

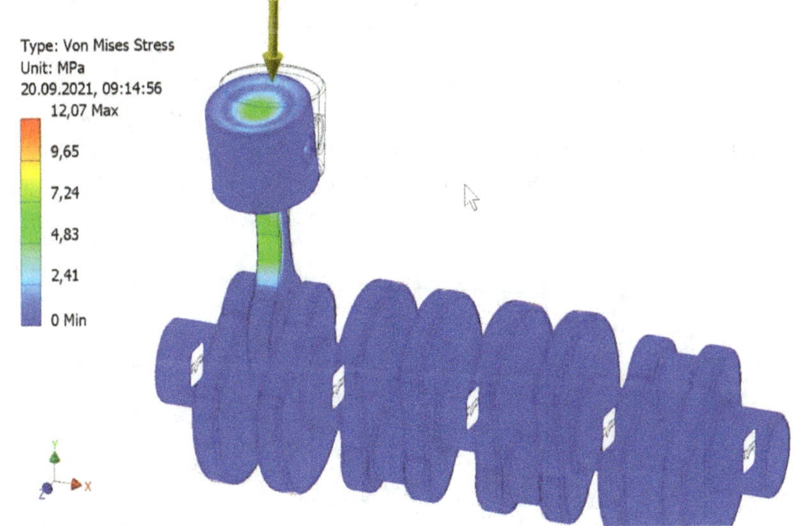

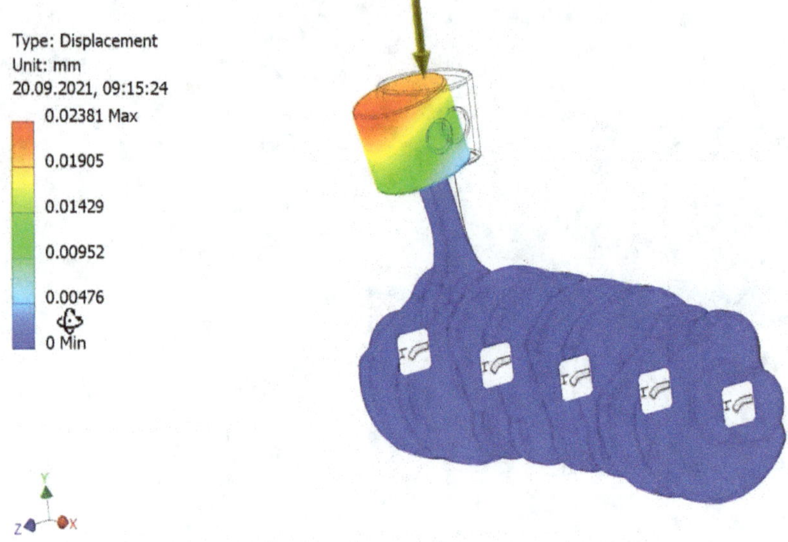

Figura 293: Los resultados del estudio de tensiones;
Las tensiones de von Mises (imagen superior) y los desplazamientos (imagen inferior).

¡Muy bien! Esto debería bastarnos como introducción al mundo de la simulación FEM con "Inventor". Ha aprendido a realizar un estudio de carga sobre una pieza individual y sobre un conjunto.

Los estudios de casos más avanzados y otras aplicaciones irían más allá del alcance de este curso para principiantes. Espero que continúe en el curso avanzado!

"Inventor", como cualquier otro programa profesional de CAD, nos ofrece ahora también la posibilidad de crear dibujos técnicos que luego podemos pasar a una empresa de fabricación. Veremos cómo funciona esto en el próximo y último capítulo. Ya casi hemos llegado, ¡pasemos al último capítulo!

8 Dibujos técnicos con "Inventor" - Una introducción

Bienvenido al último capítulo de este curso! Como ya se ha mencionado en el capítulo anterior, por supuesto también podemos utilizar "Inventor" para crear un dibujo técnico para una empresa de fabricación. Para ello crearemos una pieza única muy sencilla que se fabricaría, por ejemplo, mediante mecanizado CNC. Por favor, diseñe la pieza de ejemplo muy simple por su cuenta utilizando las siguientes dimensiones y como se muestra a continuación.

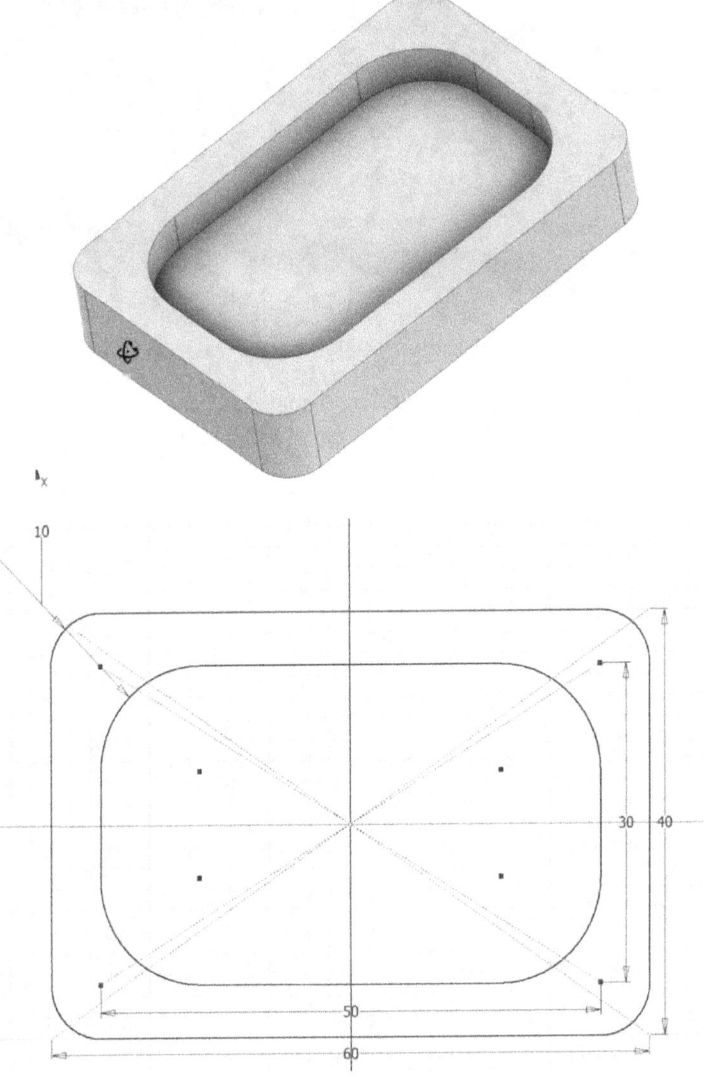

Figura 294: Construya esta pieza única; extrusión: 10 mm; profundidad de corte: 5 mm

A continuación, añadimos cuatro agujeros de 5 mm a nuestro modelo simple, que deben atravesar el componente y tener una distancia de 5 mm al borde superior e inferior y de 15 mm a cada uno de los bordes laterales.

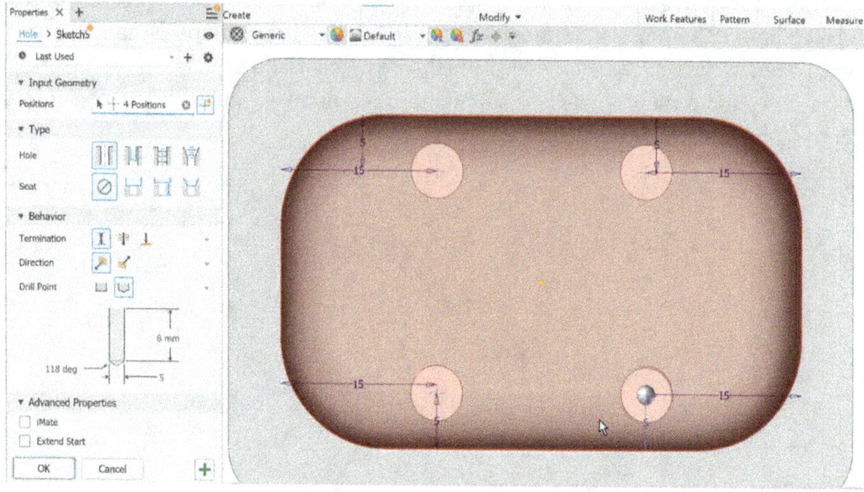

Figura 295: A continuación, complete la pieza con cuatro agujeros

Para crear un dibujo técnico a partir de este modelo CAD, creamos un dibujo con "File" y "New". Primero decidimos el tamaño del papel o la plantilla.

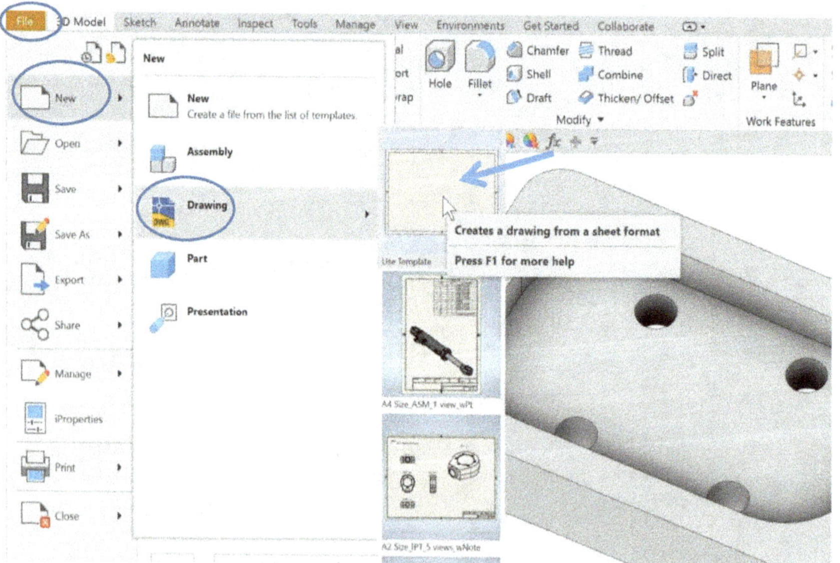

Figura 296: Selección de una plantilla para el dibujo técnico

A continuación, el programa nos lleva al entorno de los dibujos técnicos. En el primer paso tenemos que colocar la vista base del componente en el dibujo. Para ello, seleccionamos el comando "Base" y luego el componente o su almacén. También podemos realizar aquí muchos otros ajustes, pero no los necesitamos por el momento, salvo el escalado. Después de haber ampliado un poco la vista del dibujo, por ejemplo, creamos la primera vista con "Ok".

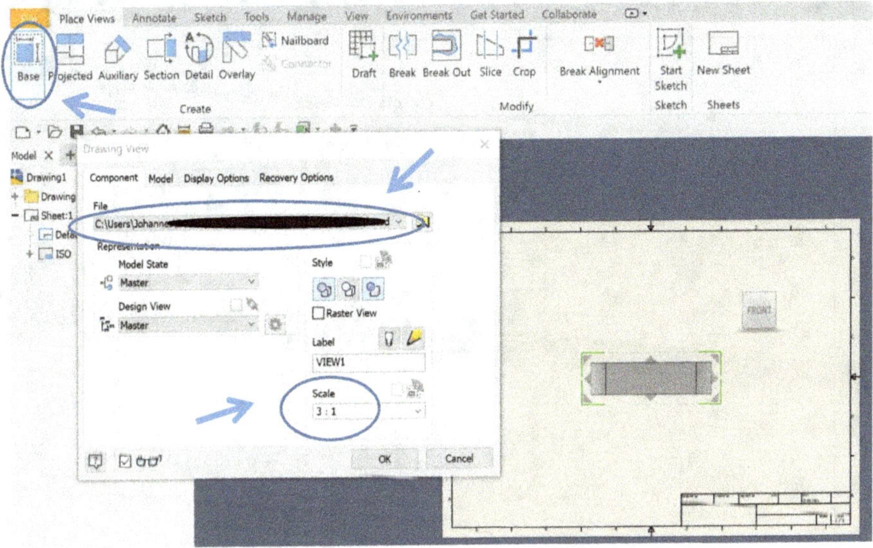

Figura 297: La primera vista del componente con "Base"

Según el llamado plegado, se crea un dibujo técnico en forma de vista de tres paneles. En términos sencillos, esto significa que el componente se muestra desde arriba, desde el lado y, si es necesario, desde el frente para poder colocar todas las dimensiones necesarias y otras designaciones. Además, se suele añadir una vista isométrica para facilitar la imaginación espacial. Para colocar una nueva vista, en este caso una vista derivada, en la hoja, utilizamos el comando "Projected" y creamos una segunda vista deseada haciendo clic en el componente del que queremos derivar una vista.

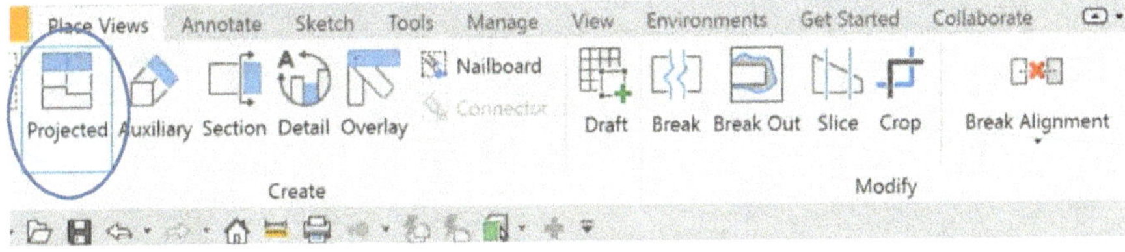

Figura 298: Creación de vistas derivadas de un componente con "Projected"

Dependiendo de dónde movamos el cursor del ratón, se deriva la vista referenciada. Si nos movemos hacia arriba o hacia abajo, por ejemplo, se muestra la vista desde la parte delantera o trasera del componente, y lo mismo ocurre con los laterales. Si nos movemos en diagonal, se nos muestra una vista isométrica. Para colocar una o varias vistas, hacemos clic en la capa de dibujo. Cuando hayamos colocado todas las vistas deseadas, las creamos haciendo clic con el botón derecho y seleccionando "Create".

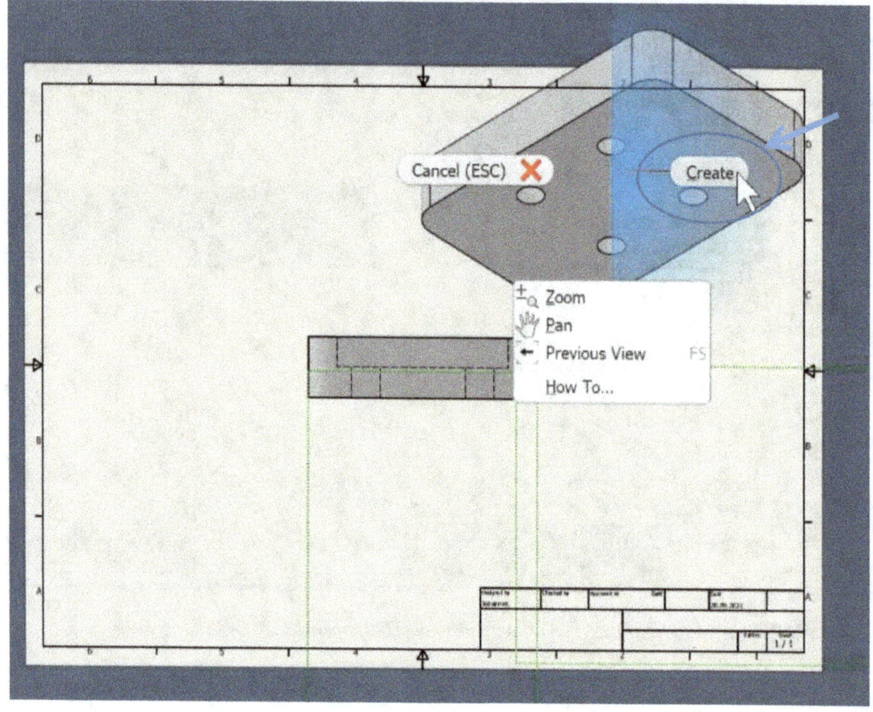

Figura 299: Colocar varias vistas (marcos verdes) y crearlas con un clic derecho y "Create"

La vista isométrica parece demasiado grande, así que la editamos con un clic derecho y "Edit View". A continuación, podemos elegir una escala diferente, por ejemplo, 1:1.

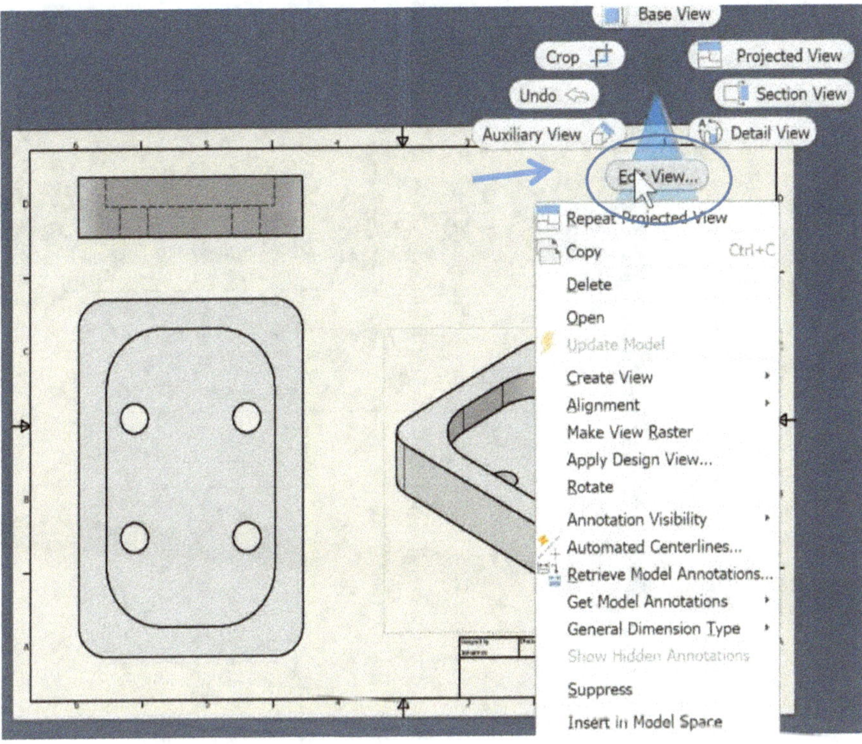

Figura 300: Edición de la vista isométrica o de cualquier otra vista con "Edit View"

En el menú superior izquierdo también podríamos crear una vista de sección: "section", una vista de detalle: "detail", un break out: "break out" y más.

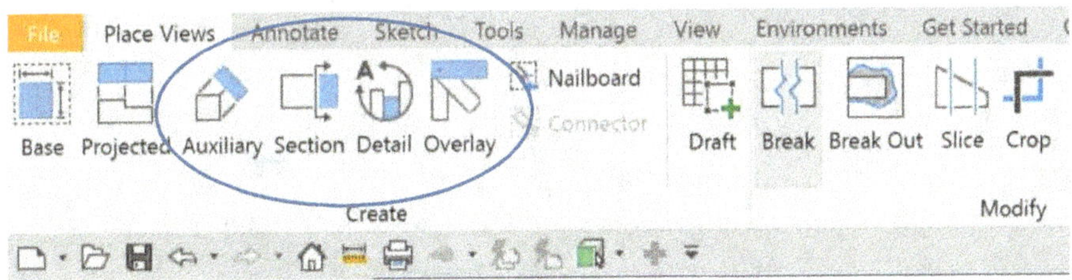

Figura 301: Adición de diferentes tipos de vistas

La función principal para las cotas y diversas anotaciones se encuentra en la sección del menú "Annotate".

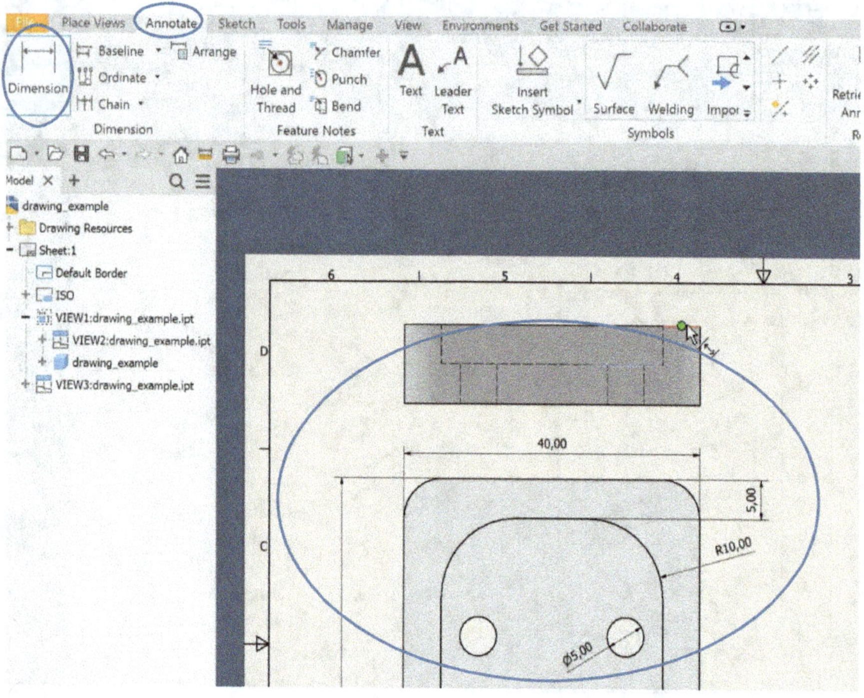

Figura 302: Añadir las dimensiones para el dibujo técnico con "Dimension"

Con la ayuda de "Dimension" podemos crear dimensiones para nuestro componente. Esto es casi lo mismo que crear un boceto en 2D, salvo que en este caso proporcionamos a nuestro componente terminado unas dimensiones que ya están definidas y que sirven de información para la producción. Con los elementos de la zona de "Symbols", también podemos dibujar información geométrica como una línea central o, en este caso, líneas de simetría y centros de círculos.

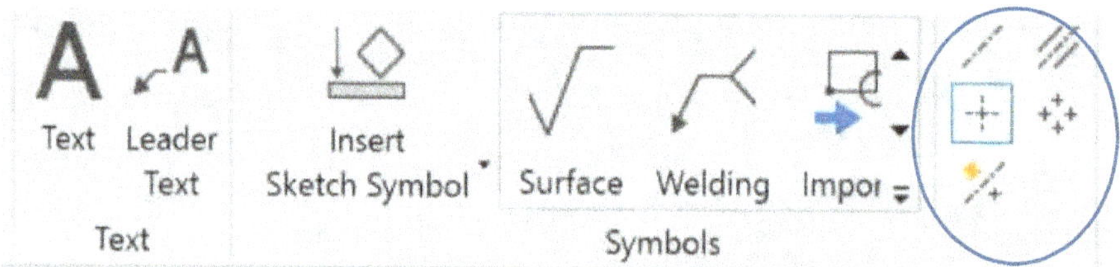

Figura 303: Añadir símbolos como centros de círculos y líneas de simetría

Para la línea de simetría simplemente seleccionamos dos líneas paralelas del componente y para los centros de los círculos simplemente seleccionamos los agujeros o círculos deseados. Por cierto, con un clic en las designaciones de las dimensiones también podemos editarlas o añadir más datos, como un número. Perfecto, ahora toda la información que una empresa necesita para la producción ya estaría en el dibujo.

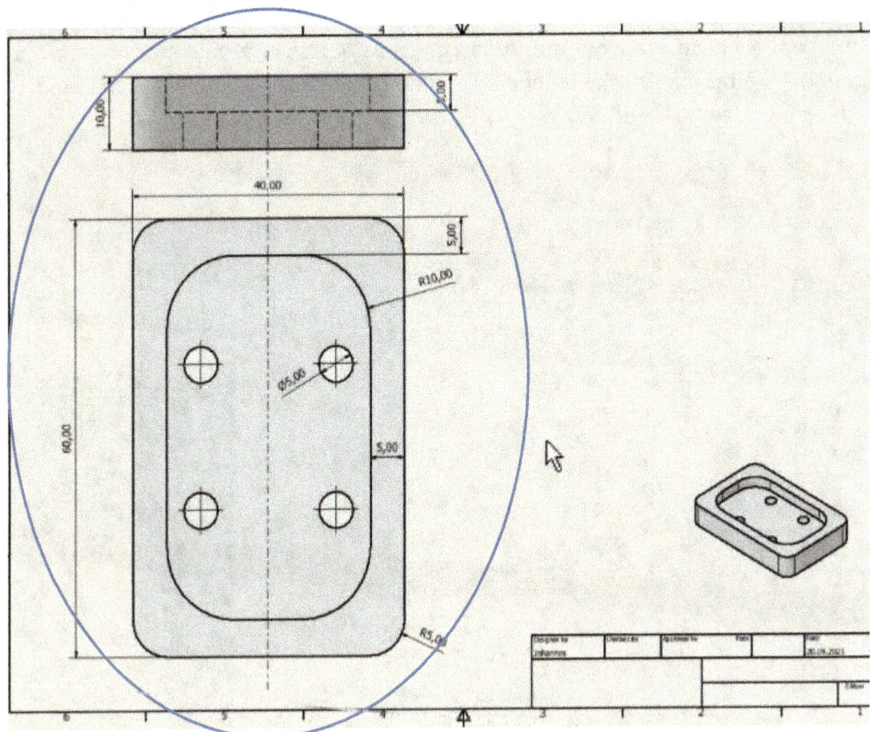

Figura 304: El dibujo técnico completamente dimensionado

Todas las longitudes y anchuras, así como las posiciones de los agujeros y rebajes, están dimensionadas. Si se necesitan caracteres especiales para indicar las tolerancias de forma y posición, los acabados de las superficies o incluso otros textos, también se pueden encontrar en el área de "Symbols". La forma más fácil de crear otra hoja es hacer clic con el botón derecho del ratón y seleccionar "New Sheet" si no tenemos suficiente espacio en una página.

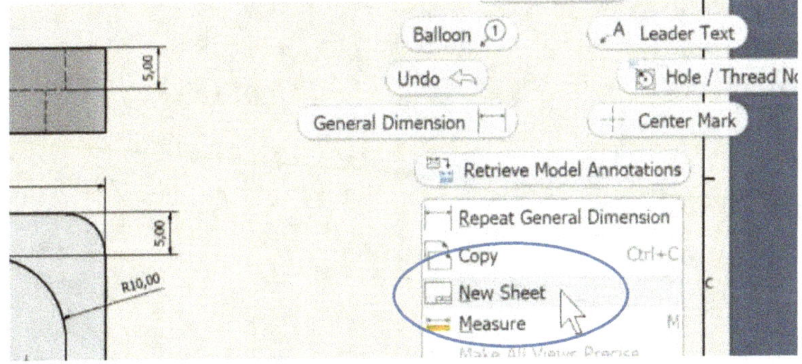

Figura 305: Añadir una nueva hoja con un clic derecho y "New Sheet"

Una vez rellenado el bloque de título con la designación, el número de dibujo, el material y otras informaciones, el dibujo puede guardarse e imprimirse con "Export", por ejemplo, como ". pdf".

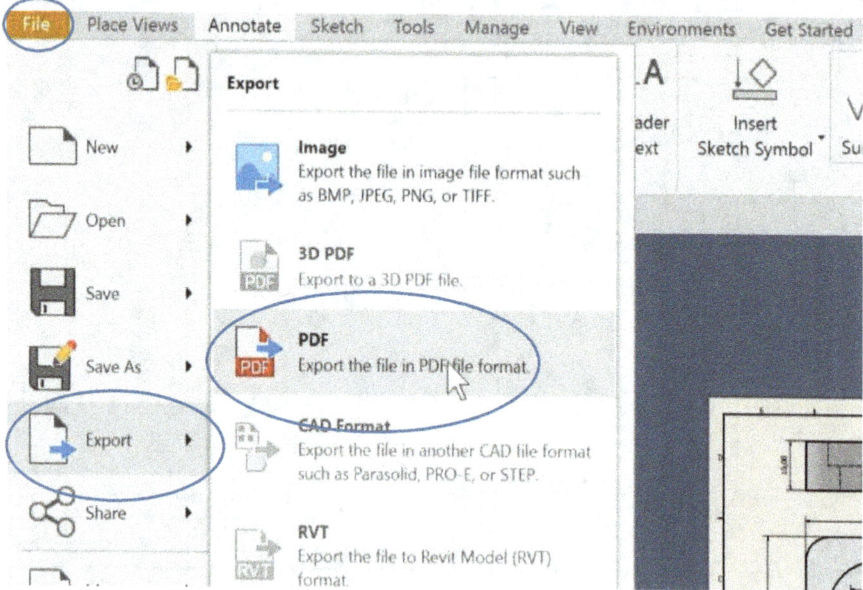

Figura 306: Exportación del dibujo técnico como "PDF"

Palabras finales

¡Muy bien! Lo ha conseguido, ¡con este capítulo terminamos el curso para principiantes del programa "Inventor" de Autodesk!

Ahora le toca a usted profundizar en lo que ha aprendido y, sobre todo, aplicarlo. Ahora debería dominar las funciones más importantes de "Inventor" y podrá abordar nuevos proyectos, diseños CAD, simulaciones y todo lo que conlleva bajo su responsabilidad. ¡Felicidades!

En este curso ha aprendido todas las operaciones y características relevantes para los principiantes. Esto le permite construir, simular, renderizar, animar y producir sus propios archivos CAD de forma rápida y sencilla. Juntos hemos conseguido mucho en este curso! Si ha llegado a esta lección, ¡siéntase justificadamente orgulloso de sí mismo!

Y como se ha mencionado al principio del curso, también se echa un vistazo a la impresión en 3D. Es tremendamente divertido y tiene grandes beneficios cuando puede materializar sus propias construcciones.

De este modo, puede crear piezas desde cero y tener a mano una solución para todo tipo de repuestos que ya no están disponibles pero que se necesitan con urgencia. La mejor manera de hacerlo es utilizando mi libro: "Impresión 3D | Paso a Paso" y obtenga un ejemplar para usted hoy mismo.

Si ha disfrutado del curso "Inventor", me gustaría mucho que me dejara una calificación y un breve comentario, ¡además de recomendar el libro! ¡Muchas gracias por ello!

Libros sobre temas que también podrían gustarle

Todos los libros están disponibles en línea en las plataformas de venta habituales. Sólo tiene que buscar el título o visitar mi página de autor. Es posible que algunos de los libros aún no se hayan publicado y estén disponibles en breve. Eche un vistazo a los libros de su elección y lléveselos a casa como libros electrónicos o de bolsillo.

Impresión en 3D:

CAD, FEM, CAM (creación de objetos 3D, diseño, simulación):

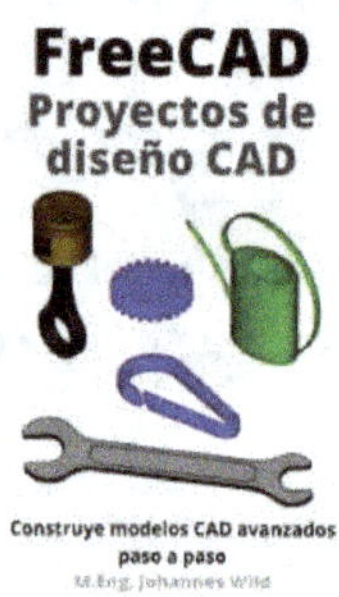

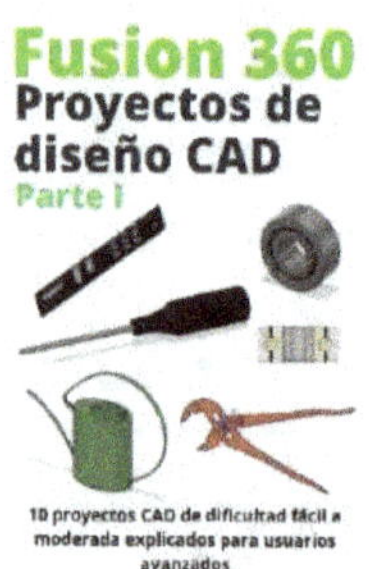

Ingeniería eléctrica:

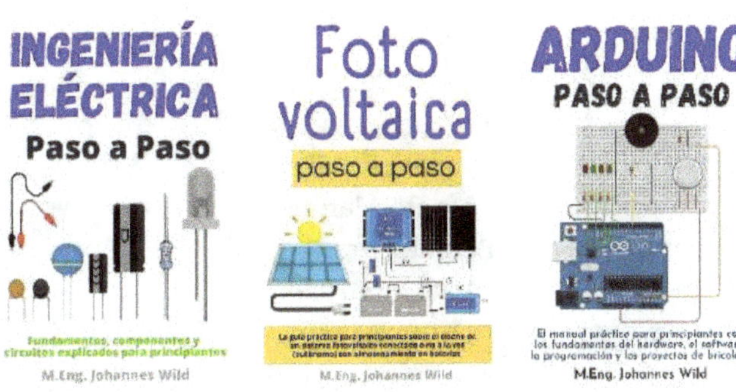

Programación y otros programas:

Información sobre el autor / editor

© 2023

Johannes Wild
c/o RA Matutis
Berliner Straße 57
14467 Potsdam
Germany

E-Mail: 3dtech@gmx.de

Esta obra está protegida por los derechos de autor

La obra, incluidas sus partes, está protegida por los derechos de autor. Cualquier uso fuera de los estrechos límites de la ley de derechos de autor no está permitido sin el consentimiento del autor. Esto se aplica en particular a la reproducción electrónica o de otro tipo, la traducción, la distribución y la puesta a disposición del público. Ninguna parte de esta obra puede ser reproducida, procesada o distribuida sin el permiso escrito del autor.

Toda la información contenida en este libro ha sido recopilada y comprobada cuidadosamente según nuestro leal saber y entender. Sin embargo, este libro tiene sólo fines educativos y no constituye una recomendación para la acción. En particular, el autor y el editor no ofrecen ninguna garantía ni responsabilidad por el uso o la no utilización de la información contenida en este libro. Las marcas y nombres comunes citados en este libro son propiedad exclusiva del autor o del titular de los derechos respectivos.

9 783949 804144